广视角 · 全方位 · 多品种

权威 · 前沿 · 原创

皮书系列为
“十二五”国家重点图书出版规划项目

中国社会科学院创新工程学术出版资助项目

社会保障绿皮书

GREEN BOOK OF CHINA SOCIAL SECURITY SYSTEM

中国社会保障发展报告（2014）No.6

CHINA SOCIAL SECURITY SYSTEM DEVELOPMENT REPORT (2014) No.6

社会保障与社会服务

主　编／王延中

社会科学文献出版社
SOCIAL SCIENCES ACADEMIC PRESS (CHINA)

图书在版编目（CIP）数据

中国社会保障发展报告：社会保障与社会服务. No. 6，2014/王延中主编. —北京：社会科学文献出版社，2014. 6
（社会保障绿皮书）
ISBN 978-7-5097-5779-6

Ⅰ. ①中… Ⅱ. ①王… Ⅲ. ①社会保障-研究报告-中国-2013 ②社会服务-研究报告-中国 Ⅳ. ①D632. 1

中国版本图书馆 CIP 数据核字（2014）第 050863 号

社会保障绿皮书
中国社会保障发展报告（2014）
——社会保障与社会服务

主　　编／王延中

出 版 人／谢寿光
出 版 者／社会科学文献出版社
地　　址／北京市西城区北三环中路甲 29 号院 3 号楼华龙大厦
邮政编码／100029

责任部门／人文分社（010）59367215
电子信箱／renwen@ ssap. cn
项目统筹／宋月华　范　迎
经　　销／社会科学文献出版社市场营销中心（010）59367081　59367089
读者服务／读者服务中心（010）59367028

责任编辑／王玉霞
责任校对／李　红
责任印制／岳　阳

印　　装／北京季蜂印刷有限公司
开　　本／787mm×1092mm　1/16
版　　次／2014 年 6 月第 1 版
印　　次／2014 年 6 月第 1 次印刷
书　　号／ISBN 978-7-5097-5779-6
定　　价／79. 00 元

印　　张／19. 25
字　　数／310 千字

社会保障绿皮书编辑委员会

目录

皮书数据库阅读使用指南

CONTENTS

前　言

王延中*

改革开放以来特别是党的十六大以来，我国在加快社会保障制度建设方面，取得了突破性进展，初步形成了以社会保险、社会救助、社会福利为基础，以基本养老、基本医疗、最低生活保障制度为重点，以慈善事业、商业保险为补充的社会保障体系框架，覆盖人群迅速扩大，保障水平大幅提高，我国正在向“人人享有社会保障”的宏伟目标坚实迈进。快速发展的社会保障制度保障和改善了广大群众的基本生活，解除了亿万家庭的后顾之忧，为扩大内需提供了持续的动力和源泉，促进了经济结构调整和发展方式转变，在调节收入分配、缓解社会矛盾、促进国家长治久安等方面发挥了重要作用。党的十七大报告明确提出了学有所教、劳有所得、病有所医、老有所养、住有所居的目标，并把它作为改善民生和建设和谐社会的基本内容。与以前的社会保障制度建设相比，这些目标的内涵更丰富，更全面，实际上提出了建立和发展现代社会福利体系的新构想。习近平总书记在十八届中央政治局常委见面会上的讲话中指出，“我们的人民热爱生活，期盼有更好的教育、更稳定的工作、更满意的收入、更可靠的社会保障、更高水平的医疗卫生服务、更舒适的居住条件、更优美的环境，期盼着孩子们能成长得更好、工作得更好、生活得更好。”2013 年 11 月召开的中共十八届三中全会，不仅提出了建立更加公平可持续的社会保障制度的新目标，而且对于大力发展社会保障服务提出了新要求。全会提出，“积极应对人口老龄化，加快建立社会养老服务体系和发展老年服务产业。健全农村留守儿童、妇女、老年人关爱服务体系”。①

社会保障制度建设与发展社会保障服务体系具有非常密切的关系。在某种

---

* 王延中，中国社会科学院民族学人类学研究所、劳动社会保障研究中心。

① 《关于全面深化改革若干重大问题的决定》，《人民日报》2013 年 11 月 16 日。

程度上讲，社会保障服务甚至广义的社会公共服务，本身就是社会保障或社会安全网的重要组成部分。从制度自身看，社会保障体系不仅仅是资金筹集、管理和发放的金融问题，还必须建立与之相适应的社会服务的提供及管理问题。如果说社会保险、社会保障、社会福利制度主要考虑资金问题和资金来源问题的话，那么社会福利服务体系或者公共服务体系就必须解决如何提供社会发展所需公共服务的提供与配置问题。从人民群众的需求看，随着我国城乡居民收入水平不断提高，消费结构加快转型升级，公众对社会保障公共服务的多层次、个性化的需求日益增加，对教育、就业、医疗卫生、住房保障、社会福利、文化体育等各类公共服务的改善性、发展性需求持续快速增长，对服务项目数量、质量的要求越来越高。从经济社会发展的外部要求和挑战看，人口老龄化来势迅猛，劳动力和社会成员在城乡之间频繁流动并逐步向城镇聚集的特征更加明显，随着社会主义市场经济的深入发展、社会利益格局不断分化，人的心理和行为发生深刻变化，社会矛盾逐渐增多，人们在工作和生活中面对的不稳定、不确定性风险还在不断加大，对社会保障管理提出了新的要求。总之，要建设更高水平的社会保障制度，必须高度重视与之相关的社会服务体系建设。

近年来，我国经济继续保持平稳较快发展，财政收入不断增加，基本公共服务财政保障能力进一步加强，社会事业体制和事业单位改革深入推进，为加强社会服务体系建设、促进基本公共服务均等化提供了必要条件，我们确实有能力也有条件在这方面迈上一个大台阶。与一般的社会保障项目相比，各类社会服务的保障功能更加积极，也更为复杂。如果说社会保障制度仅仅是解决生存危机的预防性措施，那么各类社会服务则是更加全面的、公平的和可持续发展的及更加积极的保障措施，也是符合科学发展观要求的、以人为本的、促进经济社会协调发展的公共政策。养老保险等社会保障制度的运行，主要是资金的筹集、运营和发放的金融过程，而各类社会服务则需要在资金运行过程中把重点放到如何提供高质量的服务上，服务的数量以及布局、分配也至关重要，因为这关系到服务的效率，更关系到服务的公平性。因此，各类社会服务不同于社会保险追求参保与受保双方的权利与义务的双边对应关系，更需要平衡资金保障、服务提供和福利服务权益公平、公正的“大三角”关系。

改革开放以来，我国公共服务体系建设取得了长足的发展，但也走过了曲折的历程。计划经济时期，政府直接生产服务，全社会所有阶层都能够得到最基本的公共服务，基本服务的公平性相对较高，但是由于缺乏有效激励机制，整体服务质量比较低，而且难以持续，对经济发展的直接促进作用难以体现出来。在改革开放以后的一段时期里，公共服务领域引进了市场机制，服务的质量有所提高，但由于政府在这些领域应当承担的保障责任和服务管理职能逐步弱化，不公平性日益扩大，公共服务资源向优质地区、优质人群集中，一些部门、行业和地区甚至把这些服务完全推给市场，社会反映强烈，也制约了经济社会健康协调可持续发展。自十六大以来，党和国家逐步提出了加强公共服务体系建设的新思路，并且提出了基本公共服务均等化的目标，逐步明确享有基本公共服务属于公民的权利，提供基本公共服务是政府的职责。这是对主要依靠扩大财政资金和社会保障制度建设思路的修正，也是把基本公共服务作为公共品向全体国民均等提供的新尝试。但是受各方面因素的制约，社会体系建设还处于初级阶段，当前基本公共服务供给不足、质量不高、发展不平衡、体制机制不健全等问题仍然十分突出。事实上，在一个拥有十三亿人口、发展很不平衡的国家，为全体国民提供大致均等的基本公共服务，是非常艰巨的任务，我们不仅要解决好历史欠账问题，还要适应国情变化的挑战，同时需要突破很多体制机制障碍。

在这方面，有许多认识问题需要澄清，还有一些重大的理论和政策问题需要深入研究，比如政府与市场、公平与效率、激励与约束等关系问题，责任与能力、需求与可能问题，投入保障问题，管理体制和运行机制问题等。基于此，2014 年版的“社会保障绿皮书”以“社会保障与社会服务”为主题，围绕该领域中的重大问题进行了全方面的研究。本书第 1 ~ 9 章聚焦不同的社会服务在社会保障制度建设中的地位和作用、社会服务的现状及问题、基本公共服务均等化等重大问题，分别提出了完善社会保障体系、促进基本公共服务均等化的思路与建议。第 10 ~ 11 章介绍了不同国家在社会保障与社会服务方面的国际经验，以及对中国的启示。由于受篇幅等方面限制，本书所论述的社会服务并没有完全涵盖与社会保障体系相关的所有公共服务内容，还有一些重要的公共服务如文化教育、住房等没有纳入进来。这些问题待以后再组织专门研究。我们希望把社会服务的研究作为社会保障体系研究的一个组成部分，引起理论界和实际工作部门的关注，为完善我国的社会保障体系提供参考。

G.1

社区养老服务的国际经验及发展问题研究*

戴卫东　汪连新　李志斌**

摘　要：

面对人口老龄化的挑战，我国政府提出构建以“居家养老为基础，社区养老为依托，机构养老为支撑”的社会养老服务体系。社区在养老服务体系中发挥重要作用，这符合老年人在熟悉的家院养老的传统。依据问卷调查和个案访谈资料，结合国际经验，分析我国城市社区养老供给现状及存在问题，并提出相关策略与建议。

关键词：

社区养老服务　供给现状　调查与个案访谈　策略与建议

一　城市社区养老服务供给问题研究背景及意义

（一）研究背景

1. 人口老龄化

1982年，联合国维也纳世界老龄问题大会，首次界定了人口老龄化标准。该标准是指60岁及以上人口占总人口10%以上，或者65岁及以上人口占总人口超过7%。21世纪初，我国迈入人口老龄化社会行列（见图1）。

---

* 本文第二节由戴卫东、李志斌执笔，第一、三、四节由汪连新执笔。

** 戴卫东，安徽师范大学历史与社会学院；汪连新，中华女子学院金融系；李志斌，安徽师范大学历史与社会学院。

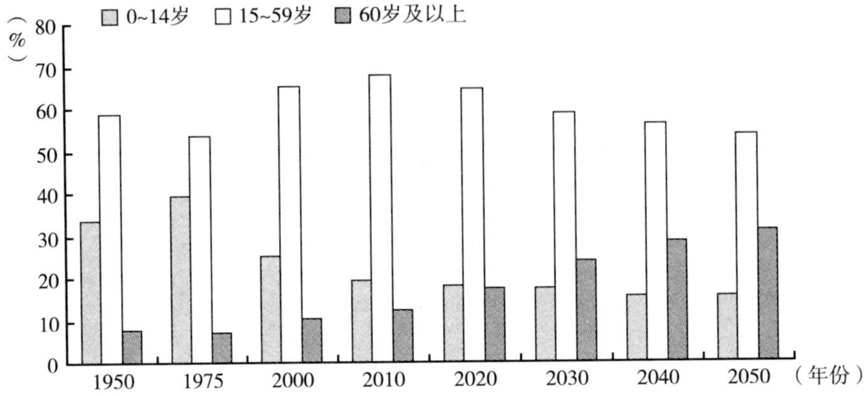

图1　人口年龄结构趋势

资料来源：World Population Prospects：The 2006 Version，Department of Economic and Social Affairs，Population Division，New York。

我国人口老龄化的特点之一是速度快。2010 年第六次全国人口普查数据显示，我国 60 岁及以上老年人口达到 1.78 亿，占总人口的 13.26%，与 2000 年第五次全国人口普查数据相比，上升了 2.93 个百分点（见图 2）。①

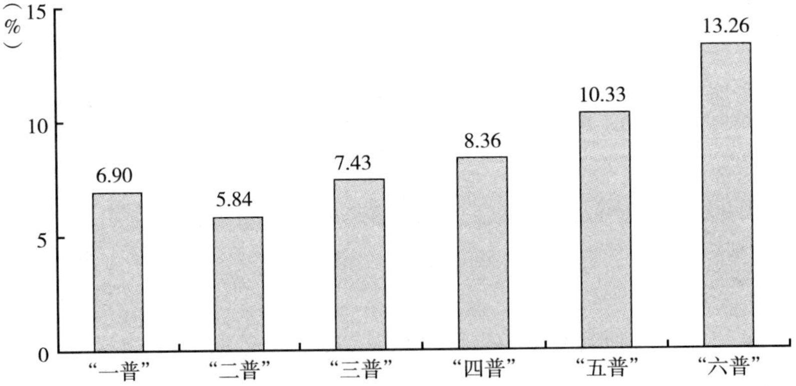

图2　老年人在总人口中的比例

资料来源：根据我国历次人口普查资料整理。

① 2011 年 8 月 16 日，新华网。

人口老龄化的特点之二是高龄老年人口快速增长。从2005～2011年80岁及以上老年人口增长数据看到，2005年我国80岁及以上的高龄老人约1550万人，占老年人口比重的10.4%，2010年高龄老人约1990万人，占比12%，仅五年时间增加440万人。据预测数据，我国80岁以上高龄人口到2050年将达到1亿，占老年人口总数的6.57%（见表1）。高龄老年人口快速增长，对养老服务需求将十分迫切。

表1　我国人口老龄化趋势预测数据

年份	总人口（亿）	60岁以上		65岁以上		80岁以上	
		人口（亿）	占总人口比例(%)	人口（亿）	占总人口比例(%)	人口（亿）	占总人口比例(%)
2020	14.72	2.45	16.64	1.74	11.82	0.30	2.04
2030	15.24	3.55	23.29	2.44	16.01	0.43	2.82
2040	15.43	4.09	26.51	3.24	21.00	0.64	4.15
2050	15.21	4.38	28.80	3.32	21.83	1.00	6.57

资料来源：中国人口信息中心：《中国人口老龄化趋势》。

人口老龄化的特点之三是空巢化。全国老龄工作委员会办公室发布的“2011年度中国老龄事业发展统计公报”数据显示，2010年，我国城乡空巢老人占49.3%（其中独居9.7%，夫妻同住仅39.6%），较2006年增加8%，较2000年增加10.4%。2000～2010年10年中，我国城镇空巢老人的比例由42.0%上升到54.0%。空巢老人的不断增多是家庭子女数减少、居住方式变化、住房市场化和人口流动等因素共同作用的结果。如何使空巢老人安享晚年，是我们面临的一个亟待解决的社会问题，这对生活照料、精神慰藉等养老服务需求提出了要求。

2. 家庭保障功能弱化

传统家庭养老保障制度的产生和发展，是建立在“家天下”的家庭伦理观念和相对封闭的自给自足农业生产方式之上的。我国农业社会是以自给自足为生产方式，不同家族之间相对封闭，家庭既是维系生育、养老的情感体，也是独立的生产单位，子女对家庭的依赖和老人在家庭中的权威，维系了家庭养老传统。但新时期随着计划生育政策的实施，人们生育观念和生活居住方式的改变，我国家庭结构发生了较大变化，“多代同堂”的家庭户数日益减少，“三口之家”的核心家庭成为主体。1982 年的第三次人口普查结果显示，我国家庭户规模是 4. 41 人，1990 年“四普”为 3. 96 人，2000 年的“五普”下降为 3. 44 人，2010 年“六普”下降为 3. 1 人（见图 3）。家庭规模小型化、家庭结构多样化，出现丁克家庭、单身家庭、单亲家庭、空巢家庭等多种类型，传统的家庭养老功能减弱，迫切要求我们建立与家庭结构及人口老龄化所带来的养老服务需求增加相适应的社会养老服务制度。

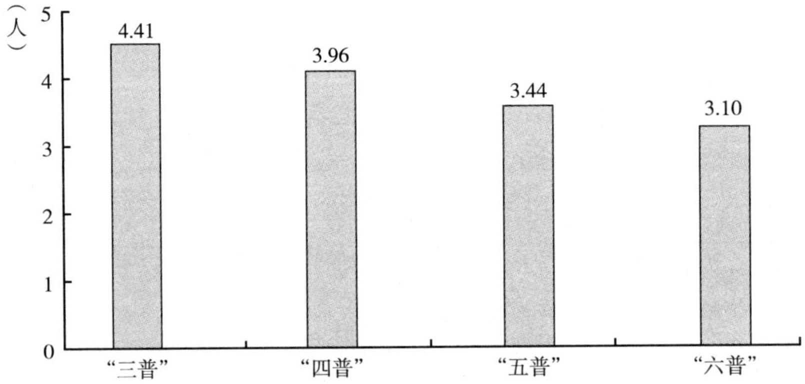

图 3　家庭户均人口数的变化趋势

数据来源：根据历次全国人口普查报告数据整理。

3. 养老服务需求增加

随着经济社会的发展，老年人在满足衣、食、住、行等基本需求的同时，对文化娱乐、休闲等精神层次的服务需求逐渐增加，多数独生子女由于工作原因无法亲自照料卧床或年迈的父母，因此，社会化的养老服务显得尤为重要。全国老龄办发布的《我国城市居家养老服务研究》报告显示：我国城市中有 48. 5% 的老年人有各种现实的服务需求（见表 2），其中需要家政服务的占 25. 22%，需要护理服务的占 18. 04%，需要托老所服务的占 18. 9%，需要保健指导的占 36. 8%，需要聊天解闷的占 13. 79%。[①] 根据健康状况，老人可以

① http：//www. china50plus. com/news/html/91/n－23791. html.

分为健康老人、自理老人和被照顾老人，被照顾老人的养老服务需求更加迫切。世界卫生组织调查结果显示，65 岁及以上的男性平均期望寿命是 17.1 年，其中 5.6 年生活方面需要他人照顾，女性的平均期望寿命是 20 年，其中 6.7 年需要他人护理照顾。[①] 老年人随着年龄增加，身体机能逐渐衰退，失能照护和临终关怀成为老年人较普遍的需求。

表 2 老年人需求项目

项　目	老年人需求内容
资　金	满足老年人基本生活的资金支持 高龄、失能、独居、残疾、特困等老年人专项补贴
家政服务	上门家政服务，内容包括餐饮、洗换衣、居室卫生清理等 社区护理院或养老院全天候护理服务
病患医疗	在社区或定期上门了解患病老人的情况、及时提供医疗咨询或跟踪服务 定期上门为失能老人诊断护理，为其测血压、换药、输液、注射等 社区定期为老人提供用药、营养、康复训练等指导与咨询 定期为老人进行健康体检、健康咨询，建立健康档案 养老院失能老人护理服务：医疗及康复 设置老年人家庭急救呼叫系统
文体娱乐	社区举办老年大学课堂，满足老年人文化学习的需求 培养老年人兴趣爱好，社区组织文体娱乐活动
精神慰藉	社区独居老人、空巢老人为志愿者帮扶对象，对其进行情感支持 社区建立老年人心理咨询工作室

4. 社区养老服务功能日益凸显

社区是伴随我国社会结构变迁和经济社会发展不断演变的，在计划经济时期，我国社会结构特点是“单位保障制”，职工的生、老、病、死、伤、残，甚至婚、丧、嫁、娶等都由所在单位负责，职工完全依附于单位，接受单位的全方位管理与服务，单位还承担了大量本该由社会来管理和服务的事务，如退休人员工资与福利补贴发放、体检、医疗费用报销等，退休后诸多事务仍然由单位负责管理。20 世纪 80 年代，随着我国经济体制改革逐步深化，原来“单

① 顾泳：《科学“护老”应对“老龄化”》，《老年日报》2009 年 10 月 9 日。

位保障制”形成的“大锅饭”和“铁饭碗”被打破，大批国有企业退休人员从单位转入所居住的社区，原来由单位承担的福利性事务由单位转移到老年人居住地所在的社区管理，社区成为老年人赖以生存的重要场所和情感依附地。截至2010年底，全国纳入社区管理的企业退休人员达到4344万人，比上年增加597万人，占企业退休人员总数的76.2%。① 20世纪80年代以来，在社会福利社会化政策的推行下，经过多年的探索，我国各地社区养老服务创建了许多管理模式，取得了较好的社会效益。社区在养老服务体系中的作用及功能日益显现。截至2011年，全国共有各类社区服务设施16.0万个，其中社区服务中心14391个，社区志愿服务组织15.9万个，社区共吸纳从业人员108.9万人。② 在家庭保障功能弱化、社会化养老服务体系不健全、老年人需求不断增加的情况下，社区养老会发挥越来越大的作用。2011年12月，国务院办公厅出台《社会养老服务体系建设规划（2011—2015）》（以下简称《规划》），这是从国家层面首次就养老服务进行专项规划，对解除老年照护后顾之忧具有重要的战略意义和现实意义。《规划》提出构建“以居家养老为基础、社区养老为依托、机构养老为支撑”的社会化养老服务体系目标，该体系中“社区”将发挥联系家庭与机构的纽带作用，弥补家庭照料功能弱化和社会机构养老资源的不足，实现老年人在自己熟悉的社区环境里安享晚年生活，同时接受社会化、专业化、市场化服务，这既符合我国国情和传统文化，也是未来养老方式的发展趋向。

（二）研究意义

研究社区养老服务供给问题，从理论和实践方面都具有积极意义。

从理论方面看，一是丰富了老年保障学的理论内涵。从社会保障视角入手，研究社区养老服务问题，解析社区养老在老年社会风险管理中的优势及可行性，有利于保障老年人基本的生存权和发展权。社区在提供失能护理、心理咨询、健康保健等方面，涉及养老、医疗、救助等多个社会保障领域。二是拓

① 全国老龄委网站，http：//www.cncaprc.gov.cn/。

② 同上。

展了社区公共服务供给理论的研究范围，城市社区养老服务属于城市公共服务范畴，本研究从城市社区公共服务视角入手，探讨城市社区养老服务供给及相关理论问题，具有一定的意义。解析社区养老服务的福利性及公益性特点，进一步深化和延伸社会福利制度的研究领域，并提出养老服务产业化发展思路，满足老年人较高层次的服务需求。

从实践方面看，发展社区养老服务有利于老年人解除高龄、失能、空巢独居、残病等特殊老人群体的养老服务需求困境，提升老年人退休生活质量；也有利于构建和谐家庭、实现老年人自身价值。同时，有利于化解老年照顾服务需求的社会风险，促进良好社会风气的形成、发扬传统敬孝文化；有利于政府服务型职能的转变、构建适合中国国情的养老服务制度、加快老年福利制度建设步伐。

（三）研究综述

近年来，社区养老服务问题的研究成为国内外学者们关注的热点，学者们的研究集中在公共产品供给理论、社区养老服务优势、供给与需求关系、供给机制、相关策略建议等方面。

1. 公共产品供给理论

国外诸多学者研究公共产品供给理论。萨缪尔森（Samuelson，1954）在文章《公共支出的纯理论》中，认为公共产品的供给与政府职能密切相关，在满足一些条件的情况下，政府供给公共产品可以达到资源配置的帕累托最优；[①] 科斯（1994）在研究政府公共供给与财政能力的关系时，认为“公众与日增加的公共产品需求与政府有限能力之间存在突出的矛盾，探索政府之外的供给主体”，“在一定条件下，市场也可以供给公共产品，实现多种供给机制”。[②] 美国社会学者埃莉诺·奥斯特罗姆（Elinor Ostrom）与文森特·奥斯特罗姆（Vincent Ostrom）夫妇针对城市公共产品提出“多中心秩序”理论，强

---

① Samuelson, P. A. , “The Pure of Public Expenditure”, *Review of Economic and Statistics*, 1954 (11): 36.

② 〔英〕科斯：《经济学中的灯塔》，载《论生产的制度结构》，盛洪译，陈郁校，上海三联书店，1994，第215页。

调社区公共服务的自主供给。①

2. 社区养老服务优势集中体现为满足老年人心理和情感需求

童星（2001）、王国枫（2004）等学者对城市社区养老服务的优势进行研究，认为社区养老服务能满足老人的心理与情感需求。童星等认为，对我国资源短缺、老年人口居住相对密集的国情来说，社区养老比较适宜，认为这种服务方式能够满足老年人在家里安享晚年的心理及精神需求；社区养老服务的社会投资相比机构养老要节省成本；可以解决社区内闲暇人员就业问题，拓宽就业渠道；还能通过社区宣传尊老、敬老的优良文化传统，培养青少年树立敬孝的理念。王国枫对城市社区养老服务进行科学定位，认为社区养老是政府扶持、社会力量参与的养老方式，是满足社区老年人的多种需求并具有福利性和公益性的公共服务。社区养老服务的优势体现为它的便利性和符合我国传统的习俗，老年人在熟悉的环境里生活，心情会更加愉悦。②

3. 关于社区养老服务供给与需求现状研究

唐钧、王婴（1999）调查研究结论认为我国社区老年服务的需求与供给之间存在较大的缺口，总体上供给不足，供需脱节，必须改变由政府包办、单一供给的现状，引进市场竞争机制，通过政策引导和扶持，将潜在的供给转化为实际供给，鼓励市场资金及社会力量参与到社区养老服务中，提升养老服务的效率。③ 李兵水等（2011）对居家养老服务供求关系进行研究，认为我国养老服务存在供、求总量失衡与结构失衡的现状，根源主要是政府责任的缺位、政策的失灵以及市场与社会参与不足造成的，区域发展的差异与城乡二元结构并存。同时他还提出建立由政府、社会、市场优势互补而不是相互替代的社区养老服务运行机制，满足老年人基本生活需求的服务。④ 王宁（2011）调查研究云南昆明的社区，认为社区日常生活照料、医疗保健服务、文化生活服务需

---

① 参见 http：//baike. baidu. com/view/610078. htm。

② 王国枫：《我国社区服务的科学定位》，《黑龙江社会科学》2004 年第 5 期。

③ 唐钧、王婴：《中国老年福利服务改革调查与思考》，《中国人口科学》1999 年第 3 期。

④ 李兵水、肖伊雪、姜晨卉：《我国居家养老服务保障供求关系研究》，《广西经济管理干部学院学报》2011 年第 2 期。

求都在增加，但在服务供给方面，一是社区设施利用率不高，存在问题的社区的养老服务能力很有限；[①] 二是政府与市场相结合的供给方式存在问题。邬沧萍（1999）认为社区养老服务提供者既不能完全由政府大包大揽，也不能完全市场化以追求收益，养老服务在性质上属于准公共物品，政府应该是公共政策和公共服务的供给主体。同时，某些服务领域或服务项目通过市场化的经营方式来提高服务效率和质量，这种供给方式符合“小政府、大社会”的发展理念。[②] 关信平（2002）提出发挥社区服务功能，增强其服务供给能力的关键有三个方面：一是如何调动社区居民积极参与社区事务；二是如何在社区居民中建立有效的组织机构；三是如何在社区层面上建立有效的资金供给机制。[③] 杜鹏（2011）认为解决社区服务供给与需求的矛盾，首先，要明确政府、社会和家庭在养老服务中的责任，合理定位社会养老服务体系中的各个组成部分，寻找政府、社会及家庭三者最佳的结合点，探索构建养老服务新格局。其次，提出社会养老服务体系的建设目标，构建社会养老服务体系的框架，界定政府在补缺型服务、适度普惠型服务和有偿服务中的责任。再次，从社会养老服务的政策法规、资金建设、人才培养、需求评估体系、质量评估和监督体系、资源整合和信息化建设等角度进行制度设计。最后，对公益性养老服务设施的建设与运行管理进行规划。[④]

总之，诸多学者对社区养老服务供给问题进行研究，成果颇丰，存在的不足是理论探索较多，实证分析尚欠缺。

二　相关概念的界定及理论基础

（一）社区

在国外文献中，最早界定社区概念的是德国社会学家斐迪南·滕尼斯

① 王宁：《城市社区养老需求与社区养老服务体系建设》，《重庆科技学院学报》（社会科学版）2011 年第 11 期。

② 邬沧萍：《老年社会学》，中国人民大学出版社，1999，第 264 页。

③ 关信平：《公共性、福利性服务与我国城市社区建设》，《东南学术》2002 年第 4 期。

④ 杜鹏：《从“六普”数据看中国人口老龄化新形式》，《人口研究》2011 年第 4 期。

(Ferdinand Tonnies, 1887), 他在其著作《社区与社会》(*Gemeinschaft and Gesellschaft*) 中研究社区的变迁, 认为社区是由生活共同体、情感主义、传统主义等要素组成; 社区人群是关系密切、守望相助、疾病相扰、具有人情味的社会团体。滕尼斯还认为社区是由传统的血缘、地缘和文化等自然因素形成的, 区别于以劳动分工和法理契约为基础的社会人际关系, 社会人际关系是一种缺乏感情交流与人文关怀的, 相对自私自利的关系。[①] 美国社会学家罗伯特·E. 帕克 (Robert E. Park) 以生态科学为基础, 指出"每一个社区即是一个社会"。[②]

我国"社区"的概念是费孝通先生于1933年在介绍美国芝加哥学派罗伯特·E. 帕克的社会学时, 将"community"一词翻译而成, 随后成为社会学的通用语。他说"以全盘社会结构的格式作为研究对象, 并不是抽象的, 必须是具体的社区, 因为社区是联系各个社会制度的时空坐落。"[③] 丁元竹教授 (2009) 认为社区是人类社会在自然发展过程中逐渐形成的一种必然的、不可缺少的社会组织形式, 社区的基础是人类生命个体之间相互需要, 并依存于自己的周围环境和人群, 从中获得物质、精神、社会等自己生存和发展所需要的资源, 从社会学意义上讲, 这种"生命生态系统"就被称为社区。[④]

本文认为, 社区作为社会学的基本概念, 是基于社会管理和行政管理的需要, 由区政府、街道办事处、居委会管辖的共同体, 构成社区的基本要素有一定数量的人口群体、地域环境、公共设施、共同的语言、习俗文化以及一定的组织制度。

学者张默 (2011) 认为社区服务有三个方面的特征: 一是福利性, 以维护老年人基本权益为根本出发点, 在服务价格和服务运营中根据老年人的经济承受力, 政府给予补贴或者购买服务, 同时扶持社会力量参与。福利性是社区养老服务的基本出发点。二是地域性, 社区是社会基本单元, 人们共同居住在

---

① Ferdinand Tonnies, *Community and Society*, Edited by Charles P. , Loomis, New York: Harper & Row, 1887: 248.

② Robert E. Park, Ernest W. Burgess, *Introduction to the Science of Sociology*, Chicago, University of Chicago Press, 1921: 161.

③ 费孝通:《乡土中国: 生育制度》, 北京大学出版社, 1998, 第92页。

④ 丁元竹:《社区的基本理论与方法》, 北京师范大学出版社, 2009, 第3页。

一个区域，共同使用这个区域的公共服务设施。三是多元性，社区养老服务是将本社区内全体老年人作为服务对象，老年人的需求是多元化的，要满足老年人不同层次的需求，不仅要在物质上，更要在精神层次上经常关注老年人的需要。①

学者们肯定社区在社会管理方面的基础功能。关信平（2002）研究社区社会管理功能，认为“社区是我们解决各种社会问题，推动社会发展的重要平台，要通过社区强化城市公共事务管理”。② 唐钧（2004）强调在从“经济增长”到“以人为本”发展理念转变的过程中，“社区”承担着重要的社会责任，认为社区是重要的社会载体，提出“社会发展经由社区发展”的社会建设路径，③ “空间上的社会是由无数社区组成的，每个社区都得到充分发展，社会必然获得发展”。于显洋（2006）认为社区的本质功能主要有社会化功能、社会控制功能、社会参与功能、社会互助功能等。④

（二）社区养老服务

社区养老服务是社区公共服务的重要内容。社区养老服务在国外被称为“社区照顾”（Community Care），20 世纪 60 年代首先由英国提出，当时针对机构照顾高昂的成本、对老年人自由的约束、封闭管理等弊端，提出“去机构化”运动，通过社区照顾来协助老年人度过晚年生活，实现“就地养老”（Aging in Place）。社区照顾被西方国家证明为有人性化、有较好的社会效益与成本效益的养老方式，这种养老方式，是老年人居住在家里，由社区上门提供服务，或者在社区开设诸如老年服务中心、日托服务、健康护理等方面的服务，让老年人生活在熟悉的社区和家庭环境中。

1982 年联合国在第 37 届大会上，通过《维也纳老龄问题国际行动计划》，提出“社会福利服务应该以社区为基础，并为老年人提供范围广泛的预防性、补救性和发展性方面的服务，以便让老年人能够在自己的家里和他们所在的社

① 张默主编《社区老年服务工作》，中国社会出版社，2011，第 64 ~ 65 页。
② 关信平：《公共性、福利性服务与我国城市社区建设》，《东南学术》2002 年第 6 期。
③ 唐钧：《当代中国城市的人口与社区》，《中国人口科学》2004 年第 5 期。
④ 于显洋：《社区概论》，中国人民大学出版社，2006，第 43 页。

区里尽可能过独立的生活，继续成为参加社会和经济活动的、有用的公民”。[①]

英国政府在撒切尔夫人执政时期积极推进社区照顾的养老模式，先后颁布了《福利白皮书》（1989）和《国家健康服务与社区照顾法令》（1993），让年老、神志不清的老年人或因疾病身体功能受损的老年人在家里或“接近家的环境”中得到应有的照顾。受英国社区照顾养老方式的影响，西方国家在解决人口老龄化过程中注重发挥社区的优势，培养社区养老服务专业服务人员，社区养老成为老年人首要的选择。[②]

笔者认为社区养老服务是在政府的主导和政策扶持下，以社区为依托，以满足老年人不同层次需求为出发点，充分利用社区现有的各种资源，由政府、社区组织、家庭、志愿者等多元主体提供的适合我国国情与传统文化的新型养老服务模式。社区养老服务的内容包括生活照料、医疗保健、心理保健、文化娱乐、社会参与、权益保护等多方面。

（三）福利多元主义理论

1. 福利多元主义理论产生的背景

社会福利的提供者在人类进入现代社会之前主要是家庭、教会或慈善组织，政府较少介入。20 世纪 30 年代，全球经济大危机之后，凯恩斯的“政府干预理论”成为主流思想，政府成为社会福利的主要提供者。1948 年，英国宣布建成“福利国家”，实现从“摇篮”到“坟墓”的全面福利保障，这一度成为发达国家追逐社会发展的目标。但是 20 世纪 70 年代世界经济遭遇“石油危机”，福利国家财政压力趋紧，面对财政危机，传统的由政府提供单一福利的模式受到质疑和挑战，福利国家开始寻求改革，提出市场化（Marketization）、商品化（Commericialization）、民营化（Privatization）、社区化（Communitization）的改革思想，美国提出“共同生产”（Cooproduction），新西兰、澳大利亚提出“从福利国家到福利社会”的改革，集中体现在社会福利供给由政府单一提供到多主体提供的改革思路。

---

① 许义平、何晓玲：《现代社区制度实证研究》，中国社会科学出版社，2008，第 192 页。

② See Langanm, *Welfare*: *Needs*, *Rights and Risks*, London: Routledge, 1998: 4.

2. 福利多元主义理论主要内容

福利多元主义理论的提出者主要有蒂特姆斯（R. Titmuss）、约翰逊（N. Johnson）、哈奇与莫克罗夫特（Hatch & Mocroft）、罗斯（Rao）等学者。较早提出福利多元思想的是蒂特姆斯（R. Titmuss），他在著作《福利的社会分工》中提出社会福利（Social Welfare）、财税福利（Fiscal Welfare）和职业福利（Occupational Welfare）三种福利。最早使用“福利多元主义（Welfare Pluralism）”一词的是1978年英国沃尔芬德报告《志愿组织未来》，提出福利供给存在多元体系，提倡志愿者服务。① 约翰逊（N. Johnson）在著作《转变中的社会福利：福利多元主义的理论与实践》中，指出不应该将政府作为唯一的福利提供主体，提供福利的主体还应该包括非正式部门、志愿者组织及商业部门。② 哈奇与莫克罗夫特（Hatch & Mocroft）将福利供给分成四部门，即政府部门、自愿部门、商业部门和非正式部门，政府在福利领域的责任面临分权（Decentralization）和参与（Participation）的选择，分权意味着在福利领域，中央政府将职权下放到地方政府；参与，即将政府的福利责任分散到市场、邻里与小型的组织中，使社会力量介入和修补社会服务的制定与传输过程。罗斯（Rao，1986）认为社会福利来源于家庭、市场和国家三个部门，三者构成社会福利的提供整体，称为“福利三角”，可用 $TWS = H + M + S$ 的公式表示，其中 TWS 表示社会的总福利，H 表示家庭提供的福利，M 表示市场提供的福利，S 表示国家提供的福利，将家庭、市场、国家三者有机联合起来，互相补充。伊瓦思（1996）在福利三角的基础上增加了民间社会这一主体，他认为民间社会是联系其他三者的纽带，认为社会福利有四个来源：市场、国家、社区和民间社会（见表3）。总之，福利多元思想改变了由政府提供单一主体的传统供给制度，但并不是意味着政府责任的削弱，政府在福利供给体系里仍然发挥积极的规范、指导、支持性的作用，应该多主体配合与合作，分担福利提供责任。

---

① J. Wolfenden，*The Future of Voluntary Organizations*，London：Croom Helm，1978，pp：9 - 14.

② 转自陈雅丽《城市社区服务供给体系及问题解析——以福利多元主义理论为视角》，《理论导刊》2010年第2期。

表 3　伊瓦思福利多元主义四个部门的特征

部　门	国　家	市　场	社　区	民间社会
福利生产部门	公共部门	市场	家庭、非正式部门	中介、非营利部门
行动协调原则	科层制	竞争	个人责任	志愿性
需方的角色	社会权的公民	消费者	社区成员	协会成员、市民
交换中介	法律	货币	尊敬、感激	说理、交流
中心价值	平等	选择自由	利他、互惠	团结
有效标准	安全	福利	个人参与	社会
主要缺陷	忽视少数群体，降低自主动机	不平等，忽视非货币化的结果	道德约束降低、个人选择自由	对福利不平等分配、缺乏专业化

资料来源：A. Evers，T. Olk，Wohlfahrts pluralismus：Vom Wohlf ahrts Staat Zur Wohlfahrts。

3. 福利多元主义理论在我国的实践及研究社区服务供给的理论意义

20 世纪 80 年代，我国提出社会福利社会化的思想，这与福利多元主义理论一脉相承。1986 年，针对我国计划经济时期集体“大锅饭”遗留在城市社会福利制度的种种弊端，如效率低下、管理落后、服务对象范围狭窄，仅为城市“三无人员”和农村“五保”人员提供基本保障，不能适应国有企业改革的需要，民政部提出“社会福利社会化”的改革思路，多渠道、多层次地发展社会福利事业。另外，随着我国人口老龄化和家庭结构小型化、多样化，家庭保障功能的弱化，老年护理问题日益严峻，尤其是高龄老人、失能老人、空巢老人照顾需求不断增加，而由于经济条件和管理体制能力等方面的限制，社会化的养老供给能力不足，养老服务的提供主体由原来单一的政府，转变为由政府、社团、机构、志愿者等多元提供主体，这与福利多元主义理论的理念相一致，也是符合我国养老服务制度发展规律的路径选择。

以福利多元主义理论视角研究我国社区养老服务问题，探索多元化的供给主体，激发社会力量协同参与社区服务，有效整合社区服务资源，在一定程度上对缓解社区各种资源供给不足现状，具有一定的理论指导意义：一是明确政府责任，减轻政府负担，促使政府职能向服务型转变。政府的责任不再是传统的“大包大揽”，而是只负责做好制度顶层设计、建立制度规范与评估体系、提供必要的财政支持、政策支持，发挥监管职责，这也符合党的“十八大”提出的构建服务型政府的目标。二是发挥市场的积极作用，提高社区养老服务质量。社区养老服务以维护社区老年人基本生活权益为出发点，满足不同层次老年人的需求，在多元主体、多层次养老服务项目的选择条件下，将无偿、低偿与有偿服务方式相结合，丰富社区服务项目内容、提高服务质量。三是实现资金筹集社会化，整合社区养老服务资源，充分利用社区现有场地和资源及有闲暇时间的人员等，开展社区老年活动中心、老年餐桌等老年人普遍需求的服务项目，鼓励社会组织参与养老服务，形成志愿者为老年人服务常态化、规范化的机制。

三　主要国家和地区社区养老服务的实践进展

目前，整个地球村都逐渐进入老龄化社会，在这个大背景下，社区养老逐渐成为一种重要的养老模式之一。社区老年服务工作的重心是社区养老服务。20 世纪 80 年代我国的社区养老服务才刚刚起步，在这三十多年的努力发展过程中，我国的社区服务取得了快速的进步和发展，同时也暴露出很多问题和不尽如人意的地方。在健全与完善社区养老服务工作的过程中，世界上的一些社区养老服务体系比较成熟的国家和地区对我国社区服务体系的建立具有很好的借鉴意义。因此，在此分析日本、美国、英国、澳大利亚和中国香港的社区养老服务相关制度，为促进我国社区养老服务的发展，提供了有效的参考意见。

（一）日本社区养老服务

日本是全世界老龄化速度最快、老龄人口比例最高的国家。据 2005 年的日本总务省国情调查报告，截止到 2005 年 10 月 1 日，日本 65 岁以上的老年人口已经达到日本总人口的 21%，而日本的少儿人口比例却只占到了 13.6%。[①] 传统的家庭养老模式已经不能满足现实的需求，家庭养老应该向社会转移，社区老年照顾成为必然的选择。日本政府建立了以年金—医疗—护理为核心的老年福利体系和以家庭养老为中心、以社区养老服务为补充的老年服务模式。该模式有助于帮助老年人健康、愉悦地度过晚年生活，提高他们的生

① 张莉清、潘锁生：《日本的社区老年服务》，《当代世界》2007 年第 10 期。

活质量，减轻家庭养老的负担，让家庭其他成员能够没有后顾之忧，安心地工作。

1. 日本社区养老服务的内容和服务提供方式

日本市级政府设立社会部，并由社会部全面负责社区养老服务工作，社会部下分设各科室，包括社会福利科、福利计划科、保险医疗科、老人福利科、老人之家等，能够有效地全面掌握市内各区域老年人的日常活动情况、健康状况、经济状况等资料。在相关政策和法规的保障下，社区充分挖掘、整合各方资金、人才等资源，利用好各方力量，向老年人提供日常生活、医疗保健、心理疏导等综合性服务，满足老年人的不同需要。

（1）社区服务人员上门服务。社区根据老年人的需求，派遣不同的社区服务人员，如医生、护士、护理人员、康复师和社会工作者等，到那些体弱多病、生活不能自理又无护理人员照护的老年人家中进行上门走访，并为他们提供所需服务，譬如照料老年人的日常生活，帮助做家务，包括做饭、进餐、洗澡、理发、换衣、清扫等，定期上门为老年人检查身体、了解近况、观察病情，发现问题及时处理。如若超出能力范围则及时与相关医院联系会诊，到老人家中进行诊疗护理，为其检查、开药、换药、注射、输液等，同时对老年人及其家属给予用药、营养、康复训练、生活注意事项等方面的指导。

（2）日间照顾服务。是指白天住在社区家中的老年人，特别是针对 65 岁以上，因身体或精神上有障碍造成生活不便或生活不能自理难以维持正常的日常生活的老年人，根据家属及老人意愿，社区派车将其集中接到社区老年人设施机构，如老年护理中心、老年福利中心、社区老年活动中心等机构，为他们提供洗澡、就餐等服务，开展老年心理疏导、身体检查、身体功能恢复训练，组织老年人开展兴趣小组娱乐活动等，随后机构给老年人准备晚餐，晚餐过后则派车送他们回家。

（3）短期托付护理服务。主要是针对三种情况的老年人提供的短期护理服务：第一种是因疾病及其他原因导致老年人暂时无法在家中进行护理，让他们暂时入住社区老年机构，入住时间一般在 3 个月之内，开展的活动有生活协助、健康娱乐、康复休养、交流谈心等；第二种是为长期住院的老人在出院回家之前做过渡准备而提供的短期护理服务；第三种是为临终前的老人提供静养关怀服务。

（4）长期照顾服务。指社区机构为65岁以上的老人提供超过3个月的照顾服务。老年人由于身体、精神上有明显障碍，缺乏生活自理能力，需要长期被照看而家庭照料又存在困难的，因此转由社区的一些老年机构照顾老年人的饮食起居，并组织各项适合老年人特点的娱乐活动，进行体格检查、功能锻炼、心理健康和生活护理等多方面的指导。

（5）老年保健咨询和指导服务。20世纪90年代日本在各都道府县设立老年人综合咨询中心，咨询中心全天候为老年人提供保健咨询服务，为老年人答疑解惑，特别是老年人最关心的保健、医疗等问题。社区定期为老年居民开展身体检查，预防和发现疾病；定期开展保健讲座，普及保健知识和技能；定期为肢体活动受限的老年人开办功能恢复班，科学指导老年人进行身体功能恢复训练。

2. 日本社区养老服务的特征

（1）社区提供多重服务，内容丰富。目前，社区提供的服务有短期托付护理服务、长期照顾服务、日间照顾服务、社区服务人员上门服务、老年保健咨询和指导服务等，老人及家属可以根据自身需要，选择一项或多项社区服务。

（2）社区服务组织完善。主要有四种服务组织：第一种是政府机构，由政府财政拨款支持；第二种是民间非营利性组织，例如社会福利法人、社会福利协会等，这些组织通过提供社区服务，收取较低的费用，往往还能得到政府的支持和资助，这种民间服务组织服务质量和效率都较高，所以受到社区老年人的青睐，发展迅速；第三种是社区志愿者，主要由社区家庭妇女、身体健康的老年人、大学生组成，这种社区服务大多数是免费的；第四种是企业形式的养老服务，企业通过保险方式获取资金，再向接受服务的社区老年人收取较低的服务费用。

3. 日本社区养老服务模式

（1）日本建立的以家庭养老为依托的社区养老服务模式，能够提供全面的家庭照顾服务。社区不仅提供上门服务、日间照顾服务、短期托付护理服务、长期照顾服务、老年保健咨询和指导服务等内容，还包括家庭访问介护服务、家庭访问医疗护理服务等。

（2）发展民间非营利性组织。社区养老服务主要由非营利性组织提供，是社区养老服务的中坚力量，承担80%以上的社会服务。社区居民间发展的互助型福利性组织贴近居民生活，所提供的服务已成为居民生活中的一部分，通过居民互帮互助营造一个良好的生存环境。

（3）鼓励老年人进行社会参与。鼓励老年人充分运用他们的经验与智慧参与社会活动，一方面，可以提高老年人对社会活动的认识；另一方面，可以老有所用、老有所为，继续发挥老年人的余热，做一些适合老年人特点的工作，为社区、社会做贡献。

4. 日本社区养老服务的资金来源和服务效果

（1）资金来源。日本政府不直接给居民提供社区服务，而是通过购买机构服务或其他形式交由第三方来提供，政府对社区服务的责任主要体现在制定相关法律和政策，为社区服务提供主要资金支持和设施资助，对社区养老服务的发展给予建设性的指导，对社区养老服务质量、效果进行监督和评估等方面。在日本，社区服务资金70%来自国库支出。① 随着社区福利的发展，社区福利开始有偿提供和民营化，社区服务征收相关的服务费。在费用分担上，引入受益者分担机制，政府、国民共同分担福利服务费用，从而形成一种政府出资、集体出资、个人出资相结合的多层次的福利体系。

（2）服务效果。日本的社区养老服务模式，使老年人在不脱离家庭与熟悉的社区环境下，可以享受社区为其提供的各类服务，能够安享晚年，过上正常幸福的老年生活。同时，老年人的合法权益也得到了维护，家属在照顾老年人方面的压力也有所减轻，间接促进了经济与社会的和谐发展。

5. 日本社区养老服务制度对我国的启示

（1）完善社区养老服务的法律法规，服务法制化是社区养老服务的保障。1959年《国民年金法》解决老年人生活的经济来源问题；1963年，日本颁布了《老人福利法》；1989年制定的《推进高龄者保健福利10年战略计划》以

---

① 陈成文、孙秀兰：《社区老年服务：英、美、日三国的实践模式及其启示》，《社会主义研究》2010年第1期。

及之后的“新金色计划”等都明确地规定了社区养老服务中的各项管理制度、经营、组织办法等，这都从法律上保障了社区养老服务的构建和完善。[①] 法律在日本老年社区服务事业中起到了基础性、指引性作用，与此相对，我国目前关于社区养老服务方面的法规、条例还很不健全，现有的政策法规也不明确，无法可依。所以，要制定出适合我国国情的关于社区养老服务的法律法规，将服务的对象、服务的内容、服务的方式方法、服务的标准、服务资金的来源、服务的监督与评估从法律上确定下来，使社区养老服务做到有法可依，有法可循，依法服务。

（2）发挥政府的主导作用，不断完善福利设施。社区服务型设施主要以居家老年人为对象，为他们提供休息、娱乐、交际、保健和护理的场地。在社区服务过程中，日本重视发挥政府的作用，只有在政府的支持下，才能建立起比较良好的服务体系，特别是政府给予的资金支持。事实如此，社区福利设施的建设与维护，服务队伍的扩大，服务质量的提高，都离不开政府财政的支持。因此，社区养老服务的发展，要充分发挥政府的主导作用。而在我国社区服务设施不完备地区，政府要加大财政投入与政策支持，扩大服务队伍，不断提高社区老年服务质量。

（3）社区服务多元化、社会化是社区养老服务创新发展的方向。在日本的社区养老服务事业中，国家和政府负有主要责任，中央政府和地方政府在社区养老服务事业中扮演着不同的角色。日本也非常重视挖掘民间力量发展社区养老服务。许多民间组织和团体都参与到社区养老服务事业中来，成为服务的提供者。日本从中央政府到地方政府，从政府到社会形成了一个综合的多层次的福利体系。

（二）美国社区养老服务

目前，美国总共有近3亿人口，65岁以上老年人口占总人口数的12%，预计到2030年，老年人口比例将高达20%，美国早在1944年就成为老年型国家。[②] 美

① 阎东彬：《日本社区老年服务制度对我国的借鉴》，《改革与开放》2008年第8期。

② 张丽雅、於钇权：《美英两国社区养老服务及启示》，《社会福利》2010年第10期。

国的年轻人大多不跟父母生活在一起，子女成家立业以后就不再与父母住在一起，美国老年人的养老问题主要由政府和社会承担。美国的社会保障制度相对比较完善，从政策设计到机构的运营管理，从技术支持到机构具体服务，都积累了丰富的经验。美国社区养老最大的特色在于其养老的产业化。在美国的社区养老服务发展过程中建立了专门的、人性化、设备齐全、适合老年人的社区，并形成了独特的社区养老模式。

1. 美国全面的老年人服务项目

美国全面的老年人服务项目（Program of All-inclusive Care for the Elderly, PACE），主要是指医疗保险和医疗救助为老年人支付费用。1986 年美国全面的老年人服务项目通过政府立法，并在全国范围内建立多个示范项目。1997 年 PACE 模式通过了美国平衡预算法案，正式确立为在医疗保险支付范围内的永久性服务项目，并规定各州可为达到医疗救助标准的老人提供 PACE 服务。从本质上看，PACE 是一个非营利性机构，其主要宗旨是为符合入住护理院标准的社区老年人提供全面的医疗服务、社会支持服务和康复服务。

（1）PACE 项目服务的对象。年龄必须在 55 岁以上，并居住在 PACE 的服务区域内，具有相关医疗机构证明符合入住护理院标准的老人。参加 PACE 项目的老人，只能接受 PACE 中心为老人提供的服务，不能再与其他医疗机构打交道。老人也可以自愿选择退出 PACE 项目，或由护理协作组成员共同提出 PACE 项目不能再提供适合老年人的医疗护理服务。

（2）PACE 项目的服务人员。是由一个多学科的服务团队组成，成员包括医生、护士、护理人员、药剂师、康复治疗师、营养师、社会工作者等，按照参加项目的老年人的需求，量身制定个案服务计划，为老年人提供全面的医疗、护理、康复训练、情感支持等方面的服务。

（3）PACE 项目服务的内容。主要包括三个方面：医疗性服务、社会性服务和康复性服务。

医疗性服务：①基础医疗服务，包括身体检查、抽血、开药、输液及提供一些医疗器械（例如轮椅、氧气罐等）等，这些服务都在日间护理中完成。②急性病服务，包括急诊各种监护病房以及在急性病房中提供的各种服务。PACE 的医生会及时提供相关医疗资料并进行随访等。③慢性病的长期医疗服务，包括一些住院或者住在老人院的老年人，只要参与了 PACE 项目就会享受到无微不至的随访以及医疗指导等。

社会性服务：指衣食住行的各个方面，有专业人员考察家庭环境，改进一切可能增加意外的环境因素，如把台阶改为斜坡，在浴室中安放防滑椅子以及扶手等，还有相应的饮食以及洗浴、家政服务等。最有特点的是，他们还向家属提供心理咨询以及实际的人员援助，帮助家属摆脱长期照顾老人的抑郁以及获得适当的休整。

康复性服务：治疗师会在日间看护中心以及家庭随访中进行指导和治疗，最大限度地保持和恢复参与者的功能状态。

（4）PACE 项目的好处。PACE 项目受益的不仅是接受服务的老年人，还包括整个服务团队的工作人员、家属等。首先，项目最大受益者还是接受服务的老年人，他们可以得到服务团队提供的全方位的服务。其次，工作人员可以从团队工作模式中受益。团队人员在服务过程中相互沟通、配合、协调，团队成员之间相互尊重，共同成长。最后，家属也是受益者，老年人在项目服务中心可以得到全面的服务，也就减轻了家庭的负担。

（5）PACE 项目的不足。①建立一个 PACE 项目中心需要大量资金，募集启动资金比较困难，而且中心前期的投入比较大，例如设施的建设、设备的引进、人才的招募与培训等，近期收益有限，需要经过数年的运营管理才能达到收支平衡。②PACE 项目对申请该服务的老年人有很多限制条件，要进行严格的资格审查，也就将很多老年人排除在该服务项目之外。③即使通过了资格审查的老年人，获得该项服务，其也要与项目中心签订协议，该协议对老年人是有所限制的，使老年人和家属感觉失去了自主权。

2. 美国社区养老服务模式

虽然美国的社区服务是在 19 世纪的中后期才起步，但是美国是一个进入老龄化社会较早的国家，所以在社区服务方面积累了很多有益的经验。美国已经形成了由政府不直接干预、以社区和非营利性机构为主导、社区居民参与等共同协作的一种自下而上的成熟的社区服务模式。

（1）社区服务的相关法律制定和政策引导。在社区服务过程中，政府的主要职能是宏观管理，通过制定规范性文件、对社区服务给予财政支持、服务机构税收优待、招标等手段，行使政府引导、支持和监督的职能。政府通过立法保障、统筹管理、资金投入等措施，保证了政府对社区服务进行有效的统筹与监管。[①] 第一，法律基础和保障。美国的法制程度非常高，是大多数国家都难以企及的。1973 年美国颁发了《国内志愿服务法案》，奠定了社区服务的组织基础。1990 年，布什政府签署了《社区服务法案》，将学校开设社区服务课程的权利和义务从法律上确定下来，确立了社区服务的义务性与合理性。

第二，政府统一管理和监督。20 世纪 90 年代，美国总统克林顿签署了《国家和社区服务信托法案》，并成立了美国社区服务协会，将美国国内所有的社区服务项目都集中到统一的管理网络。此外，政府还通过税收政策、资金支持、劳动政策、民事法律等手段加强和改进对社区的监督。

第三，政府财政支持与优惠政策。美国政府每年向从事社区服务的各类非营利性组织购买服务，政府与组织间签订服务协议，政府根据协议给服务机构提供 10% ~80% 不等的财政资金支持；政府在税收上给予优惠待遇，非营利性组织在服务时所获得的各项收入和购买社区服务所需商品都无需缴纳税费。

（2）非营利性组织是提供社区服务的主体。非营利性组织是美国社区养老服务除政府和市场之外的第三种力量，美国的非营利性组织数量很多。据统计，到 2006 年底美国共有 139 万个非营利性组织，且服务内容广泛，涉及医疗、文化、卫生、日常生活等，它们直接为社区居民提供丰富多彩的服务。非营利性组织主要分为三类：第一类是社区居委会；第二类是社区基金会；第三类是社区志愿者机构。

（3）志愿者参与社区服务。美国的社区志愿者组织在社区服务中起着重要的作用，充分利用志愿者机构内的各种资源，制订服务计划，开展服务活动，为有困难的社会群体及个人提供服务与救助。美国的社区志愿者数量众多，志愿者来源于社会各个阶层，服务项目涉及面广。

3. 美国社区养老服务实践模式对我国的启示

（1）建立和完善社区养老服务法律法规。1965 年，《美国老年人法案》及修正案，明确规定划拨专款用于社区规划与服务、培训和研究，并成立了

---

① 韩央迪：《英美社区服务的发展模式及对我国的启示》，《理论与改革》2010 年第 3 期。

"老年管理局"，以此向老年人提供援助。1995 年美国的白宫老年会议，把普遍的健康照顾和拓展以家庭、社区为基础的长期照顾服务放在社区养老服务的首位。这些都从法律上保障了社区养老服务的构建和完善。就目前来讲，我国有关社区养老服务的法律法规很不健全，所以我国要建立适合我国国情的社区养老服务法律法规，确立社区养老服务的合法地位，做到社区养老服务有法可循。

（2）重视非营利性组织的建设发展。① 美国社区服务的主体主要依靠的是非营利性组织，非营利性组织数量庞大，政府在财政上给予支持和优惠政策。我国的非营利性组织和社区组织发展起步较晚，政府关注少，扶持力度小，随着我国经济的不断发展，我国社区服务设施逐步完善。目前，政府应该把非营利性组织的建设与发展放在我国社区建设的重要位置上来。

（3）加大政府财政投入，不断完善社区基础设施。社区基础设施的建设，以政府为主导，社会捐赠和社区居民参与为辅，为社区的发展奠定物质基础。政府加大对社区基础设施建设的资金投入，特别是我国基础设施相对薄弱的广大农村地区，使城市居民和农村居民都能享受到社会经济发展带来的红利。

（三）英国社区养老服务

据统计，目前英国 65 岁以上的老年人已经超过了 1000 万，约占英国总人口的 18%。英国是世界上较早进入"银发时代"的国家，在 20 世纪 70 年代进入人口老龄化社会，养老需求急剧上升。英国自 20 世纪 60 年代开始，就探索建立社区照顾制度，经过 50 多年的发展，已经形成了一套比较完整的照顾体系。1990 年，英国颁布《社区照顾》法案，经过三年实践，1993 年在全国推行。

1. 英国社区养老服务的内容与社区照顾

（1）在英国，社区服务内容非常详尽完备，仅就养老服务而言，其内容和形式既丰富全面又灵活多变。服务机构有为具备生活自理能力但身边无人照

① 朱红权、王凤丽：《英美国家及中国香港地区成功社区服务经验启示》，《经济研究导刊》2011 年第 27 期。

顾的社区老年人提供服务的社区老年公寓，有主要用于集中收养生活不能自理又无家庭照顾的老年人的社区老人院，还有诸多灵活的如暂托处之类的短期护理机构等，这些机构提供居家养老照顾、上门服务、短暂托管等服务项目。服务内容包括上门送餐、洗澡、洗衣、拖地、打扫卫生、陪同老人购物、去医院等日常生活的诸多方面，非常周到全面。英国开展社区照顾的成功经验对许多国家和地区包括我国香港地区的社区服务工作都产生了一定影响。

（2）社区照顾的含义。① 1989 年英国政府颁布《社区照顾白皮书》，其中指出："社区照顾是指提供适当程度的干预和支持以使老人们能获得最大的自主性，且掌握自己的生活，为给老人提供服务的老人家庭成员提供暂托、喘息照顾和日间照顾，通过团体之家和临时收容场所，增加照顾范围，直至提供居家护理照料。英国的社区照顾主要有'社区内照顾'和'由社区照顾'两种方式"。

（3）社区照顾的主要内容。

第一，生活照料。生活照料又包括居家照料服务、家庭照顾、老年人公寓、托老所四种形式。

居家照料服务，也称上门服务，针对的是生活在社区家中，尚有部分生活能力的半自理老年人，是为他们提供的一种服务。服务项目内容具体包括上门送餐、洗澡、洗衣、理发、打扫卫生、购物、陪同去医院等。从事这种服务的工作人员，既有政府雇员，又有社区志愿服务人员，一般都是无偿或低偿服务，收费标准由地方政府决定，一般都在老年人承担的能力范围之内，不足的部分由政府支付。

家庭照顾，是指政府为了让那些完全丧失生活自理能力、常年卧病在床的老年人能够在家接受亲属全面照顾而采取的一系列措施，政府会给老年人及家属发放一定的津贴，使家庭在照顾老年人时有一定的经济保证。

老年人公寓，是政府为那些身边无子女照顾但有自理能力的老人提供的一种住房，通常是由一个功能齐全的两居室组成，配置方便老年人生活的洗衣机、卫生间、厨房、电视等设施，公寓内还安有紧急呼救装置，老人一旦有身

---

① 祁峰：《英国的社区照顾及启示》，《西北人口》2010 年第 6 期。

体不适或者特殊需求可以与控制中心联系，社区可以派人赶去救援。老年公寓的收费比较低，但是数量有限，申请入住老年公寓的老人必须接受政府的严格审查，符合生活困难的低收入老人才能居住。

托老所，主要包括暂托处和老人院。暂托处是为了解决家庭成员因外出有事而得不到照顾的老年人的问题，暂托处为老年人提供免费的、短暂的照顾服务，一般时间为几个小时或几天，最长不超过一个星期。老人院服务的主要对象是生活不能自理又无人照顾的老年人。老人院分布在各个社区，这样老年人就不用离开他们熟悉的生活环境。

第二，物质援助。为了使老年人更好、更方便地生活，地方政府在社区老年活动中心、老年公寓、老人院的浴室、厕所、楼梯处安装扶手等，政府或志愿者组织用专车为老年人供应热饭。政府对 65 岁以上的老人给予一定的税收补贴，减少住房税。66 岁以上的老年人水电费、燃气费、通信费、暖气费等给予优惠，鼓励老年人旅游，减免国内旅游车船票费。

第三，心理支持（预防、治病、护理、咨询等）。如，社区医生上门为老年人检查看病，免收处方费；保健人员上门为老年人传授养生保健之道，如保暖、防止瘫痪、营养及帮助老年人预防疾病等。

第四，整体关怀。为了改善老年人的生活环境，政府出资兴办功能齐全的社区老年活动中心，为满足老年人休闲娱乐的需要提供一个场所。整合周边资源，如组织志愿者参与社区养老服务，社区为老年人提供就业、教育服务等。

2. 英国社区养老服务模式

英国的社区养老服务采取的是社区照顾模式。

（1）服务体系正规化。英国的社区照顾服务体系主要由管理人员、主要工作人员和照顾人员组成。管理人员是某一社区照顾的总负责人，主要掌管资金分配、人员的聘用及工作监督。主要工作人员负责社区内一定数量老年人养老金的发放，以及了解老年人的需要和帮助老人解决一些重要问题。照顾人员是受雇于机构直接从事照顾老年人生活的人，多为老年人的亲人、邻居、熟人，政府给予他们一定的服务补贴。

（2）服务形式多样化。1990 年，英国《社区照顾》和《国家健康服务与社区照顾法令》明确指出，要在社区内对老年人提供服务和供养，以便使他们尽可能过上独立的生活。其目标是在他们自己的家或“像家似的”环境中受到帮助。为积极落实社区照顾政策，实现社区对老年人的照顾，英国政府开展了多样化的老年服务，主要包括社区活动中心、家庭照顾、居家服务、暂托处、老年公寓、老人院等。

(3) 监督机制完善。“契约制”是英国社区养老服务实行的一种形式，政府将一些服务项目转移给社会服务机构，政府出资购买服务，委托社会服务机构给需求者提供服务。在实施过程中，英国的社区照顾实行的是项目管理模式，包括从项目申报开始、执行、监督、年度总结，到最后项目评估等，从工作人员到义工都有一套完整、规范的工作管理和评估体系。社工机构要承接服务项目，拿到经费，要与多家机构一同竞争，接受项目评估，最终由政府决定哪家机构比较适合，才会把经费交给该机构。此外，在执行服务的过程中，机构内的人员培训、设施配置、服务标准、服务收费等，都要定期接受政府部门工作人员的检查，同时服务项目出资方也会不定期进行抽查，同时还会安排义工进行监督等。

3. 英国社区养老服务实践模式对我国的启示

第一，发挥政府主导和政策引导作用。① 在社区建设过程中，社区服务是重中之重，在社区服务中政府发挥的作用是不可替代的。在英国，社区照顾的资金绝大部分来自政府的拨款。没有政府在资金和政策上的大力支持，就不可能建立一个良好的社区服务体系。所以，应该加强政府对社区服务的政策引导作用，给社区服务以政策上的支持，特别是在资金问题上，资金问题不解决，社区服务的基础设施就无法得到建设和维护，社区服务的人才队伍也就难以壮大，社区服务水平也难以提高。

第二，扩大志愿者队伍规模，加强志愿者队伍建设。在社区养老服务过程中，志愿者的作用相当重要。志愿者加入社区服务，首先，可以降低社区服务的成本；其次，受志愿服务的影响，会带动更多的人加入社区志愿者行列，形成一种良性的循环。

第三，加强专业社工人才队伍的建设。我国社区养老服务起步晚，起点

---

① 唐忠新：《社区照顾：英国养老主要方式》，《社区》2004 年第 14 期。

低，不仅老年服务的基础设施薄弱，而且社区服务的专业人才短缺。所以，我国必须加强专业的社工人才队伍建设，不断提高社区养老服务的水平。

第四，建立和完善社区服务支持网络。充分挖掘和利用社区资源，构建一个平台，实现资源共享。社区服务支持网络主要包括社区志愿者联系网络、互助网络、邻里协助网络等。

（四）澳大利亚社区养老服务

澳大利亚是一个经济发达的国家，人口大约有2170万，其中老年人口约占12%。[①] 自国家进入老龄化社会以来，澳大利亚老龄事业的发展受到政府的重视，特别是老年人的社会福利，所以在政策制定和财政支出上，澳大利亚政府都给予了大力支持。

1. 澳大利亚社区养老服务的内容

澳大利亚社区养老服务有多种形式，包括家庭护理和治疗、整理家务、送餐、物品修理、家庭短期护理、日间服务等。这些服务都是由多种多样的机构提供，大多数是政府公立机构和志愿服务组织，私人机构很少参与。社区服务的资金都是由联邦和州政府共同出资的。澳大利亚政府大力发展社区服务，旨在支持老年人在家中养老，开展社区养老服务项目。

（1）社区老年保健服务。澳大利亚的社区老年保健服务是多视角、多层次和连续性的，主要表现为：在服务范围上包括医疗保健、护理、心理咨询和功能恢复服务；在服务水平上主要包括帮助老年人过正常的生活、改善生活环境、提高生活质量、鼓励参与社会活动、维护老人尊严；在提供主体上实行社区和家庭连续性的照顾、保健与服务；在服务内容上包括基本的医疗服务、物理治疗服务、疾病预防、功能康复、身体保健、家庭照料服务、老年人日间照料服务、健康教育服务、心理咨询服务等，服务内容十分丰富。

（2）家庭和社区护理服务。该服务主要针对留在社区和家庭之中的体弱多病的老年人、残疾人，为他们提供服务的内容主要包括：家务类服务如清洗和大扫除、洗衣服、协助购物、做饭、付账等；个人护理类服务如协助移动、

① 任炽越：《澳大利亚居家养老服务一瞥》，《社会福利》2010年第1期。

洗澡、穿衣、上厕所、吃饭、监督锻炼和服药等；医疗类服务如定期体检、治疗、联合保健和医疗护理等；社交类服务如带老人外出等以及送餐服务和帮助制定活动计划、服务计划、家庭支出计划，提供各方面的信息等。

（3）居家养老服务。该服务中，澳大利亚政府发挥主导作用，给予政策引导和资金支持，而具体的服务则是由民间服务组织提供。居家养老服务项目的内容是根据老年人自身特点进行设计的，服务组织在开展服务时，实行“菜单”式服务，老年人根据组织“菜单”和自身需要，选择合适的服务。具体的服务分为以下几类：一是医疗保健、护理服务；二是老年人生活照顾服务（送餐、洗澡、穿衣、洗衣、帮助老人进食等服务）；三是家政服务（保洁、修剪草坪、拖地等服务）；四是精神慰藉服务（聊天、读书、心理疏导等服务）；五是外出服务（陪护老年人去医院、购物、散步等）。

2. 澳大利亚社区养老服务资金来源

澳大利亚社区养老服务的资金来源主要有三个方面：政府拨款、个人付费、社区服务机构自筹资金。

（1）政府拨款。在澳大利亚，政府拨款是社区养老服务的主要资金来源，联邦政府和州政府按照一定比例共同拨款，一些地方政府也承担一些社区服务资金。

（2）个人付费。享受服务的老年人需要支付一定的服务费用，但占整个服务经费很小的一部分，服务费用定位在所有澳大利亚老人都能承担得起的水平上。澳大利亚65岁以上的老年人都能够拿到退休金，老年人有足够的能力来支付社区服务的费用。

（3）社区服务机构自筹资金。机构自筹资金也占一定比例，主要包括NGO、慈善机构和个人的捐款。

3. 澳大利亚社区养老服务效果评估

澳大利亚政府成立了“国家老年服务评估组”，该组主要由有关健康和福利事业专业人员组成，包括从事老年医学的内科医生，他们通常是医院老年医学服务的一部分，或与之有密切联系。老年服务评估组进行多方面的综合评估（包括医学、功能、心理、环境方面），随后进行治疗、建议和咨询。必要时转入其他服务机构。这些评估可以经由各种方式进行（医院、家庭和门诊病人），但通常只拜访老年人家庭。除了为老年人提供服务外，该组还对进入高档社区和居家服务项目的人进行筛选。许多评估组帮助其服务的区域制订计划、监督服务的要求，并把这些信息提供给政府部门。

4. 澳大利亚社区养老服务对我国的启示

（1）发展社区老年保健服务是解决老年保健问题的一个重要途径。建立和完善医疗保险制度和社会保障制度，完善老年卫生保健体系，兴建老年保健机构，完善服务设施，拓展保健服务的内容和形式，满足多层次老年人的需要。目前，我国在城市各社区建立了社区卫生服务站，但是社区卫生服务站医疗设备相对简陋和落后，社区卫生服务站工作人员专业水平相对较低，社区卫生服务站还没有足够能力全面承担社区卫生服务工作，特别是社区老年保健服务工作。所以，我国需要加大推进社区卫生服务站建设，发展社区老年保健服务，解决社区老年人的保健问题。

（2）发挥政府的主导作用，做好政策引导和服务质量监督工作，政府是社区养老服务资金的主要提供者，没有资金的支持，就没有社区服务完善的服务设施，就没有专业的服务人才队伍，就不能建立起良好的社区服务体系。澳大利亚政府还扮演着政策制定者和服务质量监督者的角色，澳大利亚老年服务体系成功运作的关键环节在于政府如何确保政策拟定的科学性和对服务提供者服务质量的有效评价与监督。因此，我国要加大政府对社区养老服务的资金投入，完善社区养老服务设施，重视社区服务人才队伍的建设。构建一个良好的社区服务体系，政府须扮演好政策引导和服务监督的角色。

（3）重视服务机构和人力资源的开发。在澳大利亚，政府不直接参与社区服务，而是由非营利性机构和营利性机构提供。政府重视服务机构的开发，对服务机构给予政策上的优惠和财政上的补贴。提供社区养老服务的人员主要包括三类：社区专业的服务人员、家庭照料人员和志愿者。澳大利亚政府重视社区专业的服务人员的开发，从事社区养老服务的人员要参加专业的学习和培训，并获得相应的资格证书。在工作的过程中，还要定期参加培训，以接受最新的工作方法和技能。家庭照料人员直接为老年人提供长期的照料服务，可以为社区服务人员提供相关信息，传授服务经验和技巧。志愿者在社区养老服务中的作用是难以替代的，他们的加入可以节约社区服务成本。基于澳大利亚的成功经验，我国要大力发展非营利性服务机构，并给予政策倾斜。重视挖掘、整合社区资源，努力实现服务提供主体的多样化。

（五）中国香港社区养老服务

按照联合国的传统标准，一个国家或地区60岁及以上的人口占总人口的比例达到10%，或65岁及以上人口占总人口的比重达到7%即进入老龄化社会。根据香港特别行政区政府统计数据，截至2010年，香港总人口数达706.8万人，其中65岁及以上人口占总人口的12.2%。按联合国老龄化标准，香港已经进入了老龄化社会。香港政府预期未来人口将持续老化。老年人口比例将持续上升，预计到2041年65岁及以上老年人口的比例将达到30%。为了满足老年人养老服务的需求，香港已经初步形成了一种综合的社区养老服务提供模式，这种模式转变了传统的家庭养老局面，充分挖掘和利用社区资源，对我们的社区养老服务乃至整个社区建设都具有重要的借鉴意义。

1. 香港社区养老服务的发展

香港社区服务的起源可以追溯到20世纪三四十年代的宗亲会和街坊会。在20世纪四五十年代，大量难民因为逃避战乱由内地涌至香港，街坊会和同乡会在这一时期也得以发展，并在社会救助等方面显现出日益重要的作用。1965年，香港发表了社会福利白皮书——《社会福利工作之目标与政策》，标志着香港老年社会福利制度化建设的开始。1967年香港政府颁布和实施了《社会保障的若干问题报告书》、1970年推出“公共援助计划”、1973年颁布了《香港福利未来发展计划》白皮书、1977年颁布了《社会保障——为最不能自助者提供帮助》绿皮书、1977年发表了“安老服务程序计划”、1979年颁布了《进入80年代的社会福利》白皮书、1968年颁布了《雇佣条例》、1992年颁布了《职业退休计划条例》、1994年出台了“老年退休金咨询计划”、1995年颁布了《强制公积金计划条例》、2000年实施公积金计划等，标志着香港已经形成了相对完善的老年社会福利体系，即形成了老年社会福利的“香港模式”。①

① 刘祖云、田北海：《老年社会福利的香港模式解析》，《社会》2008年第1期。

2. 香港社区养老服务的内容

香港政府为了让老年人能够在熟悉的社区环境中安享晚年，延伸出一系列服务，主要由社区支援服务、医疗与健康服务、住房服务等组成。

（1）社区支援服务。社区支援服务的主要对象是针对社区内的老年人，主要是指社区服务机构本着以人为本的原则，在政府的财政支持下，充分挖掘和利用社区各种资源，关心和帮助老年人进行独立生活或者协助家庭成员照料老年人的生活，开展家务助理服务，特别是为那些体弱多病且又没有子女照顾或亲友照顾的老年人提供家居服务，老年人不用离开自己熟悉的生活环境，就能得到比较全面的生活照顾。目前，社区支援服务主要包括：[①] ①老年活动中心。社区中心开展丰富多样的适合老年人生理、心理特征的活动，例如兴趣班、友谊小组、户外旅行、健康服务、参观及室内活动等。②家务助理。家务助理服务内容包括膳食服务、洗澡服务、洗衣服务、家居卫生清洁、护送服务、购物服务、探访等。③老年人短期护理。包括日间护理中心和老人短暂住院服务。④社区教育。协助社区内老年人调适由于年龄增长带来的生理及心理等不适应，并帮助他们适应这种转变，形成积极的晚年生活态度。社区要加强居民对社区老年人的需要的关注，倡导敬老爱老的精神，开展敬老爱老活动。⑤老年人外展服务。社区工作人员主动上门走访那些老弱、独居及有困难的老年人，协助他们申请所需的服务如公共援助、家务助理，并为他们提供社交、娱乐活动及辅导服务。⑥交通及公共娱乐方面的优待。比如老年人乘车、搭船优惠，半价优待购买市政局举办的文娱活动门券，廉价租用巴士举办户外活动等。

（2）医疗与健康服务。政府通过医务卫生署部署工作，医务卫生署通过下属医院直接给老年人提供医疗服务。①在各医院专门设立老年人门诊窗口，65 岁以上的老年病人可以享受优先就诊服务。②在主要医院及诊疗所内为老年人设立疾病治疗的专科病室。③建立老人日间医院，老年病人无须住院，白天在医院可以接受康复治疗服务。④对出院后的老年病人进行跟踪服务，主要是进行健康护理服务，医院派医生、护士定期到老年人家中帮助其进行药物治

---

① 田北海：《香港与武汉：老年福利服务模式比较》，《学习与实践》2007 年第 12 期。

理或物理治疗。

（3）住房服务。目前，香港政府及各类志愿机构以多种服务方式帮助那些无力负担昂贵房租的老人解决居住问题。这些服务主要包括：①提供安老院及护理安老院，安老院服务对象为身体健康且具有生活自理能力的老人；护理安老院则是为没有自理能力且又需要长期接受医疗护理的老年人提供服务。②由房屋署管辖区办事处对本辖区老人进行登记，视老人年龄、身体、经济状况提供各项服务，解决住房及租金困难。主要配套计划有老人房屋社区服务计划、紧急警报系统安装津贴、租金援助计划、公共房屋晾衣装置、高龄人士申请公屋优先计划。

3. 香港社区养老服务资金来源与服务效果评估

（1）资金来源。香港社区养老服务经费的来源在形式上是多元的，经费来源主要有三种渠道，即政府拨款、社会筹募和服务机构自营收入。通过对经费来源的构成比例进行分析，60%以上的经费来源于政府拨款，社会筹募和服务机构自营收入占到小部分的比例。①

（2）服务效果评估。1995年香港政府颁布了《服务质素标准及准则》，对所有社会服务机构进行质素评估的法定文件。1999年开始实施该文件，2001年又对该文件进行了修订，修订后的文件主要包括四项原则和十六项标准。②

香港政府为了积极推行《服务表现监察制度》，在社会福利署下成立“服务表现事务组”，专职负责该制度。社会福利署根据《服务质素标准及准则》和《津贴及服务协议》对服务表现进行评估。香港政府出台了一系列安老服务制度，比如：“服务表现监察系统”的建立、《安老服务统一评估机制》、《安老院舍条例》、《安老院实务守则》、《服务质素标准》等，并通过检查、巡查、检讨、调查投诉等多种手段来监督福利机构的服务质量。

4. 香港社区养老服务给我们的有益启示

（1）香港政府十分重视社区服务提供者的专业性。根据香港社会福利署

---

① 丁华：《香港的养老服务体系》，《社会福利》2004年第11期。

② 江超庸：《香港社区服务的特点与启示》，《探求》2002年第6期。

的相关规定，社区机构根据提供服务内容不同需配备资深社会工作者、受过训练的专业社工或注册护士。香港社区工作的开展，与他们拥有一支专业社会工作人才队伍是分不开的。鉴于香港模式的成果，我们必须注重加强社区养老服务队伍建设，实现老年服务队伍的专业化。社区或服务机构中设置专门的服务岗位，从高校中引进受过专业训练的社会工作人才，在社区服务过程中广泛引入个案、小组、社区、社会行政等工作方法，运用科学的知识和方法技能，为老年人提供生理、心理、人际交往和社会适应等方面的服务，不断提升社区服务的质量。

（2）在香港，政府不直接参与社区服务的提供，而是与民间组织合作，由民间组织直接从事社区服务工作。香港民间组织机构框架完善，自身资源丰富，在组织形式、运作模式和服务内容等方面都非常规范专业。香港政府十分注重发挥民间组织的作用，政府与民间组织建立合作伙伴关系，签订服务协议。① 香港政府在社区服务中主要扮演政策制定、财政支持和服务监管的角色，而具体社区服务工作多由民间组织来实施，充分发挥民间组织社会服务功能。这样，既保证了公共服务的提供，又利于民间组织的运营与发展。因此香港是典型的“小政府、大社会”的社会管理模式。这种社会管理模式值得我们借鉴，我们应该重视非政府组织的培育和发展，对非政府组织的发展给予政策、资金等方面的支持，真正发挥非政府组织在社区服务中的主力军作用。

（3）社区养老服务要“以人为本”。社区养老服务政策的制定、服务项目的确定、具体的服务内容和形式，都要从服务对象的需求和特点出发，做到按需服务，因人而异。香港的社区养老服务都体现了“以人为本”，例如社区基础设施的建设、服务内容的设置、服务方式的提供等。我们对社区服务的政策、服务项目、服务计划的制订应采用自下而上的形式，集中民意，反映民情，从社区居民的实际需求出发。社区工作人员也要有关怀之心，讲究工作方式方法，为居民提供贴心细致的服务。

① 梁鸿：《养老方式及其发展的选择》，《探索与争鸣》2012 年第 10 期。

四　中国城市社区养老服务状况调查——以北京市为例

（一）问卷调查及个人访谈的设计

1. 问卷调查方法及过程

为研究北京市城市社区养老服务问题，本文采用分层抽样的方法对北京市社区养老服务现状进行实证研究，调查对象有两个标准：一是60周岁及以上老年人；二是具有北京市户籍。在北京市朝阳区、海淀区、东城区、西城区市内四区随机选择10个社区，每个社区抽样选择10位调查对象，实证研究的内容包括老人的基本情况、对社区养老服务的需求、社区养老服务供给现状及满意度等方面。调查方案见图4。

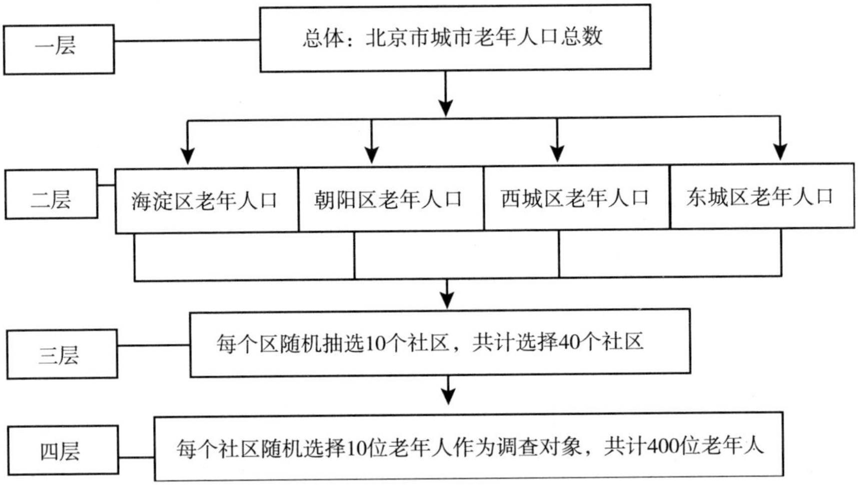

图4　北京市城市社区养老服务问卷调查方案

2. 个案访谈方法设计

为了解北京市城市社区养老服务供给现状，笔者采用个案访谈法访问社区养老服务的相关管理者、社区工作人员、老年人，对社区养老服务供给现状进行定性分析。

（1）个案访谈对象选择。个案访谈对象分为3类，一是社区老年人，共计10人，60周岁及以上，北京市户籍，长住在小区，其中年龄最大的86岁，最小的62岁；二是社区工作人员，共访谈4人，分别来自海淀区、朝阳区、东城区、西城区，其中，一人是社区居委会主任，一人是社区卫生服务负责人，另两人是社区服务工作人员；三是社区服务的政府相关管理人员，共有3人，分别来自北京市民政局社会福利工作部门、北京市老龄工作委员会与北京市海淀区某街道办事处。

（2）访谈内容。以研究北京市社区养老服务供给现状为研究目的，访谈前拟定访谈提纲，内容包括对社区养老服务供给项目的总体评价；社区养老服务供给类型、数量、效果；社区工作人员的数量、教育程度、服务质量；社区养老服务供给的政策导向以及被访谈老年人对社区养老服务的满意度等方面。

（3）个案访谈方法。笔者在事先征得被访谈人员同意后，按照拟定的访谈提纲对其进行访谈。访谈采用现场录音方式，结束后由笔者整理成文字资料，作为社区养老服务供给现状研究的定性分析依据。

（二）社区养老服务现状及存在问题

笔者通过问卷调查和个人访谈，对北京市社区养老服务供给现状及存在问题进行定性与定量相结合的分析，主要存在以下问题。

1. 社区养老服务管理责任不明确

在社区养老服务管理机制方面，社区居委会与其他部门之间存在管理责任不明确的问题，尚未发挥社区的组织功能。受访的北京市民政部门和老龄委的主管人员均认为，社区养老服务责任不明确：一是社区管理责任尚不明确，社区居委会是自治组织，但经常接受街道办事处等上级组织的行政指令参与上级交代的行政任务，承担了很多本职工作以外的临时工作，其责任被无限度扩大，由于社区人力、物力有限，社区本职功能被削弱；二是社区居委会与街道办事处责任不明确，导致了二者在工作任务、服务功能以及对外角色上出现冲突，社区居委会对社区养老服务的自主组织功能无法得到充分发挥；三是以单位宿舍为基础建立的社区，原单位与社区居委会对社区养老服务的组织责任不明确，原单位退休管理部门的作用弱化，而社区居委会管理职责未能得到充分发挥；四是社区居委会与社区老年协会、社区内其他社会组织等责任不明确。

2. 政府资金投入不足

社区养老服务是公共产品，发展要依靠政府资金投入，否则就会造成基础设施不完善，社区工作人员待遇得不到保障，社区养老服务事业也难以走上良性发展轨道。笔者对影响社区养老服务供给因素的调查结果显示，有261人，占65.25%，认为“政府投资不足”是主要因素；其次是“社区养老服务设施不完善”，有224人，占56%；认为“专业技术人员缺乏”的有176人，占44%（见图5）。

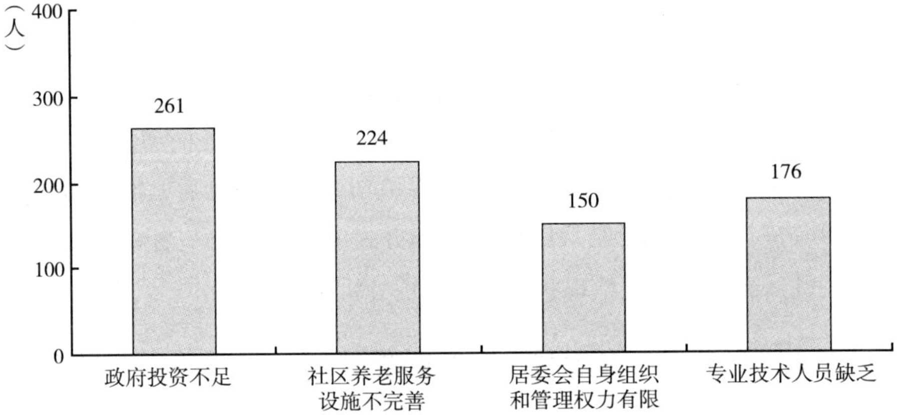

图5　影响社区养老服务供给因素的调查结果

3. 社区养老服务基础设施不完善

（1）社区养老服务基础设施尚未做到统一规划和建设。针对社区养老服务基础设施的建设，从访谈内容可看出，养老服务基础设施尚未做到统一规划和建设，新建社区和以原来单位居民区为基础建立的社区场地规划及设施配备差别大，以单位居民区为基础建立的社区主要存在的问题是老年活动场地狭小、社区养老服务设施尚不完善，无专人管理和维修设备。一位老人在访谈中提到他所在的社区活动中心时，提到“不愿意去那里，因为场地太小，屋子里不透气，打麻将和唱歌的都挤在一起，感觉很乱”；另一位老人在访谈中提到“希望社区老人们有个安静的空间，一起聊聊天，拉拉家常，现在我们都只能在院子里坐着，如果天气不好，就不想出来了”。有的社区还没有建立老年活动场，另有两位老人在访谈时提到，他们所在社区除了健身器材场地外，没有其他老年服务设施。

问卷提到“您所在的社区有哪些老年服务设施？（多选）”，选择结果最多的是“健身器材”，241 人，占调查人数的 60.25%；其次是“文体活动室”，201 人，占 50.25%；“医疗保健室”和“阅览室”分别是 144 人和 107 人，分别占 36% 和 26.75%，“老年餐桌”48 人，占 12%，所在“社区没有老年服务设施”的选择结果有 35 人。北京市响应国家“星光计划”号召，建设社区服务基础设施，社区普及健身器材专用场地建设，因而此选项比率较高。问卷结果同时显示，有 35 人被调查认为所在社区基本没有老年服务设施，占 8.75%，社区养老服务基础设施在社区之间差别较大，尚未形成制度化的统一规划与建设，社区养老服务硬件建设不完善（见图 6）。

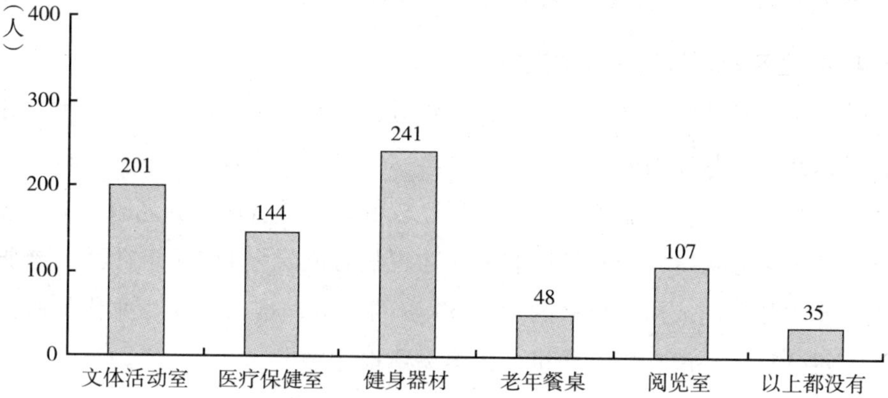

图 6　社区养老服务基础设施情况调查结果

（2）社区养老服务基础设施远离居住地，不方便。为了解社区基础设施情况，问卷设计了问题“对所在社区养老服务设施距离远近的评价”，调查结果显示（见图 7），选择“很远”一项占比最高，有 115 人，占 28.75%。个案访谈中有位老人说“社区指定的老年餐桌，是附近的一家餐馆，要乘车三站地才能到达，现在年岁大了，手脚都不利落，不能自己做饭，女儿上班中午回不了家，很希望中午能去老年餐桌吃饭，但有些远不方便，就不愿意去了”，部分旧社区因为场地有限，把社区养老活动中心建在社区外的地方，也造成老年人参与服务活动的不方便。社区养老服务设施的距离远近及便利程度直接影响老年人参与社区养老服务活动的积极性，从调查结果看，社区养老服务基础设施尚待统一规划建设和完善。

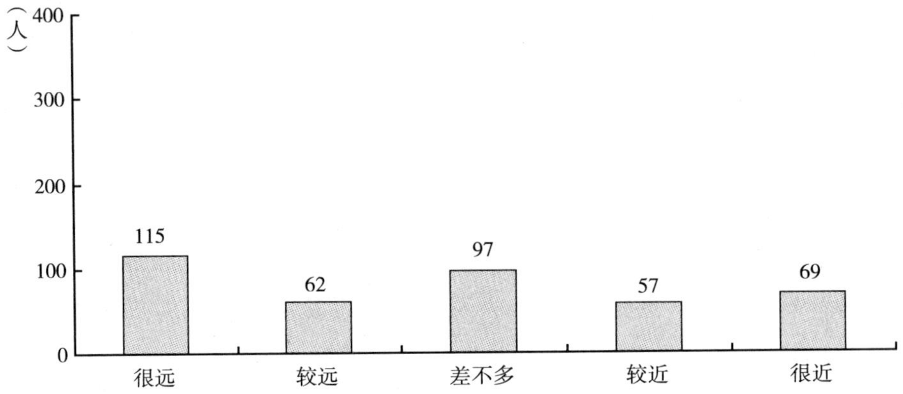

图7　社区养老服务设施距离评价结果

4. 社区养老服务专业人才短缺

访谈中提到社区养老服务存在的问题时，大家对目前社区专业技术人才缺乏比较认同，究其原因如下。

一是从事社区养老服务人员文化程度较低，不具备从事养老服务的专业素质。一位街道办负责人谈到社区服务人才现状时说，“目前从事社区养老服务的人员基本是下岗或从农村来的40~50岁的人员，难以保证专业化的服务水平，不过这类人一般珍惜工作机会，容易留得住”。

笔者对社区服务工作人员素质和服务态度评价进行了问卷调查，结果显示（见图8）：对社区服务工作人员素质的评价，选择项目最高的是“一般”，131人，占比32.75%，评价“较高”及“很高”共133人，两项占比仅33.25%，对社区养老服务工作人员素质的评价不高；对社区养老服务工作人员服务态度的评价也不高，占比最高的项目是“一般”，174人，为43.5%，“好”与“很好”两项占比仅为24.25%（见图9）。

在个案访谈时，问到社区工作人员的态度及素质，一位被访谈老人说，“社区工作人员整天坐在自己的办公室里不出来，我们很少见到他们，没有事情也不去找他们，联系很少，对他们的服务不是很满意”。同时还谈道，“社区工作人员流动大，每次找他们办事，见到的都是新面孔，业务不太熟练，对政策掌握不够准确，办事不麻利，有时候我们得等好长时间”。

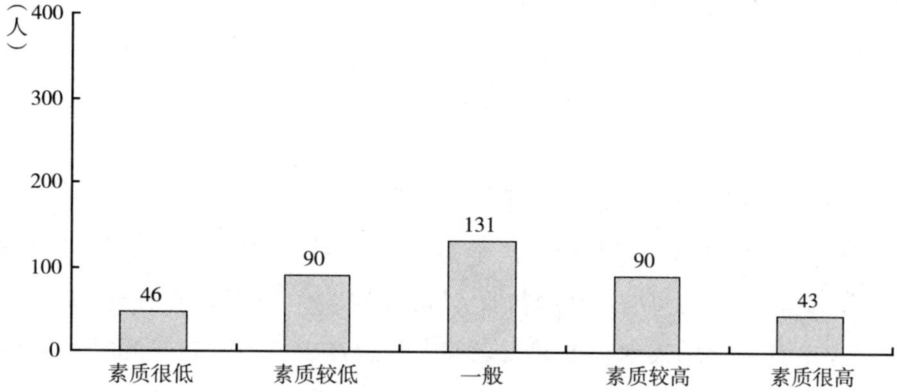

图8　社区工作人员素质评价结果

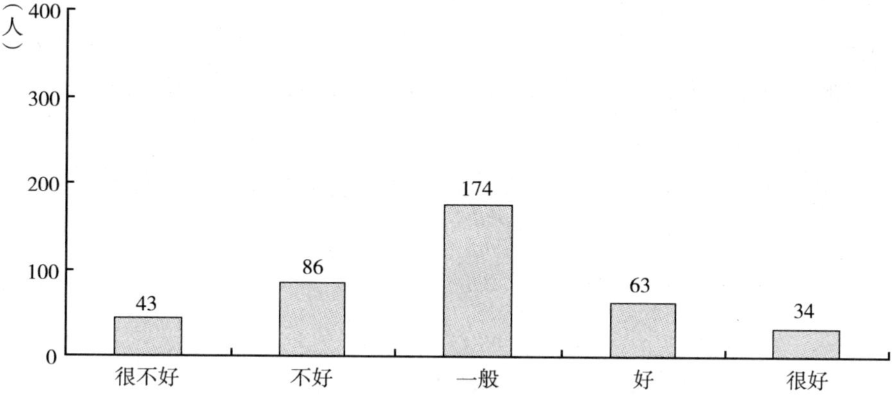

图9　社区工作人员服务态度满意度调查结果

二是养老服务培训机制尚未健全，专职培训机构缺乏。北京市老龄委的一位负责人认为，“社区养老服务专业人才培训和继续教育制度滞后，护理人员缺乏正规的培训机构，接受过老年心理和健康护理等专业教育的人才更加短缺，老年护理人员的继续教育和岗位资格培训还没有形成系统化和制度化体系，专业人才的缺乏，致使我们很难开展社区老年护理这样的服务”。

三是从事养老服务专业人才不稳定，流动性大。原因是对社区工作的社会认同度较低、社区工作人员的社会保险和待遇缺乏激励机制。在与社区工作人员的访谈中，谈到从事社区工作的稳定性时，一位社区工作人员说，“我们没有社保，工资也相对较低，人员的流动性很大，基本没有工作满两年的”；另一位社区工作人员说，“亲人朋友都不太认同我目前所从事的工作，认为照顾老年人并不是光彩的工作”。

5. 社区养老服务项目供给不足

（1）社区养老服务项目有限。个案访谈发现，一些社区养老服务供给项目有限，只能提供基本的生活照料服务和医疗服务，不能满足老年人对健康护理和疾病预防方面的需求，尤其在老年人普遍需求的心理疏导和精神慰藉方面，一些社区基本不能提供这样的服务。一位居委会主任说，“我们社区为老年人做的只能是在社区空闲地定期组织一些老年文体活动，对上门服务的需求基本没有能力满足”；一位社区工作人员谈道，“现在我们社区提供的养老服务项目很有限，只是在社区活动中心让老人们自娱自乐”。街道办主任谈到社区养老服务供给现状时，说：“我们现在只能照顾高龄老人、失能老人、空巢独居、特困老人等特殊群体，提供的服务也只能满足基本生活照料，由于社区基层的工作比较繁杂，我们人手不够，目前还没有能力做到其他较高层次的服务需求”。

对社区提供养老服务项目数量的问卷调查结果显示，社区只有一项服务的是187人，占46.75%；二项服务的有74人，占18.50%；三项服务的有43人，占10.75%；四项及以上服务的有33人，占8.25%；所在社区都没有服务项目的有63人，占15.75%。根据调查结果可知，社区养老服务提供项目的数量有限，老年人接受社区服务并没有过多的选择地（见图10）。

（2）不同社区提供服务项目种类差别较大。笔者对老人所在社区提供养老服务种类情况（多选）进行问卷调查，结果显示，占比最高的项目是“文化娱乐活动”，有156人，占39%；其次是“上门服务”，141人，占35.25%；“全科医生”，133人，占33.25%；“老年餐桌”，89人，占22.25%；有63人，占15.75%的被调查者所在社区没有养老服务的项目。由此可见，社区养老服务的普及程度尚待提高（见图11）。

6. 老年社会参与组织及机制不健全

老年人有闲暇时间，参与社会和再就业的愿望强烈，但参与社会的组织和

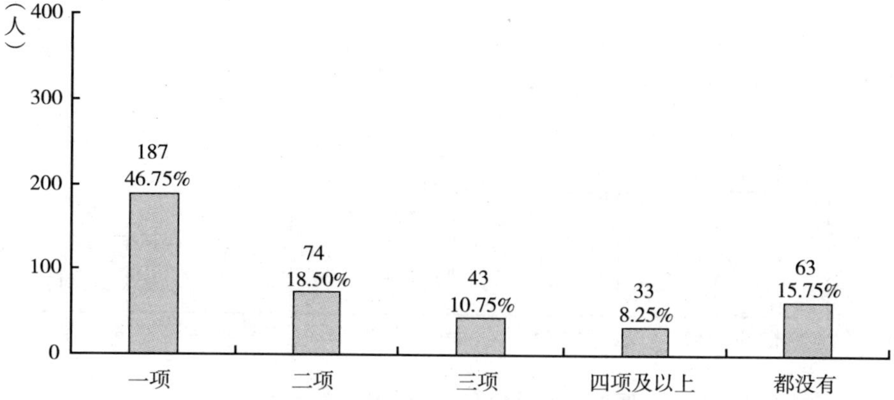

图 10　社区养老服务项目数量调查结果

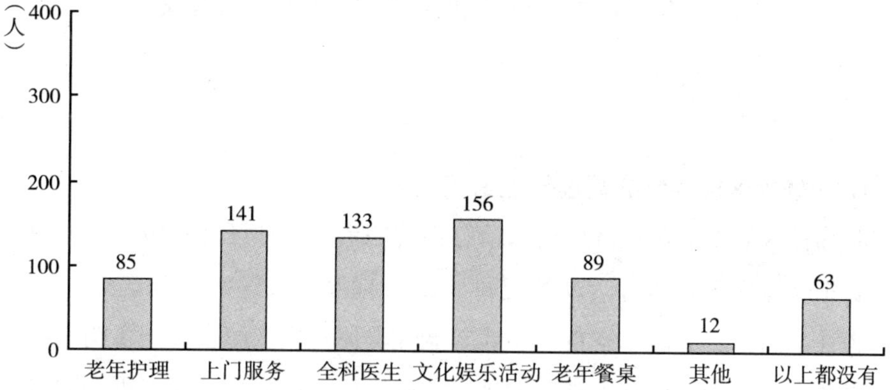

图 11　所在社区提供养老服务种类

渠道缺失，信息也不对称。笔者对被调查者所在社区老年服务的文体娱乐协会、治安协管协会、老年人协会、志愿者协会组织情况进行问卷调查，并探究其在社区养老服务中的作用。从调查结果看，社区有文体娱乐协会、治安协管协会的均为 146 人，占 36.5%；社区有志愿者协会的为 143 人，占 35.75%；有老年人协会的为 118 人，占 29.5%；选择所在社区都没有协会组织的被调查者为 89 人，占 22.25%。由此可见，社区文体娱乐协会、志愿者协会等群体组织不普及（见图 12）。

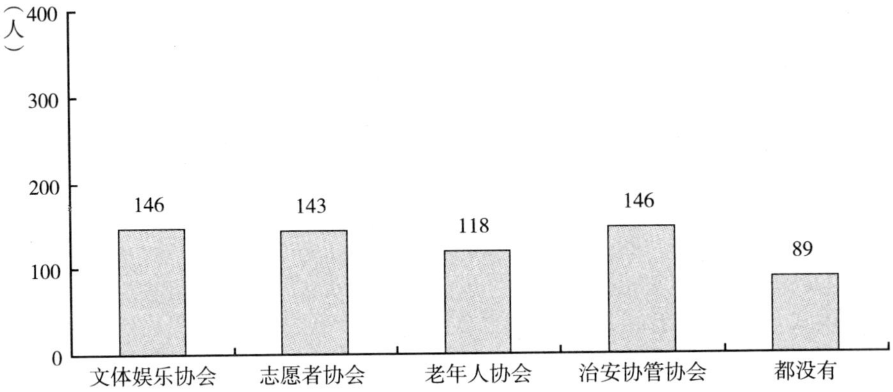

图 12　社区协会组织情况调查结果

五　促进社区养老服务发展的政策建议

（一）强化政府责任

1. 明确社区居委会的管理与组织职责

明确社区居委会对社区成员自治管理的职责，对社区老年服务基础设施管理、老年文体娱乐和体育活动等提供组织管理服务，组织社区老年志愿者活动，为社区高龄、失能、空巢、病残等老人群体提供上门服务。要明确社区在养老服务中的职责，对其管理职能进行准确定位，以强化社区居委会的自治性为重点，减少行政性干预，确立社区居委会的独立法人资格，增强其主体功能，真正发挥社区组织的自主作用。

2. 构建完善的老年服务法律制度

政府的重要责任之一是构建完善的社区养老服务制度，健全评价和监督体系，这是社区养老服务建设和发展的重要保障。社区养老服务有效运行需要有相关的制度支持，德国、日本等一些国家经过多年的探索，构建了一系列完善的老年保障及服务法律制度体系，如日本的《老年福利法》《老年保健法》《老年护理保险法》等，德国的《老年护理法》《老年护理教育法》《护理保险法》等。尤其他们在老年护理制度方面成功的经验值得我们借鉴。因此，我们应借鉴这些国家的经验，加快制定《老年人福利法》《社区护理服务机构准入制度》《老年护理服务制度》《老年护理服务质量标准》《养老服务技术人员培养教育制度》等一系列适合我国国情的相关制度。

3. 强化政府资金支持政策

不同国家养老服务制度不同，也形成不同的资金支持政策（见表4）。美国、日本等国家养老服务制度形成了由政府、企业、个人多方筹措资金的市场化运营模式，但特殊老年群体的养老服务费用则是由政府免费提供或购买，日本的老年护理保险费由政府和个人各承担50%；德国的社区服务资金由政府、企业、个人按比例承担；英国、丹麦等国家的老年服务全部由政府免费提供。我国养老服务制度处在起步阶段，政府的财政支持政策至关重要。我国在借鉴国外资金支持政策的经验基础上，建立起适合我国国情的财政支持政策：首先，给予特殊老年群体尤其是特困、高龄、失能等老人的补贴，这是政府的责任；其次，对社区养老服务与基础设施建设，要完善场地与设备等硬件设施加大投资力度，政府制定政策并鼓励社会资金参与社区养老服务事业，允许民间资金进入，形成由政府、企事业单位、个人多方筹措资金的市场化运营模式，加快基础设施建设，解决养老服务供给不足的问题；最后，政府制定税收及信贷优惠政策，调动民间资金及组织参与，弥补政府资金的不足，加快社会化养老服务的建设步伐。

表4　部分国家社区养老资金来源

国　家	提供服务的机构	资金来源
英　国	政府建立服务机构	财政拨款
德　国	社会服务机构	以服务收费为主，财政资助为辅
美　国	私人营利性机构	服务收费
	非营利性机构	政府补贴、慈善捐赠、适量收费
日　本	政府服务机构	财政拨款
	民间组织	财政补助，适量收费
	企业服务机构	服务收费

资料来源：胡务：《社会福利概论》，西南财经大学出版社，2008，第239页。

4. 完善社区基础设施

要做好社区养老服务基础设施的规划，做到因地制宜，实现资源的有效利用，解决社区老年活动场地狭小，条件简陋的问题；完善和规划老年活动室、社区老年大学、文化活动中心、老年心理咨询室等设施，为老年人参与社区活动创造条件；建设慈善超市等老年志愿活动设施，为老年人参与社区志愿者活动搭建平台。

5. 构建社区养老服务多元供给机制

福利多元理论倡导社会主体获得多种资源的支持，社区养老服务的发展需要多方资源供给，这是制度发展的必然趋势。要建立正式支持系统，由政府及其管理部门、社会非营利性组织、养老服务公司等共同参与，实现社区养老服务多元化供给，实现社区养老服务的多元供给体系发展；完善非正式支持系统，发挥家庭、邻里、社区志愿者的作用，注重社区服务和家庭服务相结合，解除对失能、半失能老人照护的后顾之忧，减轻家庭的照顾负担。

（二）完善家庭社会支持政策

郑功成教授（2003）强调家庭保障的基本功能，认为家庭社会保障制度是政府以家庭为保障对象，通过发放各种津贴和提供社会服务形式对家庭进行物质或经济帮助，目的在于解决诸如养老、生育、贫困、病患、子女教育等家庭问题，使政府的家庭政策得以顺利实施。[①] 我国老一辈社会学家费孝通提出我国代与代之间的“反馈模式”，来自家庭的精神慰藉和情感支持是老年人最高层次需求。

1. 发挥家庭养老保障功能

在现代化进程中，由于我国生育政策、人们生活观念改变和居住方式变化等，家庭结构发生了很大改变，家庭保障功能趋向弱化。笔者在对养老方式意愿的问卷调查中发现，有84%的被访问者选择在家养老，由此可见，家庭养老仍然是多数老年人选择的养老方式，需要进一步加强家庭养老保障功能。家

① 郑功成：《社会保障学：理念、制度、实践与思辨》，商务印书馆，2003，第33页。

庭保障功能的重要性具体有以下两个方面：

一是家庭保障的经济功能不可替代。无论是传统农业生产时期，还是当代信息化新时期，家庭成员之间经济支持功能一直发挥着重要作用，尤其对家庭中老年人、残病人员、未成年人，都是不可或缺的生活来源，是保障家庭成员中老年人、未成年人等正常生活的物质基础。

二是家庭对老年人照顾功能不可替代。笔者在老年人情感支持问卷调查中发现，老年人对家庭中“老伴、子女及其他亲属”的照顾选项最高，占到85.25%。老年人晚年生活是否幸福，要看是否能得到家庭的充分照顾，老人的患病医疗和病后康复，离不开家庭的精心陪护和精神关爱的支持，家庭是其成员心灵的港湾，家庭在精神慰藉和情感支持方面有不可替代的重要功能。

2. 健全家庭养老保障的支持政策

西方学者将家庭需求概括为“3M”，即“money、medicare、mentel”，社会政策支持家庭保障，要以为家庭成员提供精神支持为出发点，充分考虑情感支持的可及性和时间的可行性，为老年人提供更多机会与子女在一起享受天伦之乐，满足其情感需求，解除心理孤寂。政府可以规定法定“探父母”假日，为子女提供探视父母的时间保证。要求企业严格执行有关探亲方面的福利制度，对虐待、遗弃老人者要依法严加惩处，建立“社会道德诚信系统”奖励孝子，对虐待父母者将永久保留“黑名单”记录。很多发达国家开始重视家庭对老年保障的功能，支持家庭养老。日本对专门在家伺候父母亲的家庭成员给予专门补贴，英国政府倡导“回归家庭养老”，发起了“去机构”运动。

我国政府可借鉴国外政策，通过一定的制度化约定，对家庭成员在经济和精神上给予支持，让子女有机会和条件履行照护老人的义务。一是有制度化的时间支持。国家以法律的形式规定“护理假期”，保证子女在假期中照顾病患或失能父母权利和义务。二是对照顾老人的子女给予适度补贴制度。政府建立补贴制度，根据照顾老人的天数和额定的工作量补贴，或者用个人缴税抵交。三是建立家庭护理培训制度。为提高家庭护理专业技术水平，政府要建立老年护理初级知识培训制度，要求社会成员根据自己的时间和需求参加家庭老年护理初级知识培训实训课程，初步掌握老年人护理技能、病患时心理沟通技巧，以此提高家庭成员对老年人的护理水平。

（三）加强社区全科医生专业人才培养

1. 建立全科医生培养模式

2009 年 4 月，国务院常务会议通过《关于深化医药卫生体制改革的意见》，提出“我国将加强医药卫生人才队伍建设，尽快实现基层医疗卫生机构都有合格的全科医生”的目标。社区配备全科医生，是缓解医疗资源配置不均衡，减轻患者医疗负担，化解医患矛盾，扭转看病难、看病贵的关键环节。① 2011 年，国家发改委等五部门联合颁布《以全科医生为重点的基层医疗卫生队伍建设规划》，要在 2020 年实现城乡每万名居民达到 2～3 名合格全科医生的规划目标，要尽快健全全科医生培养规划，规范“5＋3”培养模式，即在接受 5 年临床医学本科教育的基础上，再接受 3 年全科医生专业培养，注重实践能力培养。高等医学院要设置全科医生专业，不断扩大招生规模。同时，加强在岗医生向全科医生转岗培训制度，健全全科医生激励机制，完善全科医生继续教育和培训考核制度。

要创新全科医生执业模式，允许多点执业、专职与兼职结合，鼓励全科医生开办自己的诊所，推行全科医生与社区卫生服务中心或居民服务签约制度，提供私人会诊、健康顾问，提供个人健康保健咨询服务，增加全科医生的收入，也激励更多的医疗技术人员从事全科医生专业，满足基层医疗卫生服务需求。

2. 建立社区全科医生薪酬激励制度

要实现医疗服务人才资源均等化配置，必须建立健全社区全科医生基层执业薪酬激励制度，鼓励支持更多的医疗卫生技术人员从事社区全科医生服务，提高服务质量。要按照签约服务居民的数量来分配全科医生的岗位津贴，对在边远地区艰苦从业的全科医生要增加岗位补贴，并在职称评审等环节给予政策优惠。全科医生的社会保险账户要放到省级社会保障部

① 刘晓静：《社区全科医生：必要性与培养机制研究》，《中国医疗保险》2012 年第 8 期。

门统一管理，提高统筹层次，方便其多点执业，解决全科医生保险关系转移接续难题。

（四）构建社区护理院

社区护理院是以社区为平台，以社区内半失能、失能家庭子女无法照顾的老人为服务对象，以全托或日托服务为服务形式，实现老人在自己熟悉的社区环境里，享受来自社区护理院的专业化服务。笔者完成的问卷调查中完全自理老年人为228人，占被调查人数的57%，基本自理123人，占30.75%，半自理29人，占7.25%，不能自理20人，占5%；在调查中，还设计了问题“当把护理院建立在社区，需要时你是否愿意去?”结果被调查者有267人，占比66.75%，选择“愿意”参与。

1. 整合社区护理服务资源

构建社区护理院，要充分结合本社区实际情况进行资源整合。在原有社区筹建社区护理院，场地及设施是难题，要充分利用社区卫生服务中心的设施及资源，先设置护理床位，在条件允许的情况下再考虑建立专门的社区护理院。新建社区要注重长远规划，筹建专门护理机构，并考虑与老年活动中心、社区卫生服务中心、老年心理咨询室、老年健康保健服务等功能进行整合，实现社区护理院发展资源的合理配置，同时鼓励支持社会力量和资金参与到社区护理院的建设和运营中，将正式制度与非正式制度结合，形成多元化老年护理服务体系。

2. 培养社区护理服务专业人才

社区护理院的服务水平和质量取决于护理人才的专业技术水平。因此，培养社区护理专业人才队伍十分重要。一是建立社区护理专业技术人才培训制度。在岗前培训、上岗准入培训、在岗定期培训、换岗等环节参与不同课时要求的培训，使护理职业等级与薪酬体系挂钩。二是建立稳定护理专业技术人才队伍的薪酬制度。要不断提高社区基层卫生服务从业人员的薪酬待遇水平，提高老年护理人员的社会地位和职业荣誉感，为从业人员办理养老、医疗等社会保险，增强从业队伍的稳定性。三是建立护理服务志愿者注册制度。对注册志愿者进行相关业务技术的培训，提高志愿者的服务质量，可以用“时间银行”

或“道德银行”的方式，激励志愿者从事老年服务活动，逐步实现志愿者队伍的规范化和制度化。

3. 建立护理服务信息化系统

在社区护理院为老年人建立电子健康档案，及时更新老人体检、医疗等信息，社区护理员及时跟踪老人健康状况，做到预防、保健、治疗全方位服务。充分利用现代网络技术，将通信技术及信息化系统应用到社区老年服务中，如将电子“小帮手”服务、“一键通”服务、“平安铃”服务等安装覆盖到每个老年人家中，将老年人在家提出上门服务的要求及时传递到社区服务工作人员，做到方便、快捷的上门服务。

（五）建设社区养老文化

党的十八大报告指出“文化是民族的血脉，是人民的精神家园”。社区养老文化是一种将传统“敬孝”文化与社区为老服务相结合，以丰富老年人精神文化生活为主要内容，体现人文关怀的新型文化。社区养老文化对满足老年人文化娱乐需求，实现老年人自我价值，构建和谐社区都有重要意义。

1. 满足老年人精神需求

树立以人为本的理念，要关心老人在文化层次上的需求及愿望，尊重老年人的基本需求，这是加强社区养老文化建设的前提。社区积极组织宣传健康向上、有益于老人身心的文化娱乐活动，形成爱护老人、尊重老人的社会氛围，在社区文化活动中积极鼓励支持老年人参与。社区通过组织老年人参与老年大学学习，提高老年人自身价值的认同感，同时，为老年人发挥其专业技能和文化特长提供了机会。

2. 明确社区文化建设的责任

社区文化建设的组织者职责明确，这是社区文化顺利发展的保证。问卷调查结果显示，被调查者认为社区居委会是养老服务首要的责任者，街道办事处、社区老年党支部、社区老年协会等也应成为社区养老文化的组织力量。明确社区居委会在社区养老文化活动中的组织责任。

3. 加大社区养老文化资金投入

社区养老文化在性质上属于公益性服务，具有福利性，政府要在公共财政资金方面给予支持，规划新建社区基础设施要充分考虑老年服务的设施，在土地审批、税费等方面给予切实的优惠；十八大报告中提出促进城乡一体化发展，缩小区域差距的目标，要全面建成小康社会，政府要加大公共服务投资，提供落后地区公共服务体系建设的财政支持。社区养老文化属于准公共服务，政府要在资金上予以支持，在发展规划和基础设施建设等方面加强统筹规划，缩小城乡及地域差距。

4. 合理配置社区养老文化资源

社区基础设施的资源配置差别较大，因此，整合社区资源，充分利用空闲场地和设备，不断丰富和发展社区养老文化的内容和形式。首先，将社区内学校、企事业单位、社区老年服务中心、社区物业公司等内部场地设施整合利用，为老年人文化娱乐活动建设提供专用场地；其次，实现社区内人力资源共享，打破原有的社区民政、医疗、社会保障等工作多头管理的格局，整合人才资源，提升社区文化养老的专业化管理水平；最后，加强社区文化养老基础设施规划，包括建设用地、场地面积及设备等，实现每一社区都有老年人文化休闲活动场地。通过社区养老服务资源整合，提升社区养老服务水平，维护老年人在文化娱乐活动参与方面的权益，将日常生活照顾、医疗保健服务与精神文化需求相结合，实现“老有所养”的制度目标。①

5. 构建养老文化产业化发展方向

政府支持社会力量和资金参与社区养老文化项目；明确社区养老文化产业化发展方向，通过产业化发展，有利于社区培养不同特色的文化产品，推动社区养老文化向高水平发展；建立竞争机制，有利于提高社区文化创新和发展水平，满足老年人多层次、多样性的文化需求。

（六）健全老年社会参与机制

老年社会参与，是指老年人为了满足本人自身生活、情感的需求，为自我价值的实现而与社会进行接触互动，积极参与一切有益于社会的活动。老年社会参与有助于建立“不分年龄，人人共享”的和谐的社会目标。2002 年联合

① 钟春洋：《社区文化养老的发展路径探析》，《四川行政学院学报》2012 年第 1 期。

国第二届世界老龄大会《政治宣言》倡导“积极老龄化”与“健康老龄化”理念，社会参与是积极老龄化的核心和精髓，老年人社会参与是其天赋人权，应该致力于把社会参与权利还给老年人。建立老年人社会参与机制，着力从政府、社会、老年人自身等方面探究老年人社会参与的途径。

1. 营造老年社会参与的社会氛围

以颁布实施新修订的《老年人权益保障法》为契机，逐步将老年人社会参与纳入法制轨道；政府以社区为平台，鼓励老年人参与社会建设，参与老年志愿者服务，设立专项奖励基金，奖励在老年参与事业中作出突出贡献的老年个人及集体；政府为老年人社会参与成立中介服务部，建立老年人技能电子档案库，向用人单位和企业推荐，建立老年人发挥余热的渠道；通过老年大学对有再就业愿望的老年人进行专业技能培训，实现其再就业的愿望。

2. 社会力量支持老年社会参与

首先，社会企事业单位为老年参与提供积极支持，比如，单位设立老年顾问岗位，将退休的老年人返聘到单位继续发挥余热；单位退休管理部门，组织丰富的老年活动，如短途旅游、老年人文体比赛活动、座谈会、书画比赛等。其次，发挥社区老年协会等社会组织的作用，社区老年协会是社区老年人的精神依托组织，能便于组织老年参与社会，发挥老年人自身价值，实现“老有所为”。最后，专业社会工作者协助老年人参与社会。社区专业社会工作者接受过专业培训，这些专业技术人员能够指导和组织老年人参与社会活动，激发老年人的社会参与热情。

3. 发挥老年人社会参与的主观能动性

老龄事业发展“十二五”规划中提出了“老有所养、老有所医、老有所教、老有所学、老有所为、老有所乐”的“六个老有”目标。实现这些目标，就要转变老年人观念，发挥老年人主观能动性，促进老年人参与社会的积极性，构建和谐家庭关系，实现老年人安享晚年的目标。

“老有所养”是经济基础，老年人在身体允许的前提下，继续工作弥补退休金的不足，也为自己老年生活创造再奉献社会的机遇；“老有所医”是基本保障，老年人主动加强锻炼，增强体质，培养积极豁达心态，预防疾病，积极治疗身体的不适，这是关键；“老有所教、老有所学”是老年人积极社会参与的有力保证，同时也是老年人社会参与的根本动力。通过再学习培训新技能，掌握新知识，陶冶情操，丰富生活，树立自信，强化老年人参与社会的智力支持，也促使老年人以更加积极的心态和理念参与到家庭、社区、社会事务中；“老有所乐”是贯穿“六有”始终的主线，积极老龄化、健康老龄化的终极目标是实现“老有所乐”。老年人社会参与，促进老年人提高生命、生活质量，产生精神愉悦感，达到“老有所乐”的目标。

G.2

新医改以来基层医疗卫生体系建设进展

傅鸿鹏 张欣 周引德*

摘 要：

新医改以来，中国着力加强基层卫生服务体系建设，基本形成了覆盖城乡的基层医疗卫生服务网络，这成为新医改的重要成就之一。本文对新医改以来基层医疗卫生体系建设进展做了全面总结，并提出存在的问题和改进方向。

关键词：

新医改 基层医疗卫生体系 建设评估

基层医疗卫生机构是与医院和公共卫生机构相对应的概念，包含社区卫生服务中心（站）、诊所、医务室、乡镇卫生院、村卫生室等不同的卫生服务机构。政府办基层医疗卫生机构一般指政府投资举办的城市社区卫生服务中心（站）、农村乡镇卫生院和村卫生室。在农村地区，县医院是县域内的医疗中心，县医院相关指标也常被纳入基层卫生统计之中。新医改以来，我国坚持“保基本、强基层、建机制”的原则，对基层医疗卫生服务体系持续投入并加大建设力度。

一 基层医疗卫生机构的数量变化

（一）全国总量

新医改启动后，全国基层医疗卫生机构的数量逐年增加，到2011年全国

* 傅鸿鹏，卫生部卫生发展研究中心；张欣，卫生部卫生发展研究中心；周引德，卫生部卫生发展研究中心。

基层医疗卫生机构总数达到91.80万家，比2008年增加近6万家，增幅为7%。增长幅度最大的是政府办社区卫生服务中心，增幅为175%。受乡镇行政区划调整的影响，乡镇卫生院总数呈现下降趋势，下降幅度为4.57%。2008~2011年，我国行政村的个数一直呈现递减的趋势，但由于设卫生室的村数的逐年增加，村卫生室的数量不降反升，三年累计增加近5万家，增幅为8.11%。在其他基层医疗卫生机构中，门诊部呈较快增长趋势，诊所（医务室）数量略有波动，但总体平稳。①

（二）举办主体的变化

新医改以来，在基层医疗卫生机构承办中，政府承担了更为重要的举办职能。社区卫生服务中心政府举办的比例从59.12%提高到83.56%，乡镇卫生院政府举办的比例由96.95%提高到98.81%，社区卫生服务站由政府举办的比例从30.72%提高到53.01%。与之对应，非政府举办的社区卫生服务中心和乡镇卫生院数量均较大幅度减少（见表1）。在村卫生室中，村办和乡镇卫生院设点的比例均有所上升，私人办的比例下降了将近3个百分点，总数减少四千余个（见表2）。

表1　新医改以来基层医疗卫生机构数量变化

单位：个，%

机构名称	2008年	2009年	2010年	2011年	2008~2011年增加值	增幅
社区卫生服务中心	4036	5216	6903	7861	3825	94.77
其中:政府办	2386	3126	5900	6569	4183	175.31
非政府办	1650	2090	1003	1292	-358	-21.70
社区卫生服务站	20224	22092	25836	24999	4775	23.61
其中:政府办	6212	6903	12490	13252	7040	113.32
乡镇卫生院	39080	38475	37836	37295	-1785	-4.57
其中:政府办	37887	37333	37217	36850	-1037	-2.74
非政府办	1193	1142	619	445	-748	-62.70
村卫生室	613143	632770	648424	662894	49751	8.11
门诊部	6975	7639	8291	9218	2243	32.16
诊所(医务室)	173777	174809	173490	175069	1292	0.74

① 中华人民共和国国家卫生与计划生育委员会：《2012年中国卫生统计提要》，第92页。

表 2　新医改以来村卫生室的举办主体变化情况

单位：个

年　份	2008	2009	2010	2011
村卫生室总数	613143	632770	648424	662894
其中:村办	342692(55.89%)	350515(55.39%)	365153(56.31%)	372661(56.22%)
乡卫生院设点	40248(6.56%)	45434(7.18%)	49678(7.66%)	56128(8.47%)
联营	31698(5.17%)	31035(4.90%)	32650(5.04%)	33639(5.07%)
私人办	180157(29.38%)	183699(29.03%)	177080(27.31%)	175747(26.51%)
其他	18348(2.99%)	22087(3.49%)	23863(3.68%)	24719(3.73%)

二　基础设施、设备配备和人才队伍建设

新医改以来，中央财政投入470多亿元，用于支持2233个县级医院、6213个乡镇卫生院和2.5万个村卫生室的基础设施建设。累计为中西部地区农村免费培养医学学生1万余人，安排3.6万名基层医疗卫生机构在岗人员参加全科医生转岗培训，并为乡镇卫生院、村卫生室和社区卫生服务机构在岗培训医疗卫生人员253万人次。①

2009~2011年政府对基层医疗卫生机构基础设施建设的部分投入见表3。

表 3　2009~2011年政府对基层医疗卫生机构基础设施建设的部分投入

单位：亿元

投资项目	时间段(年)	总投资	中央投资	建设内容
健全农村医疗卫生服务体系建设方案	2009~2011		358.5	支持全国1877所县级医院、5169所中心乡镇卫生院、11250所村卫生室建设
社区卫生服务机构建设规划	2009~2010	70.81	45.1	支持全国2382所社区卫生服务中心建设
巡回医疗车	2011		1	7个省份及新疆生产建设兵团部分县(团场)配置250台农村巡回医疗车
全科医生临床培养基地	2011	38.96	20	支持全国127个全科医生临床培养基地建设
农村急救体系建设	2011	22.4	16.4	支持24个省(区、市)及新疆生产建设兵团、黑龙江农垦总局的急救机构建设,共802个

① 张茅:《深化医药卫生体制改革　促进卫生事业科学发展》,《求是》2012年第15期。

（一）基础设施建设进展

调查表明，[①] 政府投资建设的基层卫生机构建筑规模增长显著。2011 年乡镇卫生院平均建筑规模由 2008 年的 1402 平方米增长到 1965 平方米，增长了 40.16%，床均面积达到 49 平方米，基本达到了乡镇卫生院床均 50 平方米的标准。社区卫生机构人均业务用房面积已完全达标。房屋质量明显改善，框架结构房屋分别占乡镇卫生院和社区卫生服务中心房屋总面积的 18.6% 和 74.4%，基本消除了土木和砖木结构的房屋，东部地区基本消除了危房。县级综合医院的规模改善明显，床均业务用房面积增加近 20 平方米，框架结构房屋占 72.7%。2011 年调查，村级医疗机构基本消除了土木和砖木结构的房屋，但产权仍呈现多元化格局，产权属于集体的占 71.43%，近 30% 的村卫生室房屋属于租房或私人所有，严重影响基层卫生服务提供的稳定性和连续性。

新医改以来，国家以填平补齐的原则对基层卫生机构配备了必要的基本医疗设备，特别是对经济欠发达地区加大了中央财政的投资力度。因此，目前乡镇卫生院基本设备拥有率和设施完好率大幅度提高，其中东部地区设备平均台件数最多达到 82 件，拥有专职操作人员的设备比例达到了 60% 以上。村卫生室基本设备拥有数量平均为 22 件，基本设备拥有率均超过 65%。社区卫生服务中心基本设备拥有率仍然比较低，仅为 50% 左右。

（二）床位数量

至 2011 年，基层医疗卫生机构床位累计增长 27.03 万张，比 2008 年增长 28.38%。其中社区卫生服务中心床位增长了 1 倍。乡镇卫生院床位累计增长 17.94 万张，增长幅度为 21.18%（见表 4）。[②]

（三）服务能力

在新医改中，我国对社区卫生服务中心和乡镇卫生院的职能进行了定位，

① 于德志：《医改专题研究》，人民卫生出版社，2013，第 48 ~ 51 页。

② 中华人民共和国国家卫生与计划生育委员会：《2012 年中国卫生统计提要》，第 96 页。

表 4 新医改以来基层医疗卫生机构床位数变化情况

单位：张，%

机构名称	2008 年	2009 年	2010 年	2011 年	2008 ~2011 年增加值	增幅
社区卫生服务中心	76317	101448	137628	157322	81005	106.14
社区卫生服务站	21719	29811	31186	29810	8091	37.25
乡镇卫生院	846856	933424	994329	1026251	179395	21.18
门诊部	7490	8514	9233	9258	1768	23.60
总　　计	952382	1073197	1172376	1222641	270259	28.38

要求其主要提供基本医疗和基本公共卫生服务等。调查显示，新医改以来这两类机构的运行模式逐步调整，从重医轻防转变为提供基本医疗服务和基本公共卫生服务。2008 ~2011 年，乡镇卫生院各项公共卫生服务均呈现增长的趋势，其中孕产妇住院分娩率、孕产妇系统管理率、3 岁以下儿童系统管理率、五苗接种率、健康档案合格率、糖尿病患者规范管理率均超过了 90%。但乡镇卫生院重点手术的开展例数大体呈现逐步减少的趋势，其中人工流产数及放环术、阑尾炎等手术项目的开展例数显著减少，乡镇卫生院住院以收治慢性病和内科疾病为主。

同期，各种检验检查项目的开展率逐渐增加，特别是心电图、X 光透视、肝功能、血脂、血糖等检验检查项目增长显著。2011 年乡镇卫生院心电图、血常规、X 光照片等检验检查项目的开展率已超过 80%，社区卫生服务中心开展心电图检查、B 超检查、血糖检查三个项目的比例超过 90%，各项检验检查项目开展次数也在逐年增长。①

（四）人才队伍建设

2011 年，全国基层医疗卫生人员总数达到 337 万，比 2008 年增长约 22.94%，增幅略高于医院。其中基层卫生技术人员总量达到 196 万，比 2008 年增长约 17.38%，增幅低于医院（见表 5）。

① 于德志：《医改专题研究》，人民卫生出版社，2013，第 53 ~58 页。

表5　新医改前后基层医疗卫生机构和医院人员数量变化

单位：人，%

指　标	医院			基层医疗卫生机构		
	2008年	2011年	增幅	2008年	2011年	增幅
卫生人员	3715025	4526978	21.86	2745222	3374993	22.94
卫生技术人员	2985087	3705541	24.14	1671900	1962497	17.38
执业(助理)医师	1130922	1306835	15.55	846485	959965	13.41
注册护士	1197603	1627761	35.92	375316	492554	31.24

在基层医疗卫生机构中（见表6和表7），社区卫生服务中心人员从149515人增加到328676人，增幅为119.83%，高于乡镇卫生院的8.47%。无论是乡镇卫生院还是社区卫生服务中心，卫生技术人员的增幅均高于人员总数的增幅。执业（助理）医师增长幅度在城乡间呈现较大差异，社区卫生服务中心三年间翻了一番，但乡镇卫生院三年的增长幅度为0.88%，增长缓慢，表明农村地区在吸引优质人才方面面临较大的困难。但同时，村卫生室执业（助理）医师三年间从119646人增加到193277人，增幅为61.54%，不仅高于乡镇卫生院，甚至高出社区卫生服务站，表明农村地区村卫生室和乡镇卫生院作为两类机构，部分村卫生室在吸引人才方面存在一定的优势。

表6　新医改前后乡镇卫生院和社区卫生服务中心人员数量变化

单位：人，%

指　标	乡镇卫生院			社区卫生服务中心		
	2008年	2011年	增幅	2008年	2011年	增幅
人员总数	1074900	1165996	8.47	149515	328676	119.83
其中:卫生技术人员	903725	981227	8.58	123568	276252	123.56
执业(助理)医师	405023	408587	0.88	54216	117608	116.92
注册护士	187544	230339	22.82	—	—	—
千农业人口乡镇卫生院人员数	1.22	1.32	8.20	—	—	—

表 7　新医改前后村卫生室和社区卫生服务站人员数量变化

单位：人，%

指　标	村卫生室			社区卫生服务站		
	2008 年	2011 年	增幅	2008 年	2011 年	增幅
人员总数	1082753	1350222	24.70	69414	—	—
其中：卫生技术人员数	—	—	—	61512	91720	49.11
执业（助理）医师	119646	193277	61.54	28208	40946	45.16
注册护士	24794	30502	23.02	18459	—	—
乡村医生和卫生员	938313	1126443	20.05	—	—	—
其中：乡村医生	893535	1060548	18.69	—	—	—
千农业人口村卫生室人员数	1.23	1.53	24.39	—	—	—

按服务人口计算，千农业人口乡镇卫生院人员数从 1.22 名增加到 1.32 名，千农业人口村卫生室人员数从 1.23 名增加到 1.53 名，表明农村基层卫生服务人员队伍建设取得较为明显的成效。

基层卫生人员队伍仍然存在不稳定因素，尤其随着基本卫生制度的实施和绩效工资改革，医务人员的收入结构发生调整，部分地区绩效工资并未能够有效拉开差距，药品品种的有限性又对医务人员锻炼业务水平带来了限制，基层业务骨干外流现象并未缓解，甚至有加剧的趋势。① 2011 年全国乡镇卫生院在职职工比 2010 年减少 2.96 万人，而同期城市医院和县级医院职工人数逐年上升，表明基层人员外流现象仍然突出。

三　基层医疗卫生服务开展情况

（一）服务量的变化

新医改以来，基层医疗卫生机构总诊疗人次从 2008 年的 28.83 亿人次增加到 2011 年的 37.94 亿人次，年均增长 9.58%（见表 8）。但基层诊疗人次占

① 中华人民共和国国家卫生与计划生育委员会：《2012 年中国卫生统计提要》，第 105～108 页。

全国总诊疗人次的比例基本保持稳定，只在医改初期的2009～2010年略有上升，2011年即回落到2008年的水平。表明基层医疗卫生机构在分流患者方面并没有得到显著改善，尚没有通过“强基层”有效实现分级诊疗、有序就诊的工作目标。与新医改之前相比，乡镇卫生院诊疗人次增长缓慢，占全国总诊疗人次比例下降，表明其基本医疗服务的分流功能有所下降。在其他各类基层医疗卫生机构中，除社区卫生服务机构诊疗人次显著提升外，村卫生室、门诊部、诊所诊疗人次增长均与基层总体水平接近，差距不明显。

从住院服务统计，新医改启动以来直至2011年，基层住院人次年均增长2.67%。其中社区卫生服务中心增长139.81%，乡镇卫生院增长4.11%。

表8　新医改以来基层医疗卫生机构的诊疗人次和入院人数变化情况

机构类型	诊疗人次(亿人)			住院人次(万人)		
	2008年	2011年	年均增长速度(%)	2008年	2011年	年均增长速度(%)
基层占全国总人次数的比例(%)	60.46	60.71	0.14	30.55	24.68	-6.87
其中:社区卫生服务中心	1.72	4.09	33.47	103	247	33.85
社区卫生服务站	0.84	1.37	17.71	38	42	3.39
乡镇卫生院	8.27	8.66	1.55	3313	3449	1.35
村卫生室	13.25	17.92	10.59	—	—	—
门诊部	0.51	0.71	11.66	12	13	2.70
诊所(医务室)	4.24	5.19	6.97	—	—	—
总　计	28.83	37.94	9.58	3466	3751	2.67

（二）费用水平

2008～2011年，社区卫生服务中心就诊费用总体呈下降趋势，门诊病人次均医药费用下降6.54%，住院病人次均费用下降7.92%。同期，乡镇卫生院门诊病人次均医药费用增长11.76%，略有上升但绝对值增加不大，住院病人人均医药费用增长32.94%。两类机构门诊病人次均药费均有所下降，药费所占比也相应下降。与同期二级医院费用水平相比，社区卫生服务中心和乡镇卫生院医药费用水平明显较低，且门诊医药费用水平差距在不断扩大，基层医疗卫生机构的费用优势更为明显。

表 9　社区卫生服务中心和乡镇卫生院门诊及住院病人次均医药费用

机构和年份	社区卫生服务中心			乡镇卫生院			二级医院		
	2008 年	2011 年	增幅(%)	2008 年	2011 年	增幅(%)	2008 年	2011 年	增幅(%)
门诊病人次均医药费用(元)	87.2	81.5	-6.54	42.5	47.5	11.76	116.1	147.6	27.13
药费(元)	63	54.9	-12.86	25.8	25.3	-1.94	58.9	73.6	24.96
药费所占比重(%)	72.2	67.4	-6.65	60.7	53.3	-12.19	50.5	49.9	-1.19
住院病人人均医药费用(元)	2514.2	2315.1	-7.92	790.8	1051.3	32.94	3647.2	4564.2	25.14
药费(元)	1204.5	1061.4	-11.88	403.9	492.4	21.91	1618.4	1999.2	23.53
药费所占比重(%)	47.9	45.8	-4.38	51.1	46.8	-8.41	44.4	43.8	-1.35

（三）床位资源利用效率

新医改后，基层医疗卫生机构公共卫生服务的工作量大幅度增加，基本医疗服务功能按机构定位重新做了调整。对医疗资源的使用效率，如果仍按病床使用率和平均住院日衡量，总体上可以认为基层医疗卫生机构资源利用效率略有上升，但不同机构有所差异，其中社区卫生服务中心总体上呈下降趋势，乡镇卫生院则有所上升（见表 10）。就乡镇卫生院而言，2009 年前后是一个分界线，2009 年以前，乡镇卫生院诊疗人次、住院人数、转诊次数、病床使用率都呈上升趋势，2009 年以后则呈现逐年下降趋势。

表 10　社区卫生服务中心和乡镇卫生院住院床位资源利用效率

年　份	社区卫生服务中心			乡镇卫生院		
	2008 年	2011 年	增幅(%)	2008 年	2011 年	增幅(%)
病床使用率(%)	58.7	54.4	-7.33	48.4	59	21.90
平均住院日(日)	13.4	10.2	-23.88	4.8	5.2	8.33

（四）服务的公平可及性

随着医改的深入推进，政府在医疗卫生领域城乡和区域统筹发展的步伐逐步加快，农村地区关键公共卫生指标的改善速度明显高于城市地区，长期存在的城乡二元结构和地区间健康水平差异开始逐步缩小。随着机构建设和体系的完善，城乡居民就医的地理可及性不断提高，15 分钟内可到达医疗机构的住户比例从 2008 年的 80.3% 提高到 2011 年的 83.3%，农村地区从 75.6% 提高到 80.8%。[①]

在健康结果上，卫生部信息统计中心监测数据分析结果表明（见表 11），2011 年城乡 5 岁以下儿童死亡率分别为 7.1‰和 19.1‰，较 2008 年分别下降 0.8 和 3.6 个千分点，城乡差距下降 0.18 个千分点，差距缩小幅度为 6.27%。在其他指标中，孕产妇死亡率城乡之比由 2008 年的 1∶1.24 缩小为 2011 年的 1∶1.05；婴儿死亡率城乡之比由 2008 年的 1∶2.83 下降到 2011 年的 1∶2.53。农村住院分娩率西部地区与东部地区的差距由 2003 年的 34% 下降到 2010 年的 2%。[②]

表 11　监测地区 5 岁以下儿童和孕产妇死亡率

年份	新生儿死亡率（‰）			婴儿死亡率（‰）			5 岁以下儿童死亡率（‰）			孕产妇死亡率（1/100000）		
	城市	农村	城乡差距	城市	农村	城乡差距	城市	农村	城乡差距	城市	农村	城乡差距
2008	5.0	12.3	2.46	6.5	18.4	2.83	7.9	22.7	2.87	29.2	36.1	1.24
2009	4.5	10.8	2.40	6.2	17.0	2.74	7.6	21.1	2.78	26.6	34.0	1.28
2010	4.1	10	2.44	5.8	16.1	2.78	7.3	20.1	2.75	29.7	30.1	1.01
2011	4.0	9.4	2.35	5.8	14.7	2.53	7.1	19.1	2.69	25.2	26.5	1.05

说明：城乡差距为农村指标与城市指标的比值。

四　基层医疗卫生机构补偿机制建设

医疗卫生机构补偿机制建设是新医改中的重要内容，尤其围绕基层医疗卫

① 詹洪春、刘志学：《2012 年全国卫生工作会议在京召开》，《中国医药》2012 年 1 月第九卷第三期，第 1 页。

② 中华人民共和国国家卫生与计划生育委员会：《2012 年中国卫生统计提要》，第 80 页。

生机构补偿机制建设，国务院办公厅先后发布了《关于建立健全基层医疗卫生机构补偿机制的意见》《关于巩固完善基本药物制度和基层运行新机制的意见》两个文件，并启动了基层医疗卫生机构债务清理化解工作。能否成功调整并完善医疗卫生机构的补偿机制，是检验新医改在触动利益格局方面是否具有成效的关键点，也是判断新医改本身是否具有可持续性、是否真正取得了制度性成果的核心依据。

（一）运行机制建设要点

按照相关文件要求，新医改对基层医疗卫生机构坚持“以投入换机制”的思路推进综合改革。实施基本药物制度后，政府举办的乡镇卫生院和社区卫生服务中心运行成本通过服务收费和政府补助两条途径补偿。基本医疗服务由医保和个人付费补偿，基本公共卫生服务由专项经费补偿，经常性收支差额由政府核定并考核后补助。为体现技术服务价值，调整基层医疗卫生机构的收费项目，设置人均10元左右的一般诊疗费，并由医保按比例报销。同时，基层医疗卫生机构实施绩效工资，以调动人员积极性，避免新的“大锅饭”现象。

（二）运行机制建设进展

1. 收支结余减少，药品收入下降

2008～2011年全国乡镇卫生院收入和支出规模虽然逐年增大，但是收支结余减少，从2008年的37.58亿元下降到2011年的25.26亿元。2011年年底，国家基本药物制度初步建立，按政策要求所有政府办基层医疗卫生机构均实施基本药物零差率销售。根据全国财务决算资料提供的数据，2011年全国乡镇卫生院药品收入为446.24亿元，比2010年下降15.09%，药品收入占总收入比重从上年的39.01%下降为2011年的30.14%。[①]

2. 财政投入增加，公共卫生补助增加

在药品收入下降的同时，2008～2011年全国乡镇卫生院财政补助收入占

① 中华人民共和国卫生部：《2011年全国卫生财务统计年报资料》，第200页。

总收入的比重则从17.78%提高到38.71%（见表12）。三年全国乡镇卫生院财政补助总额从171.48亿元上升到573.17亿元，增长了2.34倍，年平均增长49.52%。其中基本支出从2008年的131.82亿元上升到2011年的507.64亿元，占乡镇卫生院所有财政性支出的比重从76.88%上升到88.56%。2008~2010年，项目支出规模及占财政补助收入比重逐年增大，至2011年有所下降。这与医改初期各级政府加大补助力度，进行房屋、设备等标准化建设，到2010年年底基本完成建设有关。其中，2011年全国乡镇卫生院基本公共卫生服务补助收入为149亿元，占机构财政补助收入的26.01%，占财政基本支出的29.35%，基本公共卫生服务补助收入已经成为乡镇卫生院的主要筹资来源之一。

表12　2008~2011年全国乡镇卫生院收入结构变化情况

单位：亿元，%

年份	总收入	财政补助收入占比	医疗收入占比	药品收入占比
2008	964.45	17.78	34.01	42.47
2009	1179.10	19.46	32.42	43.09
2010	1347.05	24.79	30.97	39.01
2011	1480.68	38.71	26.69	30.14

3. 医疗收入下降，一般诊疗费政策效果不理想

2011年全国乡镇卫生院医疗收入下降，且门诊和住院收入出现“双下降”。各地普遍实施了一般诊疗费，但一般诊疗费占医疗收入的比重较低。2011年全国乡镇卫生院门诊一般诊疗费收入为6.75亿元，占门诊医疗收入的3.38%，住院一般诊疗费收入为1.62亿元，占住院医疗收入的0.83%，见表13。说明一般诊疗费尚未成为机构医疗收入的主要来源，其政策效果尚未显现。其原因可能存在以下几个方面：一是各地推行一般诊疗费的时间较晚；二是部分地区一般诊疗费标准为原收费项目的简单合并，费用水平不高；三是部分地区医保支付政策不合理，对一般诊疗费的支付存在诸多限制，比如有些地区医保只对肌肉和静脉注射患者支付一般诊疗费，患者如果只需口服药品，则不支付一般诊疗费；四是部分地区患者对新增收费项目存在抵触情绪，一般诊

疗费难以执行；等等。

4. 医保补偿成为社区卫生服务中心和乡镇卫生院的主要补偿渠道之一

2011 年，在全国乡镇卫生院医疗收入总额中，城镇职工医疗保险补偿占 5.78%，城镇居民医疗保险补偿占 2.88%，新农合医疗保险补偿占 41.71%。

表 13　2008～2011 年全国乡镇卫生院医疗收入情况

单位：亿元

项　　目	2008 年	2009 年	2010 年	2011 年
医疗收入	327.96	382.29	417.20	395.24
其中:门诊收入	170.44	190.29	208.60	199.63
住院收入	157.52	192.00	208.60	195.61

（三）对非政府办基层卫生机构的补偿政策

鉴于部分地区政府办社区卫生服务机构数量不足，新建设成本又较高，非政府办社区卫生机构则为其做了补充，在基本公共卫生和基本医疗服务中发挥了重要作用。在补偿上，不同地区政策不同，在全国层面没有一致的指导性操作方案。对基本公共卫生服务，多数地区按照政府购买服务的方式对其补助，在对实施基本药物制度和药物零差率销售后的补助上，一些地区按政府购买服务方式进行补助，一些地区按基本药物零差率销售额的一定比例进行补助，还有一些地区执行与政府办机构的同等政策。

五　存在的问题和改进方向

（一）有效的基层卫生服务体系尚未形成

有效的医疗卫生服务体系需要在政策框架下实现不同类型机构的分工合作、协调运转。基层医疗卫生机构的增多和基础设施的改善，为改进基层医疗卫生服务提供了物质基础，但距离形成有效的服务体系，发挥基层医疗卫生机构的功能，尚有一段距离，需要相关配套政策的支撑。从基层卫生机构的举办主体来看，近年来社会举办机构的比例有下降趋势，与国家鼓励社会办医、形成多元化医疗格局的政策相背离。从医疗服务量上来看，与全国乡镇卫生院服务量水平下降的趋势形成对比，2008～2011 年公立医院的门诊和住院服务量有不断上升趋势，说明新医改以来患者就诊并没有实现有效的基层分流，大医院就诊压力仍然在持续增加，基层医疗卫生机构建设的最终目标尚未实现。

（二）体现技术服务价值依然任重道远

一般诊疗费的设置是体现基层医务人员技术服务价值的重要政策，也是完善医疗机构补偿机制的切入口。但部分地区群众已经习惯于只支付医药费不支付诊疗费，即使一般诊疗费从医保个人账户支出，他们对这一收费方式和标准也很难理解接受，一些基层医疗卫生机构只能放弃收费。部分地区医保只对肌肉注射、静脉注射和中医处方患者支付一般诊疗费，导致基层医务人员行为的扭曲，带来大量的不合理用药行为。随着物价水平的不断上涨，一般诊疗费 10 元/次的收费标准难以弥补日渐上涨的医疗成本，也难以体现劳动价值，需要动态调整。如何有效宣传医改政策，促进相关部门的配合和群众对政策的理解接受，应是下一步医改工作的重要任务之一。

（三）基层医疗服务功能只能加强不能削弱

基层医疗卫生机构面向基层，需要开展综合性服务，但医疗服务的需求量显然是各类卫生需求中最大的。新医改中重视公共卫生服务，这一方向是正确的，但并不意味着需要牺牲基层的医疗服务功能来实现这一目标。基层医疗卫生机构的服务能力越强，患者就医的方便性越高，越有利于分流患者，控制医药费用。国家对基层医疗卫生机构服务功能的界定应是最低标准，而非最高标准。基层医疗服务能力的建设比较困难，但摧毁却比较容易，对其能力建设的思路应是积极扶持，鼓励发展。不达标的政府大力扶持，已达标的应允许适度发展，尤其部分基层机构在长期发展中，对一些疑难重症已经形成特色专科优势，应予以保留和扶持，而非一刀切砍去，否则将是巨大的浪费。新医改启动直至今天，大医院人满为患的现象不仅未能缓解反而不断加剧，与部分做法变相限制了基层医疗卫生服务能力密切相关。

（四）部分改革措施有待进一步调整完善

基本药物制度与基层医疗卫生机构改革之间存在密切的联系。基本药物制度的实施一定程度规范了基层医疗卫生机构人员的行为，但目录中用药品种的局限性也导致部分患者的需求难以满足。基本药物零差率销售后，政府给予一定补偿，但多数地区的补偿数量不足、补偿及时性不到位。尤其相当多医疗机构的周转资金来自药款，基本药物制度实施后要求缩短回款时间，对基层机构的经济运行带来一定的影响。下一步改革中应加强对基本药物目录使用的管理，既体现目录的规范性，又体现其灵活性，同时要加强基本药物的周转资金建设，提高财政和医保对基层医疗机构的补偿力度，给予基层机构合理补偿。

（五）基层卫生人才队伍建设任务艰巨

在我国，卫生人力总量不足、卫生人力资源分布和结构不均衡、人才队伍流失等将仍然是一个长期持续的问题，在基层卫生服务中尤其显著。2011 年我国全科医疗科医师数达 14.2 万人，其中执业注册范围为全科医疗的医师仅有 7.6 万人。距离政府提出的 2020 年达到 30 万全科医生的数量要求存在的差距显著。同时，也远未达到世界卫生组织提出的社区平均每 2000 人配备 1 名全科医生的标准。与社会需求相比，我国卫生人力的专业结构单一。我国传统的卫生人力资源主要涵盖医、药、护、技、公共卫生、卫生管理等专业人员，缺乏医务社会工作者，缺乏健康管理、老年护理、心理卫生、公共营养等健康相关服务人员。随着社会经济发展和老龄化的加剧，当前卫生人力结构迫切需要调整。在现有的专业人员中，护理人员、药学人员、公共卫生专业人员均呈现明显的短缺。

（六）基层卫生机构功能存在进一步扩展的需求

老龄化的到来将带来巨大的医疗、康复护理和养老服务需求。长期以来我国康复护理服务方面发展不足，康复护理人员数量稀缺，配套政策不完善，多数基层医疗卫生机构没有提供老年康复、老年护理等相关服务的经验。对此，一方面要积极发展社会举办基层医疗卫生机构，提供康复护理、社区养老等新型服务，另一方面政府举办的基层卫生机构应积极拓展功能。政府在价格、税收、医保等政策上应继续给予相关扶持政策，以满足人口老龄化带来的各种医疗卫生服务需求。

G.3

中国失业保险制度与就业服务发展研究

翟绍果　杨 斌*

摘　要：

就业服务和失业保险是就业保障的重要组成部分，两者相互影响、相互促进。1978年以来虽然中国就业服务和失业保险制度不断发展与完善，然而仍然存在发展不均衡、覆盖面较小、管理机制不健全、衔接性较差、就业促进功能较弱、法制建设落后等问题。美国、英国和德国就业服务和失业保险制度的发展经验表明，法律法规建设、制度紧密结合、工作导向性对就业服务和失业保险制度有重要影响。从国外经验出发，中国需要树立均衡发展理念，扩大就业服务和失业保险的覆盖面，完善就业服务和失业保险的管理机制，改善失业保险制度的激励机制，完善就业服务和失业保险制度的法律建设。

关键词：

就业服务　失业保险　国外经验　政策建议

就业服务是就业保障的重要内容。西方国家在失业保险制度建立之初，就颁布就业服务的法律法规，促使就业服务和失业保险制度的结合，从而提升应对就业问题的能力。改革开放以来，随着中国就业体制的转变，下岗工人、灵活就业人员、弹性就业群体、大学生失业群体、临时用工人员不断增加。根据《中国民生发展报告2013》，2012年中国城镇人口失业率为4.4%～9.2%。可

* 翟绍果，西北大学公共管理学院；杨斌，华中科技大学社会学系。

见，失业问题已经成为影响中国社会经济发展的关键问题。在失业保险制度的完善上，研究者主要从失业保险制度的基金结余、失业保险促进就业功能的优化、西方国家失业保险制度的发展等方面进行分析；在就业服务制度的完善上，研究者主要从公共就业服务制度的均等化、西方国家公共就业服务的发展、不同群体公共就业服务的发展进行分析。应对失业问题需要失业保险制度和就业服务的联合实施。本报告在回顾中国失业保险制度和就业服务发展的基础上，总结归纳已有制度存在的问题，然后分析典型国家就业服务和失业保险制度的发展经验，最后提出完善中国就业服务和失业保险制度的对策建议。

一　就业服务与失业保险制度的关系

（一）就业服务和失业保险是就业保障的重要组成部分

失业治理政策包括主动的失业治理政策和被动的失业治理政策。主动的失业治理政策表现为改善劳动力的供给质量政策、劳动力市场修复政策、提高经济活动水平；被动的失业治理政策表现为失业保障和失业救济。[①] 就业服务属于主动的失业治理政策，包括职业介绍、职业发展、职业咨询等。职业介绍是那些由职业介绍机构向失业者介绍工作的服务的总称；职业发展是为了预防失业而采取的加强和改善失业者人力资本的各种服务的总称；职业咨询是由政府、NGO 等组织向劳动者提供的就业咨询帮助服务。失业保险则属于被动的失业治理政策。失业保险制度是国家通过立法强制实行，由社会集中建立基金，对非因本人意愿中断就业而失去工资收入的劳动者提供一定时期物质帮助及再就业服务的一项社会保障制度。因此，就业服务和失业保险成为失业治理政策的重要组成部分。

对于促进就业而言，就业服务和失业保险不可或缺。就业服务和失业保险均有促进就业的功能。就业服务促进就业的功能通过服务供给来实现，失业保险促进就业的功能通过经济支持来实现。无论是服务供给还是经济支持，对失

① 吕学静：《各国失业保险与再就业》，经济管理出版社，2000，第 19 ~ 24 页。

业者来说都非常重要。西方国家在建立失业保险制度之初，就出现了就业服务，如英国。中国就业服务和失业保险制度是伴随就业机制的转型而出现的。随着就业机制由计划经济向市场机制的转变，为失业者提供就业服务的劳动服务公司开始出现；随着失业者数量的增多，为失业者提供经济支持的失业保险制度也开始出现。可以发现，无论在中国还是西方国家，就业服务和失业保险制度均成为应对失业问题的重要政策工具，而就业服务和失业保险制度则构成这些国家就业保障制度的重要内容。

（二）就业服务和失业保险相互促进

一方面，就业服务对失业保险产生促进作用。随着职业介绍、就业指导、职业培训的开展，劳动者的劳动能力有所提升，从而增加劳动者的就业机会，保障劳动者就业的稳定。尤其是当职业培训能有效改善劳动者素质时，劳动者拥有工作机会的可能性就越大。当劳动者通过就业服务参加工作之后，劳动者需要为失业保险制度的运行提供经济支持，即承担缴费供款责任。劳动者的缴费供款为失业保险制度的运行提供了经济支持，从而促使失业保险制度的可持续发展。

另一方面，失业保险促进就业服务的发展。失业保险制度具有保障基本生活、促进就业和防止失业的功能。① 失业保险制度促进就业功能的发挥可通过将失业保险基金用于购买就业服务来实现，而该功能的发挥则促进了就业服务的供给。如在德国失业保险基金支出中，除60%用于失业保险金给付外，余下的40%部分被用于职业介绍、职业培训及其补贴、补助企业雇佣等促进就业的工作上。②

二 中国就业服务与失业保险制度的发展变迁

（一）就业服务的发展

20世纪80年代，中国就业服务开始出现，这一阶段就业服务的发展主要

① 吕学静：《我国失业保险制度功能的改革与优化》，《中国社会保障》2010年第9期。

② 张迺英、杜静：《失业保险制度应强化就业促进功能》，《齐齐哈尔大学学报》（哲学社会科学版）2006年第7期。

表现为劳动服务公司的发展。1980 年全国劳动就业工作会议提出劳动部门介绍、自愿组织和自谋职业的“三结合”就业方针。1981 年颁布的《关于广开门路、搞活经济、解决城镇就业问题的若干决定》，提出劳动服务公司是在劳动部门领导下，组织经济事业、统筹劳动就业、输送和管理企业临时用工、开展就业训练的一种较好的组织形式。1985 年末全国共建立各级各类劳动服务公司 45659 所，其中属于省、地、市、县、区各级政府劳动部门举办的 2951 所，街道、县、镇（乡）举办的 7648 所，企业、机关、团体、部队和学校等事业单位举办的 34963 所，共安置待业人员 614.57 万人，组织培训 177.16 万人，管理临时工 123.8 万人。到 1986 年末，在劳动服务公司就业的还有 700 多万人，大约平均每年递增百万人。① 1989 年的《关于劳动服务公司发展和建设中若干问题的意见》对不同层级政府设立的劳动服务公司的职责进行了确定。通过法律法规的不断完善，劳动服务公司的服务范围扩大、行政管理制度逐渐规范、职责划分逐渐明确。

20 世纪 90 年代，中国就业服务框架逐渐建立并不断发展，就业服务机构不断增加。1990 年的《职业介绍暂行规定》对职业介绍进行规范。1993 年的《关于民办职业介绍机构管理问题的通知》规范民办职业介绍机构的开办、审批和管理。1994 年的《职业指导办法》指出职业指导的主要任务是向劳动者和用人单位提供咨询和服务，职业指导服务包括培训、咨询等 9 项内容。其后，通过 1995 年的《职业介绍规定》和 1998 年的《职业介绍服务流程（试行）》，职业介绍制度逐渐完善。中国职业介绍所的数量从 1992 年的 7500 家增加到 1994 年的 2.5 万家。② 同时，中国人才服务机构数量增加。1994 年的《加快培育和发展我国人才市场的意见》，提出建立人才市场。1998 年以来，政府人才服务机构数量基本稳定在 3000 家左右。③

2000 年以来，中国就业服务不断完善。2000 年的《劳动力市场管理规

---

① 苏树厚、段玉恩、张福明：《新中国劳动制度发展与创新研究》，山东人民出版社，2006，第 196 ~ 197 页。

② 王剑、陈蓝蓝：《不断发展与完善的我国劳动力市场中介组织——历史回顾与未来展望》，《兰州学刊》2009 年第 2 期。

③ 数据来源：人事部《2006 年政府人事部门所属人才服务机构公共服务状况调研报告》。

定》，确定了职业介绍机构的类别和服务内容。2002 年的《关于进一步加强劳动力市场建设　完善就业服务体系的意见》，提出加强公共就业服务与失业保险、职业培训工作的衔接。2004 年的《关于加强就业服务制度化、专业化和社会化工作的通知》，提出就业服务制度化的重点领域是失业人员登记和免费就业业务制度、就业困难群体再就业援助制度、政府出资购买业务和培训制度以及公共就业业务统筹管理制度，就业业务专业化要实现功能多元化、业务人性化、队伍专业化和手段信息化，就业业务社会化要实现面向社会业务、动员社会资源、接受社会监督。2005 年的《国务院关于进一步加强就业再就业工作的通知》，提出发展和规范各种专业性职业中介机构和劳务派遣、职业咨询指导、就业信息服务等社会化服务组织，鼓励社会各类职业中介机构为城乡劳动者提供诚信、有效的就业服务。2007 年的《中华人民共和国就业促进法》和《就业服务与就业管理规定》，确定了公共就业服务机构和职业中介机构的服务内容。2011 年的《中华人民共和国经济与社会发展第十二个五年规划纲要》，将就业服务作为基本公共服务的重点，并提出从健全职业培训制度、加强创业培训、完善失业监测预警制度等方面促进城乡公共就业服务体系的发展。2009 年全国各级人力资源和社会保障公共服务机构共有 22.5 万个，工作人员 79.2 万人。在县级以上，这些机构分为就业服务、社会保险经办管理服务、人事人才服务、人力资源市场服务、培训服务、劳动关系协调、劳动监察、劳动争议调解仲裁等类型，有机构 2.7 万个，占服务机构总数的 12%；实有工作人员 41.6 万人，占 52.5%。其中，社保经办机构数量最多，为 7465 个，占县以上服务机构的 27.6%；其次是就业服务机构，为 4486 个，占 16.6%。在县级以下，主要是街道（社区）、乡镇（村）就业和社会保障综合性服务机构，共有 19.7 万个，占机构总数的 87.6%；实有工作人员 37.6 万人，占总人数的 47.5%。[①] 截止到 2012 年底，全国县以上政府部门设立公共就业和人才服务机构等各类服务行业达 2.8 万家。[②] 这一阶段，就业服务发展表现出以下特点：一是就业服务法律法规不断完善；二是就业服务逐步专业

① 王永奎：《政策制度均等化——劳动保障公共服务均等化的基础》，《中国劳动保障报》2010 年 8 月 20 日。

② 2012 年度人力资源和社会保障事业发展统计公报。

化，针对不同群体开展就业服务；三是网络技术在就业服务中应用范围增加；四是就业服务参与主体逐渐多元化。

（二）失业保险的发展

中国失业保险制度的建立是作为国有企业改革的配套措施而出现的。改革开放前，中国实行计划经济，劳动者只要进入企业就如同捧上了“铁饭碗”，“社会主义不存在失业”也成为优越性进行宣传。改革开放后，中国改革经济体制并进行国有企业改革，市场经济模式中竞争的作用迫使国有企业向建立现代企业制度的方向转变，统包分配的劳动用工制度开始被打破。[①] 失业作为一种社会问题开始出现，然而出于意识形态的考虑，早期失业保险被待业保险的名称所替代，1986 年国家颁发《国营企业职工待业保险暂行规定》，规定待业保险的覆盖人群、基金来源、给付范围、给付水平及给付期限。在覆盖人群方面，待业保险覆盖范围主要包括：宣告破产的企业职工、濒临破产企业法定整顿期间被精减的职工、企业终止或解除劳动合同的工人、企业辞退的职工。在基金来源上，待业保险属于企业缴费形式，规定企业按全部职工标准工资总额的 1% 缴纳保险费。在给付范围方面，待业保险给付待业期间的待业救济金、医疗费、死亡丧葬补助费和待业人员直系亲属的抚恤费等。在给付水平上，当时的待业救济金标准若以实际工资计算，替代率大约为 40%，人均待业救济金约为 40 元，仅相当于国营企业平均工资的 25%，比当时国家规定的生活困难补助标准的 50 元还低。[②] 在给付期限上，工龄为 5 年及以上者，最多可领取 24 个月的待业救济金，工龄不足 5 年的，最多可领取 12 个月的待业救济金。该规定表明待业保险只适用于国营企业的工人，且工人不用承担缴费义务，同时，给付水平相对较低，这也就预示待业保险的改革势不可挡。待业保险的建立取得了一些成效，截至 1989 年年底，全国待业保险筹集到的基金达 18 亿元，在全国 38 万多个国营企业中，有 36 万多个参加了待业保险，为 13.6 万失业人员发放待业救济金 1220 多万元。

---

① 郑功成：《中国社会保障 30 年》，人民出版社，2008，第 255 页。

② 丁煜：《我国失业保险制度的演变、评估与发展建议》，《中国软科学》2005 年第 9 期。

1993年国务院颁布《国营企业职工待业保险规定》，同1986年的暂行规定相比，1993年的规定继承了1986年暂行规定的框架，对其进行了补充和完善。在覆盖人群方面，由过去的“四类人群”扩大到“七类人群”；在缴费比例上，将企业缴费比例由1986年的1%降为0.6%；在给付标准上，将原来的以失业职工工龄为标准改为以企业职工在企业连续工作的时间为标准发放救济金。同时，该规定建立了待业保险基金统筹制度，增加了领取待业救济程序条款和丧失领取待业救济金资格的限制性条款。然而，该规定也存在一些不容忽视的问题，如企业缴费方式可能导致资金的不可持续性，覆盖范围仍然主要局限于国营企业等。

1999年《失业保险条例》的颁布是失业保险制度建立的依据。该条例同先前的规定相比有以下变化：（1）将待业保险的名称改为失业保险；（2）扩大了失业保险的覆盖范围，将失业保险覆盖人群扩大到所有类型的企业；（3）确立了由企业和工人共同缴费的方式，规定城镇企业按照本单位职工工资总额的2%缴纳失业保险费，个人按照本人工资的1%缴纳失业保险费；（4）将失业保险金的给付水平与最低工资和城镇居民最低生活保障线相联系，即失业保险金的给付水平应低于当地最低工资、高于当地城镇居民最低生活保障线；（5）给付期限更为科学。将给付期限划分为三个给付期，失业人员失业前所在单位和本人按照规定累计缴费时间1～5年，领取失业保险金的最长期限为12个月；失业人员失业前所在单位和本人按照规定累计缴费5～10年，领取失业保险金的最长期限为18个月；失业人员失业前所在单位和本人按照规定累计缴费10年以上，领取失业保险金的最长期限为24个月。与此同时，针对下岗工人的问题，建立了下岗工人基本生活保障制度，其标志为1998年的《关于切实做好国有企业下岗职工基本生活保障和再就业工作的通知》。针对这一特殊群体，2003年、2005年的通知保障了下岗职工最低生活保障制度与失业保险制度的衔接，使下岗职工失业问题得以妥善解决。

在政府对失业保险制度的推行过程中，中国失业保险制度取得了巨大的成就。在参保人数上，越来越多的劳动者被纳入失业保险制度当中，如表1所示，中国失业保险参保人数逐年上升，2012年达到15225万人，其中，参保农民工人数为2702万人。中国失业保险基金发放额也由1994年的5.1亿元增加到2012年的204亿元。失业保险覆盖人群的扩大、发放水平的提高有效地改善了失业人员的生活状况，维护了社会转型期的社会稳定。

表1 1994～2012年中国失业保险参保人数、资金发放情况

年份	年末参保人数（万人）	全年发放失业保险基金人数(万人)	全年发放失业保险金（亿元）
1994	7968.0	196.5	5.1
1995	8238.0	261.3	8.2
1996	8333.1	330.8	13.9
1997	7961.4	319.0	18.7
1998	7927.9	158.1	20.4
1999	9852.0	271.4	31.9
2000	10408.4	329.7	56.2
2001	10354.6	468.5	83.3
2002	10181.6	657.0	116.8
2003	10372.4	741.6	133.4
2004	10583.9	753.5	137.5
2005	10647.7	677.8	132.4
2006	11186.6	598.1	125.8
2007	11644.6	538.5	129.4
2008	12399.8	516.7	139.5
2009	12715.5	483.9	145.8
2010	13375.6	431.6	140.4
2011	14317	433	197
2012	15225	451	204

资料来源：2012年《中国统计年鉴》，2012年《人力资源和社会保障事业发展统计公报》。

三　中国就业服务与失业保险存在的关键问题

（一）就业服务与失业保险发展不均衡问题

在社会保障制度发展中，中国存在“重保险、轻服务”的问题，具体表现为重视保险项目的发展，轻视服务项目的供给。在中国就业保障制度中，就业服务和失业保险发展不均衡，由此形成了明显的就业保障制度二元化现象。其原因与就业保障制度所处的经济社会环境密切相关。经济增长、财政状况是就业保障制度二元化的经济因素，社会服务发展缓慢是就业保障制度二元化的社会因素，重视经济支持、轻视服务支持的制度建设理念是就业保障制度二元化的文化因素。就业保障制度二元化突出地表现在制度建设、覆盖人群、责任机制等方面。在制度建设上，中国已经建立起了完善的失业保险制度，而就业服务制度在制度建立、制度宣传、制度运行上还不完善。在覆盖人群方面，失业保险制度覆盖范围较广，就业服务制度覆盖范围较小。在责任机制上，失业保险制度形成了企业和个人合理分担的缴费机制，而在就业服务中个人、国家和市场的边界划分还未明确。

中国就业服务发展不均衡。就业服务不均衡表现为就业服务城乡发展不均衡、地区发展不均衡、群体发展不均衡。在就业服务的城乡差异上，城市劳动者拥有的就业服务机构数量、就业培训次数多于农村劳动者；在就业服务的地区差异上，东部地区劳动者拥有的就业服务机构数量多于西部地区，经济发达地区的就业服务机构数量多于经济欠发达地区；在就业服务的群体差异上，体制内劳动者和下岗失业人员享受的公共就业服务较好，灵活就业人员和农民工享受的公共就业服务相对缺乏。

（二）就业服务与失业保险制度覆盖面较小

中国失业保险制度覆盖面较小。根据 1999 年的《失业保险条例》，失业保险覆盖范围为城镇企业事业单位、城镇企业事业单位职工。然而，在制度运行中，失业保险制度覆盖率在不同人群间存在较大差异。国有及国有控股企业失业保险覆盖率较高，个体工商户、私营企业失业保险覆盖率较低。2005 年国有及国有控股企业失业保险覆盖率为 66.98%，集体企业失业保险覆盖率为 22.8%，个体工商户失业保险覆盖率为 2.7%。私营企业失业保险覆盖率为 11.1%。[①] 同时，不同收入群体失业保险制度覆盖率存在较大差异。失业保险

① 本处数据根据 2005 年我国 1% 人口抽样调查数据计算得出。

在不同群体、不同收入组的人群上存在较大差异，导致失业保险制度总的覆盖率较低。如表2所示，1994～2012年，中国失业保险参保人数占城镇就业人数的比例由42.7%下降到40.9%。另外，根据审计署2011年的调查，在抽查农民工较为集中的企业中，有133.87万名农民工未参加失业保险。按照国际劳工组织《社会保障最低标准公约》规定，失业保险覆盖范围在全体雇员中应不低于50%。可见，中国失业保险覆盖率较低。

表2　1994～2012年中国失业保险制度覆盖率

年份	失业保险年末参保人数（万人）	城镇就业人数（万人）	失业保险参保人数占城镇就业人数的比例(%)
1994	7967.8	18653	42.7
1996	8333.1	19922	41.8
1998	7927.9	21616	36.7
2000	10408.4	23151	45.0
2002	10181.6	25159	40.5
2004	10583.9	27293	38.8
2006	11186.6	29630	37.8
2008	12399.8	32103	38.6
2010	13375.6	34687	38.6
2012	15225	37180	40.9

数据来源：2012年《中国统计年鉴》，2012年《人力资源和社会保障事业发展统计公报》。

同时，中国就业服务覆盖面较小。受劳动力市场发展体制、就业服务制度发展状况的影响，中国就业覆盖面较小。以就业训练中心分析为例，2010年，中国就业人数为76105万人，就业训练中心3192个，就业训练人数8179266人，民办职业培训机构20144个，培训人数11556951人，职业技能鉴定机构9803个，全年完成鉴定考核人数16575457人。[①] 另外，如表3所示，中国职业技术培训数量相对于庞大的劳动力数量而言较小。

① 数据来源：人力资源和社会保障部《2011年中国人力资源和社会保障统计年鉴》。

表3　2006～2011年中国职业技术培训机构数量

年份	职工技术培训机构		农村成人文化技术培训机构		其他培训机构		总计	
	机构数量（所）	结业学生数（人）	机构数量（所）	结业学生数（人）	机构数量（所）	结业学生数（人）	机构数量（所）	结业学生数（人）
2006	3177	2251861	150955	45205798	23554	9878497	177686	57336156
2007	3719	2646635	153303	46703495	21878	10681633	178900	60031763
2008	3385	2693125	137827	43582242	20837	10934588	162049	57209955
2009	3108	3027947	129443	41306680	20577	9970498	153128	54305125
2010	2543	3067011	106689	38130624	20215	11325286	129447	52522921
2011	3049	3302902	103420	37946868	23061	10216106	129530	51465876

数据来源：2007～2012年《中国统计年鉴》。

（三）就业服务与失业保险制度管理机制不健全

就业服务管理机制不健全。主要表现在：第一，中国就业服务管理法律法规不完善。就业服务管理机制法律法规数量较少且法律法规层次较低。第二，就业服务管理监督乏力。中国就业服务机构监管问题表现在专业部门监督和社会监督乏力，就业服务监督主要由政府监督完成，因而容易形成就业服务机构兼顾“供给者”和“监督者”的问题。同时，就业服务绩效评估标准存在粗线条化、可操作性差的问题，导致就业服务质量评估困难。第三，就业服务准入机制不完善。中国就业服务主要由公共就业服务机构提供，社会机构提供就业服务比例较低。社会机构在提供就业服务上具有明显的优势，如专业素质高、绩效评估标准高、管理水平高等，而中国就业服务法律法规在社会机构提供就业服务上的准入机制还不完善，如供给范围、资质评定等。第四，就业服务网络化程度较低。同西方发达国家就业服务中网络的使用水平相比，中国就业服务网络化较低。

失业保险制度管理机制不健全。这主要表现在失业保险行政管理、管理监督上。一方面，失业保险行政管理不完善。失业保险经办审批环节过长。以北京市为例，从社会保障所在区县申请失业保险金的第一天起，前后一般要经过50天左右，涉及三个级别的四个经办机构，层层划拨，最后才到达失业者手上。① 另一方面，失业保险管理监督不健全。根据审计署 2012 年第 34 号公告，部分地区扩大范围支出或违规运营失业保险基金 9215.40 万元；8 个省本级、85 个市本级和 153 个县的经办机构审核不够严格，向 91864 名不符合失业保险条件的人员发放待遇 8893.80 万元；2 个省本级、28 个市本级和 77 个县 21.48 亿元失业保险基金未纳入财政专户管理；5 个省本级、49 个市本级和 155 个县的经办机构等部门单位多头开户 360 个、违规开户 130 个；16 个市本级和 124 个县 15.34 亿元财政补助资金未及时足额拨付到位；8 个市本级和 22 个县征收机构应征未征失业保险费 2.38 亿元；4 个省本级、10 个市本级和 22 个县征收机构擅自减免失业保险费 6.37 亿元；21 个省本级、144 个市本级和 684 个县的部分参保单位和个人通过少报缴费基数等方式少缴失业保险费 5.95 亿元；9 个市本级和 27 个县隐瞒欠费 1.89 亿元；6 个省本级、53 个市本级和 238 个县欠缴失业保险费 38.56 亿元；1 个省本级、2 个市本级和 19 个县未及时发放失业保险待遇 5108.08 万元。

（四）就业服务与失业保险制度衔接性较差

就业服务和失业保险制度衔接性较差。在西方国家，失业保险与就业服务密切相关，领取失业保险金的失业者需要参加职业培训、就业指导等就业服务，如德国失业保险法规规定失业保险领取条件包括：（1）收到雇主解雇通知后，3 个月到就业办公室登记；（2）参加法定失业保险，并在申请的最近两年保险费累计参得 12 个月，季节性失业的雇员要求申请失业的最近两年失业保险费累计参得 6 个月；（3）申请者处于失业；（4）有意愿、有能力，并积极配合寻找工作，接受职业介绍所的工作推荐和就业办公室安排的职业培训。在中国，按照 1999 年《失业保险条例》，领取失业保险金的条件是按照规定参加失业保险，所在单位和本人已按照规定履行缴费义务满 1 年的；非因本人意愿中断就业的；已办理失业登记，并有求职要求的。可见，中国失业保险制度并没有在领取条件中将失业保险和就业服务有效联系起来，因而导致失业保险制度的预防失业和促进就业的功能较弱。另外，失业保险制度与就业服务的

① 郑功成：《中国社会保障改革与发展战略》（总论卷），人民出版社，2011，第 352 页。

割裂还表现在失业保险金的大量结余上。如表 4 所示，2000～2012 年，中国失业保险基金累计结余由 195.9 亿元增加到 2929 亿元。失业保险基金的累计结余规模较大说明失业保险基金没有得到合理利用，而中国就业服务发展还较为缓慢，失业保险基金没有合理地支持就业服务的发展。

表 4　2000～2012 年中国失业保险基金累计结余

单位：亿元

年份	基金收入	基金支出	累计结余
2000	160.4	123.4	195.9
2001	187.3	156.6	226.2
2002	215.6	186.6	253.8
2003	249.5	199.8	303.5
2004	291.0	211.0	386.0
2005	340.3	206.9	519.0
2006	402.4	198.0	724.8
2007	471.7	217.6	979.1
2008	585.1	253.5	137.1
2009	580.4	366.8	1523.6
2010	649.8	423.3	1749.8
2011	923.1	432.8	2240.2
2012	1139	451	2929

数据来源：2001～2012 年《中国统计年鉴》，2012 年《人力资源和社会保障事业发展统计公报》。

（五）失业保险制度促进就业的功能较弱①

失业保险制度促进就业的功能较弱。社会保障制度的发展需要注意积极的社会功能。目前，学术界对社会保障的社会功能的认识存在不同的观点。费边社会主义者认为社会保障对提高公民道德水平，促进社会文明、健康发展具有积极影响；新古典主义理论者认为社会保障制度尤其是社会福利的实施引发了严重的道德危机；新保守主义理论者认为国家实施的社会保障制度可能带来特权，随着拥有特权人数的增加及这些人的有保障和其他人的无保障之间差别的扩大，就会导致社会对立和社会价值标准的蜕化。然而我们应该看到只有合理

① 杨俊：《社会保险经济学》，复旦大学出版社，2012，第 239～240 页。

的社会保障制度才具有增强社会合力、促进社会和谐的积极功能，不合理的社会保障制度将产生导致社会分裂和社会不和谐的消极影响。合理的失业保险制度应该是适度水平的失业保险制度。适度水平的失业保险制度不但能保障失业者在失业期间的正常生活，同时能促进失业者积极就业，避免出现失业陷阱的现象。然而，中国失业保险制度在发展过程中过多地注重了保障基本生活的功能，忽视了促进就业的功能。完善的失业保障体系应该具有预防失业、促进就业的功能，即通过各种就业促进计划和培训项目使劳动者免于失业，即使在失业的情况下，通过职业介绍服务、职业培训项目也可以使失业者重新找到工作。中国的现实状况是，用于促进就业的失业保险金比例较低。1996 年以来，用于发放失业保险金的支出占失业保险金总支出的比例逐年递增，1996 年为 50.92%，1999 年为 65.68%，2000 年为 78.58%，2001 年为 78.98%。2001 年用于促进就业方面的投入只占失业保险金总支出的 10% 左右，2004 年最高为 16%，而且多集中在上海、北京等地，多数地方促进就业的投入比例不到 10%，甚至不足 5%。

（六）就业服务和失业保险法制建设落后

中国就业服务和失业保险法制建设落后。一方面，就业服务和失业保险法律法规数量较少。西方国家在应对就业问题上，颁布了大量的法律法规，不同政党政府在执政时多会颁布涉及就业的法律。如瑞典在 1974 ~ 1999 年，颁布的与就业服务相关的法律法规就有 20 多部，包括 1977 年的《年度休假法》和《工作环境法》，1982 年的《就业保障法》和《工作时间法》，1991 年的《平等机会法》，1992 年的《工资担保法》，1994 年的《公共部门就业法》，1999 年的《禁止在职业生活中歧视残疾人员法》。① 相比之下，中国在就业服务和失业保险领域颁布的法律法规较为有限。另一方面，中国就业服务和失业保险法律法规层次较低。在中国失业保险制度运行中，重要的法律法规如《国营企业职工待业保险规定》《失业保险条例》，均没有以“法”的形式确定下来。而在就业服务制度运行中，除了《就业促进法》外，其余多以规定、

① 石国亮、张超、徐子梁：《国外公共服务理论与实践》，中国言实出版社，2011，第 183 页。

通知等形式存在。相反，西方国家失业保险和就业服务制度多以“法”的形式而存在，如日本1947年的《职业安定法》，1949年的《紧急失业对策法》，1958年的《职业培训法》，1974年的《雇佣保险法》。

四　典型国家就业服务与失业保险发展的经验

（一）美国就业服务与失业保险的发展经验

1916年，美国马萨诸塞州颁布了州失业保险法案。1933年，国会立法组织公共服务体系。1935年，美国颁布《社会保障法》，建立了统一的失业保险制度。同年，《联邦职业介绍法》颁布。1946年，《就业法》通过。1954年的《就业保障资助法》对失业保险金的税收进行完善。1962年，《人力资源开发与培训法》颁布。1963年，《职业教育法》颁布。1964年，《就业机会法》颁布。1970年的《就业保障法修正案》扩大了失业保障的范围，创立了延长失业补助计划。1973年，《全面就业与培训法》颁布。1976年的《延长失业补助法修正案》扩大了失业保障的保障范围。1977年，卡特提出“工作福利”和“工作保障”的就业方案。1980年，《综合就业与培训法》颁布。1993年的《瓦格勒法》提出建立培训和就业服务司。1994年，克林顿政府劳工部长里奇向国会提交的《劳动保障法案》，对美国20世纪30年代以来的失业保险制度做出全面修订。[①] 1996年的《个人责任与工作机会法案》，废除了运行长达61年之久的为全国最贫困家庭提供现金资助的联邦保障计划，建立了贫困家庭临时援助制度，旨在要求大多数成年人在领取资助后两年内返回工作岗位。[②] 1998年的《劳动力投资法》，将各州的就业服务统一为全国性服务。2007年的《继续拨款修订决议》对失业保险做了进一步修订。美国经过政府的不断努力，形成了较为完善的失业保险和就业服务体系。

---

① 吕学静：《各国失业保险与再就业》，经济管理出版社，2000，第64页。

② 尼尔·吉尔伯特等编《激活失业者——工作导向型政策跨国比较研究》，王金龙译，中国劳动社会保障出版社，2004，第171页。

美国失业保险制度内容如下。在覆盖范围上，主要包括工商业雇员、受雇于农业部门的人员、受雇于非营利机构的人员、家庭佣工、医院工作人员、受雇于高等学校的人员、海员及铁路工人、公务员、军人。① 在项目结构上，包括联邦和州基本失业保险项目、联邦和州附加失业保险项目、退伍军人失业保险项目、联邦公职人员失业保险项目、铁路工人失业保险项目。在领取条件上，失业金的领取条件包括工作 20 周、有正当工作、失业人员申请、失业救济金最多支付 26 周。在给付期限上，有 4/5 的州失业保险等待期是 7 天，给付期最长为 39 周，一般各州规定最多 26 周。在给付水平上，有 34 个州根据本州周平均工资发放失业保险金，周失业保险金的上限相当于周平均工资水平的 50% ~70% 。②

美国就业服务具有以下特点。第一，就业服务内容多样化。就业服务内容包括个人就业计划开发、劳动力市场信息发布、职业介绍、就业培训、帮助雇主招聘人员。第二，就业服务机构比较完善，职业介绍机构存在各层级政府中。第三，就业服务颁布法律法规多，且法律层次高。1962 年，《人力发展和训练法案》通过。1964 年，通过了包括职业队计划、街区青年队计划和美国人志愿服务者计划的《经济机会法》。1973 年，《就业机会法》通过。1983 年，通过了《就业培训合作法》。第四，公共就业服务资源丰富。美国公共就业服务资源有计算机服务、岗位空缺信息、残疾人服务设备、提供面对面服务的职员帮助系统以及社区资源。③ 第五，就业服务主体多元化。美国公共就业服务主体有政府公共就业服务机构、民间非营利服务机构，政府与民间机构合作的服务机构或项目、社区的就业服务中心等。如《就业训练合作法》规定由各州、地方政府和私人机构共同合作开发、实施培训项目。第六，美国就业服务网络化。按照功能结构划分，美国就业服务网络体系有 4 类，包括：（1）门户网站，即美国公共就业服务网；（2）数据库资源，包括 3 个数据中心，分别为美国就业交易所、美国职业信息网和美国职业培训网，3 个数据中心在体制上相互独立；（3）地区资源，即公共就业服务系统，包括 50 个地区就业服务

① 吕学静：《各国失业保险与再就业》，经济管理出版社，2000，第 65 页。

② 杨俊：《社会保险经济学》，复旦大学出版社，2012，第 232 页。

③ 陈力：《美国公共就业服务鸟瞰》，《中国人才》2008 年第 3 期。

网和遍布全国近3000个就业服务中心；（4）其他网络资源，即提供公共就业服务的其他站点。[①] 第七，就业服务的“一站式服务”理念。“一站式服务”要求对失业者的职业介绍、职业培训在工作内容、机制、场地方面进行整合，为求职者和用人单位提供良好、便捷服务。

（二）英国就业服务与失业保险的发展经验

1905年，英国颁布《失业工人法》，正式对失业问题承担起国家责任。[②] 1909年，国会通过《职业介绍法》，第一次强调职业介绍工作由国家负责，该法被认为是世界上第一部关于就业服务的法律。1910年，首批62个劳工介绍所建立。1911年，英国颁布《国民保险法》，建立了失业保险制度。1916年，劳工介绍所改名为就业介绍所。1920年，英国颁布《失业保险法》，规定年收入不足250英镑的所有体力劳动者、非体力劳动者均可参加失业保险制度，但农业工人、家庭佣工以及教师与公务员等不能参加失业保险制度。[③] 1934年的《失业法》，扩大了强制保险的覆盖范围，并为没有参加失业保险或失业保险期已满的失业者提供援助。[④] 1936年，英国失业保险制度将覆盖范围扩大到农业工人。1946年的《全国保险法令》，将各类社会保险合并为一项计划。1948年的《全国社会救助法令》，将失业救助纳入全国社会救助计划中。1973年，就业中心出现。1975年的《社会保障法令》，对英国国家保险计划进行修改。1982年，英国取消了与收入关联的失业补助制度。1988年的《社会保险法案》，提高了失业者领取失业保险金的条件。1998年1月，针对青少年的就业新方案出台。1998年7月，针对长期失业者的就业新方案出台。1998年10月，针对单亲父母的就业新方案出台。2001年，英国成立就业与养老金部。2002年，社会福利局和就业服务局合并组建特别就业中心。2007年，英国政府颁布《准备好工作：我们一代实现充分就业》，提出从2009年10月开始，以求职者制度及弹性就业新方案代替青少年就业新方案、长期失业者新方案等

① 赵宁：《美国公共就业网络服务体系初探》，《电子政务》2010年第5期。

② 丁建定、杨凤娟：《英国社会保障制度的发展》，中国劳动社会保障出版社，2004，第38页。

③ 丁建定：《两次世界大战之间英国的失业保障制度》，《南都学坛》2004年第1期。

④ 郑春荣：《英国社会保障制度》，上海人民出版社，2012，第44页。

强制性项目。[①] 就业保障制度的嬗变表明英国就业保障从福利到工作制度的变化。[②]

1996年，英国将失业保险制度改为求职者津贴制度。求职者津贴制度主要包括缴纳保费型求职者津贴和家计调查型求职者津贴。具体内容如表5所示。

表5　英国求职者津贴制度内容

项　　目	缴纳保费型求职者津贴	家计调查型求职者津贴
覆盖人群	年龄18岁以上,女性养老金领取年龄以下的,且居住于英国的人士	
领取条件	年满18岁,已失业或每周工作时数不足16小时,在离职前2年中至少缴纳过1年的第一类型国民保险税,在特别就业中心签订求职者协议,必须有工作能力、工作意愿且积极寻找工作	不符合缴纳保费型求职者津贴申请条件,且资产额低于16000英镑的失业者
给付期限	等待期为3天,最长期限26周	没有给付期限限制
给付水平	对于16~24岁的失业者,每周51.85英镑;对于25岁以上的失业者,每周65.45英镑	单身且年龄在25岁以下,每周51.85英镑;单身且年龄在25岁以上,每周65.45英镑;已婚夫妇或民事伴侣,每周102.75英镑;单亲家庭(年龄在18岁以下),每周51.85英镑;单亲家庭(年龄在18岁及以上),每周65.45英镑

注：给付水平数据为2010/2011财年。
资料来源：郑春荣：《英国社会保障制度》，上海人民出版社，2012，第220~223页。

英国就业服务具有以下特点。第一，多元化的就业服务主体。英国就业服务提供由公共就业服务机构、私人机构和志愿组织提供。第二，就业服务分类化。英国就业服务按照失业对象的不同提供差异化的就业服务方案，如单身父母就业方案、残疾人就业方案、失业3个月劳动者的就业方案、失业6个月劳动者的就业方案等。第三，就业服务法律完善。英国颁布多项就业法律，如《工业

① 郑春荣：《英国社会保障制度》，上海人民出版社，2012，第217页。
② 尼尔·吉尔伯特等编《激活失业者——工作导向型政策跨国比较研究》，王金龙译，中国劳动社会保障出版社，2004，第1~2页。

训练法》《就业和培训法》等。第四，重视就业培训。英国就业培训主要包括工作培训、青年培训、青年信贷、现代学徒计划、职业发展贷款、职业发展贷款补充、工作技能、岗前培训、领取救助金期间其他形式的学习。[①] 1975～1979 年，政府在就业服务和培训方面的支出为 10.15 亿英镑。20 世纪 80 年代中期前，每年有 10 万人参加成年人培训计划，80 年代末以来，每年有 40 万人参加成年人培训计划。[②] 第五，采取“一对一”的就业顾问服务模式。英国拥有 9300 名就业顾问，在 2005～2006 年承担了 1080 万次求职者面试。[③] 第六，就业服务内容多样化。英国就业服务内容包括提供劳动力市场信息、求职技术指导、面试指导、技能培训、就业计划制定、对不同劳动者提供分类指导等。

（三）德国就业服务与失业保险的发展经验

1927 年，《职业介绍法》和《失业保险法》颁布，德国开始强制推行失业保险制度。1952 年，德国建立联邦就业与失业保险局。1969 年，《就业促进法》颁布，以此取代《失业保险法》。同年，《职业培训法》和《联邦教育法》颁布。1970 年，《联邦教育促进法》颁布。1974 年，《失业救济条例》颁布。1980 年，《职业培训促进法》颁布。1994 年的《就业支持法》允许建立私营职业介绍所。1992～1998 年，科尔政府将失业扶助的重心转移到就业者就业机会和帮助失业者重新回到工作岗位。2003 年，施罗德政府的“2010 年议程”，提出减少失业保险金的给付期，促进失业者寻找工作。2002～2005 年，哈茨法案Ⅰ－Ⅳ开始运行，哈茨法案强化就业服务，扶助老年失业者，提高了失业者领取失业津贴的要求，缩短失业金领取期限，引入竞争性的职业培训和就业服务，加快职业介绍进度，对失业救济和社会救济合并管理，给长期失业者提供了更多支持。

德国失业保险制度主要包括失业保险金Ⅰ和失业救济金Ⅱ，其具体内容如表 6 所示。

---

① 尼尔·吉尔伯特等编《激活失业者——工作导向型政策跨国比较研究》，王金龙译，中国劳动社会保障出版社，2004，第 4 页。

② 吕学静：《各国失业保险与再就业》，经济管理出版社，2000，第 140 页。

③ 郑春荣：《英国社会保障制度》，上海人民出版社，2012，第 239 页。

表 6　德国失业保险制度内容

项　目	失业保险金Ⅰ	失业救济金Ⅱ
保障对象	所有雇员、义务兵、学徒、在学校参加培训教育的人、家庭手工业者、海员、领取医疗保险金的人	所有15～64岁,有工作意愿和能力,但无法用收入和资产维系自己和家人基本生活的个人及其家属
资金筹集	雇员(1.65%),雇主(1.65%)和政府	财政
给付条件	(1)收到雇主解雇通知后,3个月到就业办公室登记;(2)参加法定失业保险,并在申请的最近2年保险费累计12个月,季节性失业的雇员要求申请失业的最近2年失业保险费累计6个月;(3)申请者处于失业;(4)有意愿、有能力,并积极配合寻找工作,接受职业介绍所的工作推荐和就业办公室安排的职业培训	(1)无权享受失业保险;(2)失业者没有维持生活的足够经济来源;(3)在过去就业年份内至少有1年的身份是雇员;(4)在过去1年内至少享受过1天的失业保险或类似保险金;(5)在过去1年至少从事150天的就业活动;(6)过去是公务员、法官、军人、义务兵或警察;(7)在过去1年内受伤或因病致残(满足以上任一条件即可)
给付期限	保费累计最短时间分别为12、16、20、24个月,失业保险金领取最长时限分别为6、8、10、12个月;保费累计最短时间为30个月且失业者年龄在50岁,失业保险金领取最长时限为15个月;保费累计最短时间为36个月且失业者年龄在55岁,失业保险金领取最长时限为18个月;保费累计最短时间为48个月且失业者年龄在58岁,失业保险金领取最长时限为24个月	没有给付期限限制
给付水平	申请人是单身,领取每月税后收入的60%;申请人最少有一个18岁以下的孩子,领取每月税后收入的60%	单亲子女不超过14周岁的,每个孩子给予每个月208欧元的失业救济金;单亲子女15～17周岁的,每个孩子给予每个月278欧元的失业救济金

注：失业救济金Ⅱ给付水平是2008年的数据。

资料来源：姚玲珍：《德国社会保障制度》，上海人民出版社，2010，第264～270页。

德国的就业服务具有以下特点。第一，职业培训的“双轨制”。德国职业培训采取企业内部技术培训与职业技术学校专业知识学习相结合的体制，[①] 职

① 丁建定：《德国就业保障与就业促进政策》，《中国社会保障》2003年第5期。

业培训分为四个层次，包括能力测试、求职申请和面试技能培训、初级培训课程和高级职业技能培训。同时，德国还实行“培训券”制度，给予失业者自主选择培训机构、学习技能的权利。第二，就业服务法律健全。德国颁布了一系列的职业培训、就业服务法律法规，且法律法规层次较高。第三，失业保险制度与就业服务紧密结合。为了应对失业问题，德国建立了完善的失业保障制度和就业服务，且将失业保险的享受与就业服务相联系。第四，就业服务主体的多元化。德国就业服务机构既有政府举办，也有私人机构举办。德国就业服务由健全的政府就业服务机构完成，政府机构还通过政府购买的方式向失业者提供就业培训。德国就业政策研究通过市场化运营的研究机构完成，同时德国对失业人员的技能培训、职业介绍逐步采取市场化的运营方式，如个人服务代理机构为失业者提供临时工作岗位。第五，就业服务机构设置科学。德国设立垂直管理的就业服务机构，从中央政府到地方政府，设有联邦劳动和社会事务部、联邦劳工局、地区就业办公室、联邦伤残人权益委员会、地方伤残人中心、地方联合处、地方联合服务中心等机构。各级就业服务机构均设置职业介绍部门、职业指导部门、失业保险部门和事务管理部门。第六，就业服务机构分类化。德国就业服务机构包括特殊群体职业介绍机构、临时用工介绍机构、专业职业介绍机构等。

五　中国就业服务与失业保险完善的政策建议

（一）树立就业服务和失业保险均衡发展理念

树立就业服务和失业保险制度均衡发展的理念。为了改变失业保险制度和就业服务发展不协调的问题，我国应树立就业服务和失业保险制度均衡发展的理念。从失业保险与就业服务发展状况出发，就业服务和失业保险制度均衡发展重点在于加快就业服务的发展，原因在于就业服务发展落后于失业保险制度的发展。在就业服务发展上，可以从制度供给、财政支持、管理监督、法律建设、配套措施等方面进行完善；在制度供给上，应该建立包括就业指导、就业培训、就业资助和补贴等内容的就业服务制度；在财政支持上，政府需要增加就业服务财政投入，在城乡、地区、人群上确保财政支持的均等化。

随着中国就业体制的发展，就业方式呈现多样化的特点。临时就业、家政服务、自营就业、弹性就业等就业人数不断增加。因此，就业服务和失业保险制度的发展要适应就业状况的变化。一方面，我国在就业服务方面应树立均等化发展理念，不断完善中央对经济落后地区财政转移支付制度，缩小不同地区公共就业服务供给差距；逐渐转变政府职能，树立公共就业服务城乡一体化理念，实现城乡公共就业服务统筹发展；树立公平理念，平等对待所有劳动者，实现公共就业服务的人群均等。另一方面，我国在失业保险制度方面也应树立均等化发展理念，通过制度缴费、给付条件的调整，将灵活就业人员、农村劳动者纳入失业保险体系中。

（二）扩大就业服务和失业保险的覆盖面

2003 年以来，失业群体规模扩大，高校毕业生群体、临时就业群体的失业问题极为严重。而且，随着中国城市化进程的加快以及二元经济社会结构的影响，大量的农民工从农村转移到城市寻找工作，许多农民工从事临时性的工作，这类群体面临的失业风险较大，但没有被失业保险制度所覆盖。根据国际劳工组织发布的《国际劳工条约》规定，失业救济保险适用于所有工薪人员。因此，现行制度的运行应该与时俱进，失业保险制度的覆盖面有待于进一步扩大。针对中国失业保险制度运行的问题，下一步失业保险覆盖面扩大的目标群体应该瞄准农民工和其他灵活就业群体。同时，进一步扩大就业服务覆盖面。可通过就业服务制度的建立和不断完善，将城乡所有劳动者纳入就业服务制度中。

（三）完善就业服务和失业保险的管理机制

完善就业服务和失业保险行政管理机制。中国失业保险已经初步形成了省、市、区、街道、社区五级管理服务网络体系。应改进失业保险基金拨付流程，由现行的市、区、街三级拨付调整为市、区两级拨付。同时应该充分利用网络技术，重构失业保险审批和发放流程，缩短失业保险金的审批和发放时间。应加强失业保险工作人员的业务素质，确保失业保险信息登记的准确性、及时性。另外，应整合就业服务和失业保险的管理资源，建立一体化的管理平台，同时要注重就业服务和失业保险业务的特殊性和共同性，加强相同业务的沟通和衔接。

完善就业服务和失业保险监管机制。良好的监管体制可以确保失业保险金的及时、足额缴纳和发放。针对现行监管体制的问题，应该构建政府监管、专业人员监管和社会监管的监管机制。政府监管可作为就业服务和失业保险制度运行的第一层次，应继续加强审计部门、财政部门和社会保障部门的监管力度，各个部门在保持独立性的基础上实现信息共享。专业人员监管可作为就业服务和失业保险制度监管的第二层次，专业人员监管主要由从事理论研究和从事业务运行的专家共同组成。社会监督是就业服务和失业保险制度监管的第三层次，主要由媒体、国民对就业服务和失业保险制度进行监管，社会监督可以利用网络、电话、信件等形式，对制度误差进行实时纠正。同时，应加强就业服务和失业保险信息平台建设工作，开发包括参保人基本信息、缴费信息、给付信息、财政补助等信息模块的信息系统，避免信息的重复化，实现信息的共享化。

（四）改善失业保险制度的激励机制

充分发挥就业服务和失业保险制度促进就业和预防失业的功能。第一，将失业保险金的支出与就业服务项目的供给联系起来。失业人员领取失业保险应以参加职业介绍和职业培训为条件。同时，要扩大失业保险基金促进就业服务发展的范围。失业保险基金可对就业服务提供支持，如长期失业者就业津贴、青年实习补贴、有家庭困难的失业者就业补贴、创业资助、异地就业补贴、特殊时期的就业和生活补贴、职业介绍和职业培训费用。[①] 第二，缩短失业保险金的给付期限。如表 7 所示，西方国家失业保险制度给付期限一般在一年左右，只有西班牙、德国等少数国家失业保险给付期达到 24 个月。根据工作搜寻理论，失业保险制度延长了劳动者的搜寻工作时间，提高了失业率。[②] 如果失业保险享受的潜在期限延长 1 周，失业者的失业持续时间将会增加 0.1 ~

---

① 吕学静：《我国失业保险制度功能的改革与优化》，《中国社会保障》2010 年第 9 期。

② 杨俊：《社会保险经济学》，复旦大学出版社，2012 年，第 222 页。

0.8周不等，例如美国失业保险享受期限一般为26周，可能导致平均失业时间延长2.5周。[①] 中国失业保险给付期最长为24个月，失业保险制度会影响劳动者的就业行为。应适当缩短失业保险给付期限，以此来改善失业保险制度的激励效果。

表7　部分国家失业保险最长给付期限一览

国　家	最长给付期限	国　家	最长给付期限
英　国	最长26周	美　国	最长39周，一般26周
爱尔兰	不固定，12～15个月	瑞　典	最多450天
西班牙	不固定，4～24个月	德　国	6～24个月
日　本	最长300天		

资料来源：本处数据为笔者整理。

（五）完善就业服务和失业保险制度的法律建设

完善就业服务和失业保险法律建设的内容体系。国外就业保障制度的发展表明，完善的法律体系是就业服务和失业保险制度良好运行的关键。中国应该通过颁布就业保障方面的实体法和程序法来不断完善就业保障法律法规。应以失业保险条例和就业促进法为核心，积极颁布职业培训、就业指导、失业保险与就业服务衔接、失业保险与社会救助制度衔接的法律法规，并要推动相关配套法律法规的建设工作，如教育立法、财政立法，为就业服务和失业保险法律建设提供良好的制度环境。同时，可参考西方国家就业服务和失业保险法制建设，提高中国就业服务和失业保险的法律层次，可将《失业保险条例》上升到《失业保险法》的层次，颁布《就业培训法》。同时，法律层次的上升也意味着相关法律法规条款要精细化、完整化。

① Robert Moffit. Waiter Nicholson, "The Effect of Unemployment Insurance on Unemployment: The Case of Federal Supplemental Benefits", *The Review of Economics and Statistics*, 1982.

G.4

中国社会保险法律服务体系的现状、评估与建议

栗燕杰*

摘　要：

法律服务体系在社会保险制度安排中有着不可替代的功能，赋予制度以强制性、稳定性、司法适用性，并对制度体系性的增强以克服碎片化有积极功能。社会保险法律服务体系表现出私法与公法的复合性，对实质上不平等法律关系的矫正性等特征。《社会保险法》出台后，中国社会保险法律服务体系快速发展，已有基本法律但配套法规远未完善，法律制度二元分割，多元监督体系初步形成但监督实效不佳，从法律层面确认社会保险权益但权益保障效果交叉。对此，建议在立法层面，优先推进中央配套立法并尽快完成；在实施层面，积极进行制度整合，在纠纷解决体制方面以专门法院为目标，逐步从二元化向一元化迈进；在监督层面，突出发挥权力机关监督与司法机关监督的功能。

关键词：

社会保险　法律服务体系　评估　对策

一　社会保险法律服务的发展

从世界范围看，大多数实行社会保险制度的国家，都实行立法先行。这从

* 栗燕杰，中国社会科学院法学研究所。

一定程度上表明法律服务赋予社会保险制度强制性、保障稳定性等功能。事实上，新中国成立后不久，以“劳动保险”为名的中国社会保险制度，也带有强烈的法律色彩，体现为《劳动保险条例》的制定、修订及出台实施。

（一）社会保险法律服务的重要性

改革开放以来，我国社会保险迈上一条渐进改革、试点先行的道路。伴随《中华人民共和国社会保险法》（以下简称《社会保险法》）的出台实施，我国走上以社会保险为主体的社会保障国家之路，社会保险制度从试点逐步走向定型，社会保险权益受到法律保护，法律成为我国社会保险运行的制度保障。

1. 确保社会保险制度运行的稳定性与可预期性

在试点先行、双轨并行的改革模式下，社会保险制度缺乏稳定性，不免有朝令夕改的担忧，因而严重损害一般社会公众的安全感，未能起到免除后顾之忧的功能。虽然制度不断发展完善，走向定型，但一直确而不定，缺乏法律强制效力。显然，有必要“从法律的角度来给包括养老保险在内的各项社会保障制度定型”。① 单纯就民生而论，不仅国家裁量色彩浓厚，而且缺乏规范性和强制力保障，民生成为政府对民众之恩惠，为此需要进行制度的结构性变换：以民权保障民生，通过法律服务体系确认并保障社会保险权利。“有必要从法律上确认公民的福利权，并将福利权作为促进人权实现的重点和发展方向。”②

健全的法律服务体系，将使社会保险制度走向定型。法律服务体系若再进行大幅修改甚或“一百八十度转弯”则需要经过严格的立法、修法程序。因此，只有不断完善法律服务体系，社会保险制度运行才能走向稳定，其可预期性才能大大增强。

2. 增强社会保险制度的体系性

中国社会保险制度的碎片化问题已饱受诟病。在各地纷纷出台各种试点的背景下，制度设置缺乏全盘性的统筹考虑，各种旨在改进的修补措施零零碎

① 陈云：《在强化政府责任中推进制度定型——访社会保障专家、中国人民大学教授郑功成》，《中国社会保障》2006 年第 2 期。

② 谢琼：《论福利制度对人权实现的促进》，中国人民大学博士论文，2010，第 185 页。

碎，难免捉襟见肘，顾此失彼。国家通过中央统一立法，特别是在《社会保险法》基础上对各个险种、基金管理、违法处置、统筹模式、监督管理予以全国统一立法和实施细则，将极大增强中国社会保险制度的体系性。

3. 有效化解社会保险纠纷并纠正违法

法律服务体系对社会保险纠纷解决、纠正违法行为，具有不可或缺的作用。

社会保险活动往往存在一些错误的、违法的活动。社会保险活动的巨大基数决定了其错误、违法活动的总量不可小觑。在社会保障发展层次相对较低的中国，以下因素更会强化错误的可能。包括：我国社会保险政策和法律规则如迷宫般复杂，不仅在各个时期不同，而且由于较低的统筹层次在不同省份乃至县、市都可能大相径庭；社会保险经办机构、一线官僚及工作人员的受教育程度也良莠不齐，业务培训并不充分；相关行政机关工作人员的观念认识、行为方式与《社会保险法》的要求并非完全一致；等等。

虽然法院并未将社会保险相关行政诉讼、民事诉讼的数量和判决予以单独列为类，但通过总体的统计资料，社会保险相关违法错误数量巨大、影响广泛清晰可见。根据近年来的《人力资源和社会保障事业发展统计公报》，2009 年度通过劳动保障监察执法的成效更为显著，暴露出当年社会保险民事活动违法严重。2010 年度通过劳动保障监督执法，“督促 8.8 万户用人单位办理了社会保险登记、申报，督促 13.9 万户用人单位补缴社会保险费 48.2 亿元”，而 2011 年度则“督促 8.5 万户用人单位办理了社会保险登记、申报，督促 12.8 万户用人单位补缴社会保险费 52.8 亿元”。[①] 换言之，通过行政执法活动发现的用人单位社会保险违法规模相当巨大，违法现象广泛存在。仅 2010 年度就有 8.8 万户用人单位被发现未依法办理社会保险登记、申报并被督促完成登记申报，被发现未缴纳并已补缴的社会保险费 48.2 亿元。考虑到并非所有的此类行为会被发现，已经发现的违法行为也未必全部会被改正，因此，我国社会

① 参见 2009 ~2011 年度《人力资源和社会保障事业发展统计公报》。其中 2009、2010 年度载人力资源和社会保障部官方网站，网址为 http：//www. molss. gov. cn/gb/zwxx/node_ 5436. htm，最近访问于 2012 年 10 月 21 日；2011 年度载中央政府网，网址为 http：//www. gov. cn/gzdt/2012 -06/05/content_ 2153635. htm，最近访问于 2012 年 10 月 21 日。

保险相关违法活动在宏观上规模巨大，影响广泛。

社会保险的错误决定会给当事人带来巨大的伤害，在现实生活中，“对于需要权利救济的当事人来说不是烦恼而是残酷”。[①] 未能按时领到养老金的老人，可能马上面临生活困难；而遭遇工伤的职工，如未能及时被认定为工伤则其健康和生存将可能受到严重影响。更严重的是，无论是用人单位、经办机构、费用征收机构、医院等社会保险服务机构，还是社会保险行政部门，相关的卫生、财政部门，往往类似情形类似处理，每个浮出水面的社会保险错误决定的背后，都往往有大量的类似情形。这些貌似微观的个别违法、错误行为，其实只是冰山一角，现实中具有乘数放大效应。如此种种，或损害社会保险基金的安全与可持续运行，或危及参保人的生存权。

在此背景下，法律服务体系的重要性日益凸显。通过法律服务体系确立的良好社会保险纠纷救济制度，无论对于化解纠纷，还是从后端纠正违法，以及制度改良，都将发挥巨大作用。

（二）社会保险法律服务体系的特征

社会保险法律服务体系，具有法律制度的一般特征，同时表现出基于规范对象、法律关系的独特性。表现在以下方面。

1. 社会保险法律服务体系的复合性

社会保险法的法域归属为何？并非不言自明的问题。虽然“保险法”长久以来归属于私法规范体系，但社会保险法以国家强制性面目出现，在性质界定上并不清晰。笔者认为，社会保险法兼有公法属性与私法属性，表现出强烈的复合性。

首先，社会保险权益兼有私法属性和公法属性。社会保险权益是社会保险法律服务体系的基础概念，其属性具有决定意义。社会保险权益的私法属性表现为向用人单位主张社会保险权益；其公法属性则表现为向社会保险经办机构和社会保险主管部门以及其他公权机关，如财政部门、社会保险费征缴机构、审计部门等国家机关主张社会保险权益。两种权益主张共同形塑社会保险权

① 郑尚元：《劳动争议处理程序法的现代化》，中国方正出版社，2004，第1页。

益。

其次，社会保险争议解决具有复合属性。中国社会保险争议往往涉及劳动者、用人单位、经办机构三方主体，医院、药店等社会保险服务机构，以及卫生部门、财政部门等行政机关也往往卷入，这使社会保险争议具有并非传统的两方主体，而是多方交织的复合特征。

劳动者与用人单位之间的社会保险争议，带有劳动争议的色彩；劳动者与经办机构、主管部门之间的社会保险争议，则表现出一般行政缴费、行政给付、行政确认等行政争议的色彩；社会保险服务机构与经办机构、社会保险主管部门之间的争议，则往往基于服务协议而显露出行政契约争议的特征。以上争议在实践中，往往彼此关联，形成复杂的多方社会保险关系争议，这使社会保险争议的复合性愈加突出，单靠劳动争议解决机制，或者单靠行政复议与行政诉讼机制，均无法对社会保险争议形成完整的理解认识，更难以有效解决处理。

2. 社会保险法律服务体系的公法属性

社会保险法律服务体系如图 1 所示。

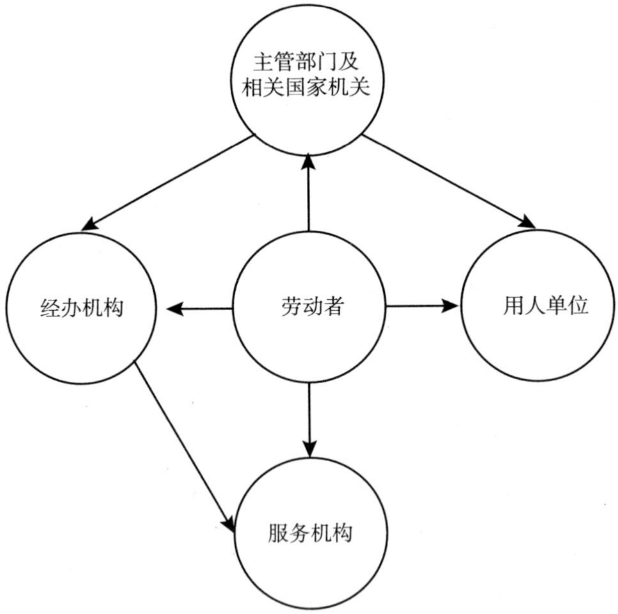

图 1　社会保险法律服务体系

首先，在这样的社会保险法律关系与权利主张结构体系下，主管部门具有支配性。在用人单位与劳动者之间就横向的社会保险关系发生争议时，主管部门依然可以介入干预，处理相关争议，保护劳动者的社会保险权益。

其次，经办机构的定位及其与用人单位、经办机构的法律关系属性由各国社会保险法律法规自行确定。

社会保险争议虽然带有复杂性和综合性，其中公法属性带有根本性。这是因为，在我国社会保险法律关系与权利结构体系中，主管部门等行政机关具有支配性。

一些国家将经办机构定位于私法属性的民间组织或社会组织，则个人向经办机构主张社会保险权益，带有私法色彩。相应的争议，属于民事争议的范畴。而我国将社会保险经办机构定位于“法律法规授权的组织”，属于行政主体之一种，有权根据《社会保险法》《工伤保险条例》等授权，行使相关社会保险管理与服务的职责。因此，经办机构在其职责权限范围内与用人单位、经办机构发生争议的，属于公法属性的行政争议。基于这种认识，经办机构作为“法律法规授权的组织”，与用人单位、经办机构之间形成纵向的公法关系。

这种认识得到域外学说的佐证。德国联邦社会法院有法官认为，劳动法方面的纠纷，只是直接涉及劳动关系的那些事由，而关系社会保险的法律关系，应构成“三角关系”。被保险人提出的社会保险待遇的要求是针对社会保险部门，而非针对雇主。即使雇主违反了应承担的法律义务，未缴纳社会保险费，被保险人对于社会保险待遇的合理要求也决不允许触动。① 其结论是，在实体前端，社会保险法律关系具有综合性、复合性，但其公法关系具有统领性；在争议解决的后端，其对应的行政争议具有根本性，而相关劳动争议则带有附带性。正是基于此种认识，德国将基于劳动关系的争议由劳动法院管辖；基于社会保险法律关系的争议，则交由社会法院管辖。

正是基于此，我国《社会保险法》第 83 条第 2 款规定：

---

① 苏姗·贝克尔：《德国的社会保险与司法的作用》，郭小沙译，《社会保障研究》2007 年第 1 期。

> 用人单位或者个人对社会保险经办机构不依法办理社会保险登记、核定社会保险费、支付社会保险待遇、办理社会保险转移接续手续或者侵害其他社会保险权益的行为，可以依法申请行政复议或者提起行政诉讼。

由此可见，个人向经办机构主张社会保险权益，在我国被现行法律规定为公法关系。

社会保险主管部门与社会保险经办机构之间，是管理与被管理的关系。即经办机构属于社会保险主管部门管理的授权组织。相应地，个人、用人单位与经办机构之间的争议，属于行政争议，如申请行政复议，应向直接管理该经办机构的社会保险行政部门提出申请。基于这种认识，2010 年公布的《人力资源社会保证行政复议办法》第 15 条规定：

> 对人力资源社会保障行政部门按照国务院规定设立的社会保险经办机构（以下简称社会保险经办机构）依照法律、法规规定作出的具体行政行为不服，可以向直接管理该社会保险经办机构的人力资源社会保障行政部门申请行政复议。

我国社会保险法律服务体系，其公法属性带有根本性。与此同时，不可否认的是，社会保险法带有一些私法色彩，有时候相当强烈。因此，我们对社会保险法律关系的解析探究，对制度规则的优化改进，必须兼顾公法原理与私法精神。

3. 社会保险法律服务体系的矫正性

社会保险法律服务体系的矫正性，其根源在于社会保险法律关系的非对称性。涉及各方主体的能力、智识等方面，往往表现出严重的不对称，乃至严重失衡。突出体现在：一是参保的劳动者与用人单位之间的失衡，即被保险人相对弱势，用人单位相对强势。二是行政主体与相对人、利害关系人之间的失衡。经办机构、社会保险主管部门则基于强烈的公权力色彩而较强势于用人单位和被保险人。在用人单位与经办机构、主管部门之间，用人单位又具有一定的信息优势。

这种失衡格局使社会保险争议解决机制有效、快速保障社会保险权益，并非易事。从更深层次看，当事人失衡格局，更使形式上基于平等的主体两造对抗的一般诉讼程序“看上去很美”，但难以实现实质意义上的公平正义。

为实现实质公平正义，必须发挥法律服务体系的矫正功能。在参保个人与用人单位之间，借鉴劳动法治的研究成果，偏向劳动者社会保险权益保护；在相对人与社会保险经办机构、主管部门之间，恢复平衡的法律关系。在一般意义上，这就要求社会保险法律服务体系具有一定的矫正性。

二　中国社会保险法律服务的现状与问题

中国社会保险法律服务体系由多方面组成，包括社会保险立法、社会保险权及其法律关系、行政执法、纠纷解决、监督制度等。

（一）基本法律已出台，配套法规远未完善

《社会保险法》于2010年10月28日公布，迄今已3年多。在如此长时间内，《社会保险法》的配套法规制定速度相当迟缓，严重制约了社会保险法律服务体系的完善。

《社会保险法》授权了大量中央立法。根据笔者统计，仅据《社会保险法》文本，需要国务院加以规定，也即国务院负有制定行政法规职责的规定共有11处之多。另外，《社会保险法》还在共13处19次提及“国家规定”来明确相关制度、规则，涉及该法共6章。为全社会普遍关注的社会保险基金的统筹层次与预算、决算，社保基金管理与监督制度，养老保险的各项制度和细则，等等，均需要国务院制定行政法规或主管部门制定部门规章来解决。对此，虽然《工伤保险条例》已经修改，人力资源和社会保障部也出台了《实施〈中华人民共和国社会保险法〉若干规定》《社会保险个人权益记录管理办法》《社会保险基金先行支付暂行办法》《在中国境内就业的外国人参加社会保险暂行办法》《工伤认定办法》《非法用工一次性赔偿办法》《部分行业企业工伤保险费缴纳办法》等配套的部门规章。但《社会保险费征缴暂行条例》

《失业保险条例》尚未修改，《基本养老保险条例》《基本医疗保险条例》《社会保险基金条例》尚未制定出台。

显然，《社会保险法》的出台并非一劳永逸，后续立法任务仍相当艰巨。这些配套行政法规、相关部门规章的制定、修改，在《社会保险法》已经实施逾三年的背景下，可谓亡羊补牢，犹未迟也。

（二）法律制度二元分割

中国现行法律制度基于公法、私法分类的理念，并未为社会保险法律服务体系“量体裁衣”。这突出表现在社会保险救济解决法律制度方面。从整体上看，中国社会保险争议解决机制的行政、民事二元分割。劳动争议解决机制、行政争议解决机制各行其是，均无法彻底有效解决社会保险争议。

基于中国的诉讼制度与现行司法体制，社会保险争议可分为横向的争议、纵向的争议。相应地，社会保险争议解决被分割为行政争议解决、劳动争议解决两大板块；在社会保险侵权赔偿领域，也被分割为社会保险民事侵权赔偿与社会保险国家赔偿。

1. 社会保险行政争议解决机制

社会保险行政争议是行政机关、法律法规授权组织与公民、组织之间的纵向争议。其表现形态多样，在现实中频繁发生，包括劳动者和社会保险经办机构、社会保险行政部门之间的行政争议；用人单位和社会保险经办机构、社会保险行政部门之间的行政争议；其他行政争议的形态，如与卫生部门、审计部门等行政机关之间，以及混合型的争议。

社会保险行政争议的解决机制，不仅是保护用人单位和参保人社会保险权益的制度保障，而且对于促进依法行政特别是社会保险行政部门、社会保险经办机构、社会保险费征收机构等行政部门、机构和法律法规授权的组织依法行使权力具有重要意义。

现有的社会保险行政争议的解决方式包括复查、行政复议、行政诉讼等。复查是由作出行为的社会保险经办机构、费用征收机构等主体自身进行重新处理，属于选择性的非正式程序。行政复议是行政系统内部的监督、救济方式，处理大量社会保险行政争议。1999 年通过的《行政复议法》第 6 条第 10 项明确将“申请行政机关依法发放抚恤金、社会保险金或者最低生活保障费，行政机关没有依法发放的”纳入行政复议的范围内。2010 年 3 月 16 日人力资源和社会保障部出台《人力资源社会保障行政复议办法》（人力资源和社会保障部令第 6 号），将社会保险行政复议的范围进行扩张。包括：人力资源社会保障部门的具体行政行为，纳入行政复议的范围；社会保险经办机构的具体行政行为，也纳入行政复议的范围。[①] 在一些地方，社会保险行政复议已成为当地行政复议的重要类型。

行政诉讼是法院对社会保险行政活动的监督，对参保人和相关主体社会保险权益的救济。1989 年通过的《行政诉讼法》将社会保险行政争议涵盖在内。社会保险行政诉讼虽然起步较早，但一直缺乏足够的案件数量积累，审判经验并不乐观。社会保险作为我国社会保障制度的主体内容，必然使社会保险行政诉讼的重要性与日俱增。重庆某县行政庭在审理涉及养老保险行政诉讼案件时发现此类案件缺乏明确法规政策依据，虽然我国《社会保险法》已经出台，但这些特征依然凸显。毕竟，虽然有《社会保险法》《工伤保险条例》和《失业保险条例》，但最重要的两大险种——养老保险、医疗保险的专门法律、行政法规尚未出台。社会保险行政诉讼往往带有一定的示范性和集团色彩。这就是法官直观体验到的“涉及面广，影响面大”[②]，一个社会保险案例往往关系整个单位、整个行业乃至整个地区的类似情况，可谓牵一发而动全身。

2. 社会保险劳动争议解决机制

在我国，横向的社会保险争议主要表现为“社会保险劳动争议”。[③] 2007

---

① 参见《人力资源社会保障行政复议办法》（2010 年 3 月 16 日公布）第 15 条；该条文同时确定，对社会保险经办机构的具体行政行为不服的，被申请人为该经办机构，复议机关为直接管理该经办机构的人力资源社会保障行政部门。

② 綦江县法院行政庭任德琼：《浅析养老保险行政诉讼案件的司法审查》，载重庆市第一中级法院网站，网址为 http://www.cqyzfy.gov.cn/view.php? id = 1029250520104425052010422505201054250520，最近访问于 2011 年 12 月 21 日。

③ 此处须注意的是，“社会保险劳动争议”，只是迁就现行法律制度的表述。随着社会保险覆盖面的扩大，微观上社会保险与劳动关系的联系呈现不断放松的趋势。建立社会保险，并不以劳动关系为必要条件。社会保险关系出现多样化趋势。在横向的社会保险争议方面，劳动争议已不能涵盖全部。二者的关系是：存在大量交叉部分——以劳动关系为基础的社会保险争议，构成主要部分的社会保险争议，但仍有小部分并日益增多的横向社会保险争议，并不以劳动关系为基础。

年12月29日公布、2008年5月1日施行的《劳动争议调解仲裁法》将劳动者与用人单位之间的社会保险、福利等方面的争议，纳入适用该法的劳动争议之内。

根据最高人民法院《关于审理劳动争议案件适用法律若干问题的解释》的一系列司法解释，社会保险劳动争议的典型情形包括：劳动者与用人单位之间的不缴、少缴、迟缴社会保险费的争议；劳动者与用人单位解除或终止劳动关系后，办理社会保险关系等转移手续产生的争议；劳动者与用人单位之间工伤保险待遇的争议；劳动者退休后，与尚未参加社会保险统筹的预案用人单位因追索养老金、医疗保费、工伤保险待遇和其他社会保险费而发生的纠纷。

按照劳动者与用人单位之间关系的时间阶段，社会保险劳动争议可以分为劳动关系存续期间的社会保险争议和劳动关系结束后的社会保险争议。比如，特定劳动关系终结后，用人单位办理社会保险转移手续的争议；劳动者失业后，前用人单位为失业人员出具终止或解除劳动关系证明的争议，等等。

总之，从我国现行法律制度来看，社会保险劳动争议与社会保险行政争议的根本区别在于争议发生主体的不同。社会保险劳动争议一定是发生在用人单位与劳动者之间，双方主体在形式上是平等的市场主体，往往属于"劳动争议"的一种；而社会保险行政争议则必有一方主体是行政主体。

社会保险劳动争议的正式处理方式，主要是仲裁和民事诉讼，也有其他非正式的争议解决方式，如调解、和解、协商、工会处理等。社会保险劳动争议调解、仲裁的程序，可以参照《劳动争议调解仲裁法》中关于劳动争议调解、劳动争议仲裁的相关程序规定。社会保险劳动争议的民事诉讼，由法院的民事审判庭按照《民事诉讼法》来实施。

3. 社会保险的两种侵权赔偿机制

社会保险的侵权赔偿责任，被分割为社会保险民事赔偿责任以及社会保险国家赔偿责任。《社会保险法》第89条规定了社会保险经办机构及其工作人员违法行为给社会保险基金、用人单位或个人造成损失的赔偿责任，第92条规定各种行政部门及其工作人员泄露用人单位和个人信息造成损失的赔偿责任。《社会保险个人权益记录管理办法》（2011年6月29日公布，人力资源和社会保障部令第14号）第28条至第30条对个人信息方面的侵权行为和赔偿责任予以细化。就法理而言，以上赔偿责任包括两种情形，一是构成《国家赔偿法》意义上的国家赔偿；二是由工作人员个人行为造成损失的，依法由该人员承担民事赔偿。

属于国家赔偿责任的适用范围的，除适用《社会保险法》外，还应适用《国家赔偿法》及相关法律、法规和司法解释。用人单位或个人申请赔偿，应当先向赔偿义务机关提出，也可以在申请行政复议或提起行政诉讼时一并提出，并适用调解、和解和协商的程序。

但是，如果给用人单位或者个人造成损失的行为，不属于行使职权的行为而属于“个人行为”的话，则相关个人须承担民事赔偿责任。另外，根据2010年9月13日出台的《最高人民法院关于审理劳动争议案件适用法律若干问题的解释（三）》（法释〔2010〕12号）第1条，劳动者以用人单位未为其办理社会保险手续，且社会保险经办机构不能补办导致其无法享受社会保险待遇为由，要求用人单位赔偿损失发生争议的，法院应予受理。依据《侵权责任法》等民事法律通过侵权赔偿的调解、民事诉讼等民事纠纷解决方式解决。

从整体上看，社会保险争议解决的体系性存在严重缺失。制度设置缺乏统筹性的通盘考虑，导致争议解决制度的零碎改革捉襟见肘，顾此失彼。

（三）多元监督体系初步形成但监督实效不尽如人意

在已有社会保险监督制度的基础上，建立起框架较为齐备、内容基本完整的多主体、多层次的社会保险法律监督体系。包括：各级人民代表大会常务委员会的权力机关监督；县级以上各级政府社会保险行政部门的综合行政监督；财政部门、审计部门的专门行政监督；社会保险监督委员会的社会监督；社会公众的举报投诉的非正式监督等。行政复议、诉讼等既是纠纷解决机制，同时也构成一种正式的监督救济制度。在此基础上，一些省份提出建立健全包括人大监督、政协监督、纪检监督、行政监督、社会监督、司法监督“六位一体”的社会保险监督体系。①

① 比如浙江省人力资源社会保障厅《关于印发浙江省人力资源和社会保障系统开展社会保险基金阳光监管实施方案的通知》（浙人社发〔2012〕99号）的提法。

从监督对象和监督机制上看，《社会保险法》实现了对社会保险各方主体的全面监督。包括：各级政府社会保险工作受到本级人大常委会的监督；用人单位和个人在遵守社会保险法律、法规方面受到县级以上政府社会保险行政部门的监督；社会保险基金的收支、管理和投资运营情况受到社会保险行政部门、财政部门和审计部门以及社会保险监督委员会的监督；各种违反社会保险法律、法规的行为受到社会公众（包括公民、法人和其他组织）的监督。

通过以上各个相关监督主体对各种社会保险活动主体的监督检查措施和后续的行政处罚、强制措施甚至是刑罚措施，有利于确保社会保险行政活动得到依法贯彻落实，规范社会保险关系，维护好社会保险参加人的合法权益。但《社会保险法》确立的监督制度体系，也并非达到尽善尽美，特别是多个主体监督可能存在的缺陷值得关注。本法延续了我国社会保险的多个主体监督现状。有权监督的主体多种多样，本应处于统一、完整状态的监督权力被四分五裂。享有行政处罚权的行政机关有社会保险行政部门、财政部门和审计部门，多个部门的并列叠加并未能加强监管的有效性和强制性，反倒使多个部门之间易于产生相互推诿，处罚权的泛化导致监管职责的模糊淡化。毕竟，监督主体并不是越多越好。

社会保险监督不力、违法行为频发仍是社会各界对社会保险执法、守法情况的一致看法。首先，现有监督制度未能有效保障社会保险基金本身的安全。上海社保案、广东东源县社保案、东莞坡头区社保案等屡屡发生，严重侵害社会保险基金的安全性。社会保险基金被隐匿、转移、侵占、挪用的现象存在不仅会削弱社会保险基金的偿付能力，增加基金风险；而且严重损害制度形象，动摇社会大众对社会保险制度的信心。其次，各项社会保险待遇在支取中存在不少漏洞。比如，甘肃、陕西、山西都曾出现过大规模“死人”领取养老金的违法行为。种种违法行为与乱象的背后，暴露出中国社会保险监督机制的效能低下。

（四）确认社会保险权益但权益保障效果较差

我国社会保险法律制度一直重视权利的确认。1994 年 7 月 5 日公布的

《劳动法》第3条第1款将“享受社会保险和福利的权利”作为劳动者权利的项目之一加以列举，由此从法律文本上确立了社会保险权利的概念，只是处于劳动者合法权益范围内，尚未扩充到全体国民。1999年1月22日公布的《失业保险条例》第2条第2款规定城镇企业事业单位失业人员依法享受失业保险待遇；第16条第1款规定城镇企业事业单位应当告知失业人员享受失业保险待遇的权利。综合起来可发现，《失业保险条例》已明确设置并保护劳动者的失业保险权利，并带有公法、私法两方面的指向。2003年出台的《工伤保险条例》第2条第2款规定企业职工、个体工商户雇工依法享受工伤保险待遇的权利，2010修订后的《工伤保险条例》则大幅扩充了工伤保险权利的适用主体范围。《社会保险法》第1条将维护公民参加社会保险和享受社会保险待遇的合法权益作为立法宗旨，之后，社会保险权、社会保险合法权益等类似提法成为配套法规、规章中的热门词汇。如《社会保险基金先行支付暂行办法》（2011年6月29日公布，人力资源和社会保障部令第15号）明确将“维护公民的社会保险合法权益”作为立法目标。《在中国境内就业的外国人参加社会保险暂行办法》（2011年9月6日公布，人力资源和社会保障部令第16号）则将“维护在中国境内就业的外国人依法参加社会保险和享受社会保险待遇的合法权益”作为立法目标。

与高举社会保险权益的法律文本形成鲜明对比的是，社会保险权益的现实保障效果，并不尽如人意。二元分割、碎片化的中国社会保险争议解决机制并未充分考虑保护个人合法权益的需求，这必然使权益保障救济效果低下。根据现有法律制度，社会保险的争议解决体系包括两大基本类型：社会保险行政争议采取了行政复议、行政诉讼自由选择的救济模式；而相关劳动争议的解决则依法设置包括诉讼、仲裁和行政处理在内的纠纷解决模式。鉴于此，无论是用人单位还是参保个人，当社会保险权益受到侵害提起诉讼请求时，必须首先厘清究竟是社会保险行政争议还是劳动争议。这不管是在理论上还是在实践中均难以完全明确下来。最高法院的三次《关于审理劳动争议案件适用法律若干问题的解释》和相关批复也多处解释、辨明社会保险劳动争议、行政争议的界定，加上各地的政策，给权利救济带来严重障碍，宏观上造成了制度的二元割裂。

我国当下的社会保险争议解决体系，存在分散、多元的问题，给参保人寻求权利救济和相关争议的解决带来了不便和拖延，甚至，由于制度的分割，带来救济无门，屡屡碰壁。更甚至，即便在原理上明确了社会保险劳动争议、社会保险行政争议的二元区分，社会保险争议解决的种种前置程序也会妨碍权益保护。毫无必要的制度分割，导致同案不同判现象凸显，制度的公平性严重缺失。显然，我国现行的社会保险争议解决制度未能较好地满足社会保险权益保障的需求，未能起到赋予制度强制性、规范性的功能。通过纠纷解决改进社会保险实体制度安排的效果，更是无从谈起。

显然，对于亟须实现社会保险权益的劳动者而言，可谓过于复杂，劳动者因告状无门而走上制度外的上访之路的，并不罕见。类似“开胸验”案的悲剧，屡屡发生。如何设置更为合适的整合行政、民事的一体式争议解决机制，是社会保险争议解决制度改造的首要议题。

三　社会保险法律服务未来发展的对策建议

社会保险制度是中国社会保障制度体系的主体部分，有必要从民生保障的高度出发，改良、优化我国社会保险的诸项制度、机制。

（一）立法层面

在《社会保险法》基础上，推动后续配套立法的逐步出台，形成较为完整的社会保险法律制度体系。在配套立法方面，须注意以下方面。

一是中央配套立法应当先行并尽快完成。地方立法先行，是具有中国特色的法治现象。《社会保险法》公布后，有立法权的地方人大及其常委会、地方政府，有强烈冲动去制定、修改地方性的各项社会保险法规、规章。比如，2011年5月11日合肥市政府公布《合肥市城镇职工基本医疗保险办法》，2012年2月3日天津市政府公布了《天津市基本医疗保险规定》，2012年11月29日深圳市人大常委会公布了《深圳经济特区社会养老保险条例》，2013年5月30日海南省人大常委会通过了修改《海南省城镇从业人员基本养老保险条例》的决定，不一而足，还有不少地方立法处于酝酿起草阶段。笔者认为，这些做法虽然有其合理性，但其可能产生的危害也不容低估，可能继续加剧社会保险制度的地方化、碎片化。社会保险作为全国统一制度，应当由中央统一确定制度和基本规则。除《社会保险法》明确授权的地方立法之外，中央配套的行政法规、部门规章应当先行。之后，再进行相关地方立法，显然更为符合《社会保险法》的精神和具体要求。当然，中央立法先行，必然要求中央层面，即国务院、人力资源和社会保障部以及其他部门充分重视，加快《社会保险法》的配套行政法规、部门规章的制定步伐。

二是地方立法权限应仅限于省级政府。早在《社会保险法》之前，已有不少社会保险的地方立法实践。但应注意，《社会保险法》将这些地方立法权限都赋予省级政府。因此，自《社会保险法》实施后，以上地方立法职权的行使已统一收到省级政府，较低级别的地级市政府、县级政府无权行使。省级以下政府、部门制定的相关实施细则、办法，要么尽快予以废止，要么由省级政府予以确认。否则，其效力、合法性均无保障。

（二）制度整合

社会保险领域典型体现出社会保险行政法与社会保险劳动法的混合、交织。在制度整合的需求上，最典型体现在争议解决领域。

虽然从传统学科划分和原理上看，劳动争议与行政争议泾渭分明，但实践中社会保险行政争议与社会保险劳动争议则混杂不清，难以区分。为保护兼具行政性和劳动性的社会保险权起见，为一次性解决社会保险争议起见，在司法层面不应再区分社会保险劳动争议和社会保险行政争议，而应建立统一的社会保险争议解决体系，对社会保险相关争议给予一并处理解决。

在已有的制度基础上，借鉴国内外已有的成熟经验模式，推进社会保险争议解决的体系整合，势属必然。中国社会保险争议解决体系的改进，可分为近期优化与长远目标两个层次。

1. 近期优化：行政附带民事模式

如何整合并建立统一社会保险争议解决体制，在不触动现行司法体制的框架下，一个可供选择的修补方案是附带解决的模式。即将本来处于两种争议解决格局的社会保险争议，从社会保险争议的行政性出发，采取行政附带民事争议的方式，交由行政争议解决体系处置。

这种做法具有以下优势：首先，将有效化解现行制度安排的二元分割与碎片化缺陷。将社会保险相关劳动争议与社会保险行政争议予以整合，统一在一个制度之内。其次，有利于提升社会保险权益保障效果。通过行政复议、行政诉讼附带相关劳动、民事争议的机制，既将用人单位、一般参保人从二元分割的迷局中拯救出来，又矫正了劳动者和其他社会保险参保人相关弱势的格局，有利于在微观上有效保护社会保险权益，并在宏观上实现实质正义。

在类型上，附带解决包括以下两种：

（1）行政附带劳动争议。在涉及劳动者、用人单位、经办机构（或主管部门）之间的社会保险登记争议、缴费争议、资格确认争议、待遇争议等争议时，劳动者与用人单位之间的行政争议，与行政争议交织一起，适合采取行政附带劳动争议的方式予以一并处理。

（2）行政附带一般民事争议。在医疗保险领域，涉及参保人、医疗保险经办机构、医院（或其他医疗保险服务机构）之间的争议等，可采取行政附带民事争议的方式予以一并处理。

在制度安排上，包括以下类型。

一是非正式解决中的附带解决。即行政执法过程对社会保险劳动争议的附带解决，以及复查阶段的附带解决。行政机关在行政司法过程中，可较为自由地处理相关争议。

二是行政复议的附带解决。鉴于复议机关较为积极的角色定位，复议机关可以依申请或依职权附带一并处理相关争议。

三是行政诉讼的附带解决。在行政诉讼过程中，一般情况，法院应仅依申请处理相关社会保险劳动争议。

2. 长远目标：专门法院模式

附带解决的模式，初步化解了二元分割的突出弊病，但并非达到完整的体系整合。毕竟，附带解决存在难以化解的缺陷。首先，附带解决对行政执法人员、复议机构工作人员、法院行政审判庭的法官的专业素养，提出了较高要求。除具备岗位要求的基本专业能力之外，还需具有一定的社会保险劳动争议解决相关的专业能力。其次，附带解决需要当事人的配合。如果当事人并未申请一并解决，则法院难以启动附带处理。

为此，实现制度的彻底统一，应考虑统一的社会法院或行政法院模式。在此方面，德国、日本等国家的专门法院模式，以及英国整合纠纷解决体系的努力，都具有值得借鉴学习的意义。但是，一般性的行政法院在我国的改革推行尚且阻力重重，社会法院的模式需要在我国司法体系上大动干戈，应属于长远目标。

（三）法律监督

法律监督制度是法律服务体系的重要组成部分，在现行法律制度下，对确保社会保险的实施与运行，增强公众对社会保险制度的信心，有关键作用。在我国现有的多元法律监督体系的基础上，应从激活权力机关监督职能、发挥司法监督作用层面加以改良。

1. 激活权力机关监督职能

权力机关对社会保险相关活动的监督，关键在于各种监督检查手段的实效发挥。传统的听取工作报告、执法检查固然有其效果，但从权力监督的本意看，更需从政治学、宪法学对权力机关监督的一般规律与新近研究成果出发，让权力机关监督发挥最大的权威性、强制力，提升我国社会保险制度运行的可信赖性与公信力。

2. 发挥司法监督作用

我国社会保险制度实施的监督乏力，与司法监督的缺失不无关系。有学者在社会保障一般层面提出，设立社会保障公诉制度，授权公民、法人作为社会公益代表，对侵犯社会保障基金的行为提出公诉，比授权公民、法人举报更能有力和快捷地保护社会保障基金。显然，这一认识在社会保险领域同样有效，可考虑建立社会保险的公益诉讼制度。

为发挥司法监督的效能，应当完善社会保险的诉讼法律制度，放宽原告资格的规则，降低起诉条件的门槛，扩展、提高法院审查的范围与强度，增强司法裁判的执行力，积极应用司法建议。这在《行政诉讼法》《民事诉讼法》今后法律修改与司法解释的制订中，应予以充分考虑。

G.5

中国教育服务体系的现状、问题及对策

王延中　单大圣*

摘　要：

教育服务是保障人民教育需求、调节社会分配的社会服务，具有鲜明的社会保障属性。中国在教育方面取得过举世瞩目的成就，也经历过曲折的发展历程。进入21世纪以来，中国把促进公平作为国家基本教育政策，并取得了积极进展。但是，中国教育服务体系还不健全，教育自身还存在许多矛盾和问题，人民群众对教育的期盼越来越高，发展中的一些新趋势也对教育提出了新的挑战。未来一个时期，要加快完善现代教育体系，大力促进教育公平，提高教育质量，深化教育综合改革，努力建设"更好的教育"。

关键词：

教育服务　教育公平　教育体系

教育涉及千家万户，惠及子孙后代，寄托着亿万家庭对美好生活的期盼，是民生之首。教育服务是保障人民教育需求、调节社会分配的社会服务，具有鲜明的社会保障属性。建立健全社会保障体系，要求完善教育服务体系，提高教育服务质量，切实保障人民群众受教育的权利。

---

* 王延中，中国社会科学院民族学与人类学研究所、劳动和社会保障研究中心；单大圣，国务院发展研究中心。

一 教育服务与社会保障

教育是教育者对受教育者身心施加影响的社会活动，教育提供的不是有形的物质产品，而是一种具有服务性质的实践活动。在教育服务过程中，通过教育者和受教育者的共同劳动，使受教育者的德、智、体等方面得到全面发展。① 关于教育服务的属性，国内外有过较长期的争论，包括传统福利主义政策范畴内的教育福利，新自由主义学派影响的教育“产业化”“市场化”，以及纳入 WTO 服务贸易总协定的教育服务贸易等。② 从理论上说，教育服务在消费上具有一定的竞争性和排他性，教育服务既有事业的属性，是一种重要的公共服务，也有产业的属性，是服务业的重要组成部分。③ 但是，教育服务的属性本质上是一个实践问题，即教育服务的属性主要依赖被提供的方式，如果教育服务由政府以免费的形式向社会公众提供，那么此种教育服务就是公共产品，如果教育服务由市场提供，且以缴费作为接受服务的条件，那么此种教育服务就是私人产品。

不管是何种形式提供的教育服务，都具有鲜明的社会保障特征，这是由教育服务的特点决定的。第一，教育是提高人的素质、促进人的全面发展的根本途径，教育涉及所有人，接受教育是每个人获得发展的基本前提，教育需求是人的基本需求，公民的受教育权利必须得到切实保障。1948 年《世界人权宣言》明确指出：“人人都有受教育的权利，教育应当免费，至少在初级和基本阶段应如此。”1966 年《经济、社会、文化权利国际公约》又进行了重申。我国传统文化中所讲的“有教无类、因材施教、人人成才”，也贯穿了人人皆有接受教育权利的思想。第二，教育能提高劳动者的“配置能力”（指劳动者发现机会、抓住机会，使既定资源得到最有效配置，从而产出增加的能力），使劳动者减少失业风险并获得更高的收入。正在征求意见的《中华人民共和国

① 王善迈：《教育服务不应产业化》，《求是》2000 年第 1 期。

② 张力：《论不同服务分类框架下的教育定位及政策走向》，《中国教育学刊》2011 年第 1 期。

③ 世贸组织的服务业分类标准界定了现代服务业的九大分类，即商业服务，电信服务，建筑及有关工程服务，教育服务，环境服务，金融服务，健康与社会服务，与旅游有关的服务，娱乐、文化与体育服务。

社会救助法（征求意见稿）》即把教育救助与医疗救助、住房救助一起纳入专项救助之中，其实，相比于对成年人的各种补偿性社会保障政策，投资教育是最有效的反贫困政策。第三，教育是规范人的行为、促进社会和谐的重要政策工具。很多研究证明，投资教育不仅可以提高劳动生产率，而且可以改善人的社会行为，对于公共健康、社会治安、环境保护、家庭生活、政治参与等都有改善作用。第四，教育是调节收入分配的重要工具。教育公平具有起点公平的意义，是社会公平的重要基础，人们常说，收入不公影响人的一时，教育不公影响人的一生。接受教育可以提升个人参与平等竞争的能力，有助于促进社会纵向流动。许多研究发现，在大多数国家，教育收益率都随着经济发展而逐渐提高，并超过物质资本的投资收益率。①

基于此，为全体公民提供数量充分、质量可靠和成本合理的公共教育服务，是政府正确履行职能的基本要求。与一般的社会保障项目相比，教育的保障功能更加积极，也更为复杂。如果说社会保障制度仅仅是解决生存危机的预防性措施，那么教育才是更加全面的、公平的和可持续发展的，是更加积极的保障措施，也是符合科学发展观要求的、以人为本的、促进经济社会协调发展的公共政策。养老保险等社会保障制度的运行，主要是资金的筹集、运营和发放的金融过程，而教育则需要在资金运行过程中把重点放到如何提供高质量的服务上，服务的数量布局、分配也至关重要。因为这关系服务的效率，更关系服务的公平性。因此，教育不同于社会保险追求参保与受保双方的权利与义务的双边对应关系，更需要平衡资金保障、服务提供和福利服务权益公平、公正的“大三角”关系。② 围绕这一要求，许多国家都对教育活动有严格的规定，特别是对以营利为目的的教育活动有严格的限制。我国《教育法》规定，“教育活动必须符合国家和社会公共利益”，“任何组织和个人不得以营利为目的举办学校及其他教育机构”。《义务教育法》规定，“国家实行九年义务教育制度，义务教育是国家统一实施的所有适龄儿童、少年必须接受的教育，是国家必须予以保障的公益性事业”。

---

① 赖德胜、李长安：《转变经济发展方式：教育改革发展新课题》，《中国教育报》2010年7月6日。

② 王延中：《中国社会福利制度的发展及其对城市化的影响》（下），《中国社会科学院研究生院学报》2010年第3期。

二 中国教育发展的历程和成就

1949 年，中国 80% 的人口是文盲，小学和初中入学率仅有 20% 和 6%，高校在校生仅有 11.7 万人。为尽快改变教育落后的状况，党和政府高度重视教育事业，把改造旧教育、建设新教育作为教育工作的首要任务。经过 60 多年的艰苦努力，中国教育事业的面貌发生了翻天覆地的变化。一个包括学前教育、初等教育、中等教育、高等教育的比较完善的现代国民教育体系初步形成，建成了世界上规模最大的教育体系：从纵向上看，学前、初等、中等、高等以及职前教育与职后教育相互衔接；从横向上看，普通教育、职业教育、继续教育相互贯通。各级各类教育快速发展，教育普及水平不断提高。到 2000 年，我国如期实现了基本普及九年义务教育、基本扫除青壮年文盲的宏伟目标，接受过九年义务教育的人口比例达到 85%，青壮年文盲率下降到 5% 以下，在此基础上，经过十年攻坚，2011 年年底，全国 31 个省（自治区、直辖市）和新疆生产建设兵团全面普及了九年义务教育，青壮年文盲率降到 1.08%，成为中国教育发展史上的重要里程碑，履行了对国际社会的承诺，提前实现了联合国教科文组织《达喀尔行动纲领》提出的到 2015 年使所有儿童享有高质量的免费初等教育的目标。2002 年，我国高等教育毛入学率达到 15%，实现了高等教育大众化，2004 年起，高等教育规模居世界首位。高中阶段教育普及程度迅速，2012 年高中阶段毛入学率达到 85%，新增劳动力大部分接受过高中阶段及以上教育。职业教育取得突破性进展，中等、高等职业教育招生总规模分别占了高中阶段教育和高等教育的半壁江山。教育质量也在稳步提升，2009 年，在第四次国际学生评估项目（PISA）调查中，根据经济合作与发展组织（OECD）的技术标准要求，上海 152 所学校的 5115 名学生，代表全市各类中学约 10 万名 15 岁在校生参加测试，并在阅读素养、数学素养和科学素养三项评价中均排名第一，引起了广泛关注。在高等教育阶段，经过重点建设，中国已有一批学科达到世界一流学科水平，一批高水平大学具备了向世界一流大学冲刺的基础和实力，根据英国 QS 世界大学学科排名，2013 年中国已有 13 所学校的 91 个学科进入世界百强。英国的 THE-QS 世界大学排名中，中国有7所大学进入200强。在“世界大学学术排名”（ARWU）中，到2012年，27所“985工程”大学进入世界500强。从汤森路透集团开发的“基本科学指标”（ESI）数据库来看，中国高水平大学入选的学科总数已达到400余个，大批学科跨入世界先进行列。①

快速发展的教育事业，为社会主义现代化建设培养了数以亿计的高素质劳动者、数以千万计的各类专门人才和一大批拔尖创新人才，把中国巨大的人口压力转化为人力资源优势，为经济社会发展提供了人才保证和智力支撑。2011年，我国人均受教育年限上升为11.5年，大大缩小了与发达国家的差距，标志着我国开始从人口大国转变为人力资源大国，且正在向人力资源强国迈进。向全民逐步普及的教育服务较好地发挥了调节社会分配、促进社会流动的功能，许多社会成员通过接受教育改变了一生的命运，国内外多项研究表明，从1980年代末期至2000年代中期，教育收益率都为正，即人们的受教育水平越高，工资收入水平越高。② 对于中国教育服务现状，总体社会评价是好的，根据中国教育科学研究院联合清华大学媒介调查实验室于2011年8月~10月实施的全国教育满意度调查，78.3%的公众对当前教育发展情况的满意度评价较高，其中10.9%表示非常满意，32.4%表示比较满意，35.0%表示满意。社会公众最满意的是“义务教育不收学费”，其次是“增加对贫困家庭学生的资助”“学校越来越漂亮”和“孩子在学校学到的东西越来越多”。③ 中国社会科学院财经战略研究院《中国公共财政建设报告》（全国版）对九项公共服务的满意度研究显示，2007报告年度，社会公众对义务教育的满意度位列九项公共服务的第四位，从2008报告年度开始，连续五个年度对义务教育的满意度在九项公共服务中排名第一。

不过，在过去几十年里，尽管教育事业总体上向好的方向发展，但是对教育服务与社会公平的关系在认识和实践上都经历了曲折的历程。计划经济时

① 《中国大学冲刺世界一流　13校91个学科跻身世界百强》，《人民日报》（海外版）2013年8月13日。

② 丁小浩、余秋梅、于洪霞：《教育收益率及其变化研究》，《教育发展研究》2012年第11期。

③ 中国教育科学研究院：《全国教育满意度调查报告》，http://www.nies.net.cn/zy/wjdc/201201/t20120110_37090.html，2012年1月10日。

期，教育服务具有很强的福利性，受教育者通常享受免费教育或者只付出极低的成本。城镇提供的普通学历教育服务与职工技能培训服务，均属于国家公共福利，在统收统支的财政体制下，企业和单位提供的学校教育服务事实上也属于国家福利教育，农村教育体系则是在国家支持下由乡村集体举办的集体福利。[①] 改革开放以后的一段时期里，为多渠道筹措教育经费，实行了国家、社会、家庭分担教育成本的机制，从20世纪80年代中期开始，高等学校实行公费生、自费生、委培生制度，对一部分计划外的学生实行收费。与此同时，逐步发展各种形式的社会力量办学，突破了单一的公办教育体制。20世纪90年代中期，非义务教育阶段实行收费制度，高等学校实行收费并轨，统一按教育成本的一定比例收取学费和住宿费，义务教育阶段的公立学校收取少量杂费，从而逐步确立了政府财政性教育经费、社会团体和公民个人办学经费、社会集资、学杂费、其他收入等多种渠道并存的教育筹资局面。这一时期，围绕应对亚洲金融危机、扩大内需的政策目标，在理论界和实际工作部门中不断占据优势的“教育产业化”观念进一步弱化了政府的投入责任。应该说，成本分担机制和其他非政府渠道收入的增加，客观上为教育事业快速发展提供了财力支持，支撑了世纪之交普及义务教育和高等教育大众化的两次超前发展，一定程度上改善了教育服务的效率。但是，超常快速增长的教育收费超越了城乡居民的支付能力，逐渐成为社会人群沉重的经济负担，尽管同时期也出台了一些学生资助政策，但统一的贫困学生资助制度长期缺失，一度造成大量学龄儿童少年因贫困而失学。[②] 同时期开展的财税体制改革进一步导致财权和事权的不一致，造成城乡、区域教育投入很不平衡，基础教育的投入和管理重心过低，政府对农村教育的投入责任长期缺位，“人民教育人民办”事实上成为“农村教育农民办”。由于历史、自然条件，经济发展水平等原因，特别是在“重点发展”“梯度发展”的政策导向下，区域内部形成了教育资源优先向重点学校倾斜的制度，重点小学、中学、大学是财政性教育经费的重点拨款对象，而非重

① 郑功成:《从福利教育走向混合型的多元教育体系——中国的教育福利与人力资本投资》,《清华大学教育研究》2004年第5期。

② 国家教育发展研究中心在1994～1995年进行的一项大型义务教育专项调查表明贫困地区儿童失学的首要原因是家庭贫困。

点学校的办学条件长期得不到改善。这一时期，教育服务公平性、公益性不断弱化与教育事业的快速发展形成了鲜明对比，而且进一步导致了择校难、中小学生课业负担过重、教育乱收费等问题，社会反映十分强烈。

转机出现在21世纪初，2003年召开的全国农村教育工作会议要求把农村教育摆在重中之重的战略地位，之后，通过全面免除农村义务教育学杂费，将义务教育全面纳入各级政府财政保障的范围，实现了完全意义上的免费义务教育，成为改革开放以来在教育公平方面取得的最重要的成就。在义务教育经费保障新机制确立后，国家对把促进教育公平作为国家基本教育政策的意识更为明确和坚定。十多年来，在促进教育公平方面取得了积极进展，教育的社会保障属性明显增强。

第一，财政性教育经费投入极大增加。1993年，《中国教育改革和发展纲要》提出了“逐步提高国家财政性教育经费支出占国民生产总值的比例，本世纪末达到百分之四”的目标。由于各种原因，这个目标未能如期实现。2010年，《教育规划纲要》进一步明确提出“提高国家财政性教育经费支出占国内生产总值的比例，2012年达到4%”。两年多来，通过提高财政教育支出占公共财政支出比重、拓宽财政性经费来源渠道、督促各地落实财政教育投入，2012年国家财政性教育经费支出21994亿元，占GDP比例首次超过4%。

2002～2010年国家财政性教育经费占GDP比例如图1所示。

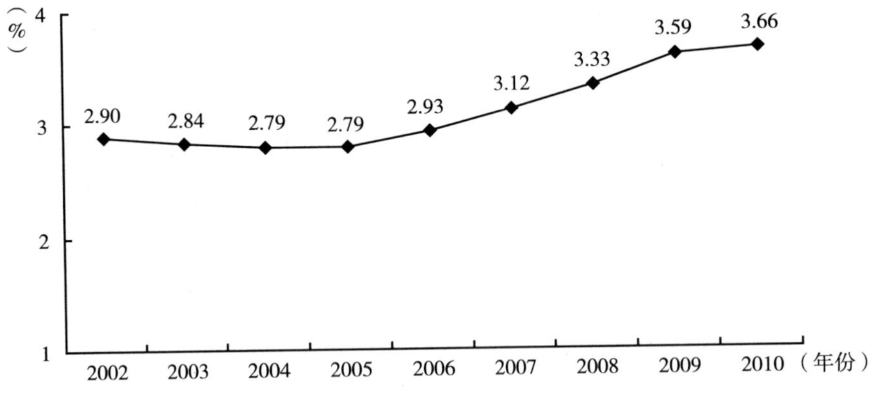

图1　2002～2010年国家财政性教育经费占GDP比例

资料来源：袁贵仁主编《百年大计　教育为本——党的十六大以来教育事业改革发展回顾》，人民出版社，2012，第297页。

第二，农村地区、边远贫困地区、民族地区教育事业得到明显加强。通过实施一系列重大工程项目，农村学校办学条件得到了很大改善，通过深入实施师范生免费教育政策、中小学教师国家级培训计划、边远艰苦地区农村学校教师周转宿舍建设等，农村教师整体素质和农村教师地位待遇显著提高，全国农村小学大专及以上学历、初中本科及以上学历教师比例分别达到2011年的78.6%、62.8%的历史最好水平。加大对中西部地区教育的政策倾斜力度，加强东中西部的教育协作，实施对口支援西部地区高等学校计划、支援中西部地区招生协作计划，扎实推进教育援疆、教育支援西藏和四省藏区工作，西部和民族地区的主要教育发展指标与全国平均水平差距正在缩小。

第三，义务教育全面实现免费，均衡发展深入推进。2005～2006年，建立了中央和地方分项目、按比例分担的农村义务教育经费保障新机制，全部免除农村义务教育阶段学生学杂费，政府还补助学校公用经费、维修改造校舍、免费提供教科书、补助寄宿生生活费等，据统计，政策实施当年就有近20万名因贫困辍学学生返回学校。[①] 2008年进一步免除城市义务教育学杂费，从而把义务教育全面纳入国家财政保障范围，实现了真正意义上的免费义务教育。2005年，教育部明确提出要把均衡发展作为实现“两基”之后义务教育发展的一项重要任务，以遏制城乡之间、区域之间和校际之间教育差距扩大的势头，各地在推进义务教育均衡发展方面出了很多真招实招，积累了很好的经验。

第四，进城务工人员随迁子女、农村留守儿童和残疾人等特殊群体接受教育的权利得到较好保障。2003年，国务院明确了“以输入地政府管理为主、以全日制公办中小学为主”的政策，督促各地接收进城务工人员随迁子女接受义务教育，同时建立中央财政对解决随迁子女接受义务教育较好的地区实行奖补的机制，2012年，全国义务教育阶段在校随迁子女1394万人，约80%在公办学校就读，随迁子女在流入地接受义务教育问题初步解决。同时，加快寄宿制学校建设，满足留守儿童住宿需求，积极构建政府、社区、

① 袁贵仁主编《百年大计　教育为本——党的十六大以来教育事业改革发展回顾》，人民出版社，2012，第112页。

学校、家庭多方联动的留守儿童教育与管理服务网络。修订《残疾人教育条例》，健全特殊教育保障机制，目前，有超过一半的残疾学生在普通学校随班就读，一个学校教育、家庭教育与社会教育相配合的残疾人教育体系正在形成。

第五，职业教育快速发展。2002、2005 年，国务院两次召开全国职业教育工作会议，颁布了两个大力发展职业教育的决定，强调把发展职业教育作为经济社会发展的重要基础和教育工作的战略重点，中等和高等职业院校招生人数从 2002 年的 565 万人增加到 2012 年的 1134 万人，基本上翻了一番，职业院校教师学历水平、职务（职称）结构大幅改善，“双师型”教师队伍建设取得明显进展，职业教育在办学上以服务为宗旨、以就业为导向，与促进就业、消除贫困紧密结合起来，面向社会、面向市场，近年来，平均每年有近千万获得中等以上技术技能的毕业生进入就业市场，职业院校毕业生一直保持较高就业率，起薪水平也体现出较为明显的比较优势。

第六，家庭经济困难学生上学基本得到保障。在义务教育经费保障新机制确立后，国家及时将学生资助体系建设的重点转移到非义务教育阶段，经过几年攻坚，目前已建立起完整的覆盖学前教育至研究生教育阶段的国家资助政策体系。普通高中阶段，以国家助学金为主体、学校减免学费等为补充；在中等职业教育阶段，以国家助学金和国家免学费为主，顶岗实习、学校奖学金和减免学费等为辅；在高等教育阶段，形成国家奖学金、国家励志奖学金、国家助学金、研究生普通奖学金、地方政府奖助学金、国家助学贷款、基层就业学费补偿贷款代偿、应征入伍服义务兵役学费补偿贷款代偿、校内奖助学金、校内无息借款、勤工助学、特殊困难补助、伙食补贴、减免学费等多元混合资助的体系。同时，建立“绿色通道”制度，确保家庭经济困难新生顺利入学，并在中央部属师范院校实行免费师范生政策。[①]

总的来看，相比较前一段时间在教育领域过度强调产业化、商品化、市场化导向，现在更强调基本公共教育服务的均等化，方向是正确的。《国家基本

① 袁贵仁主编《百年大计　教育为本——党的十六大以来教育事业改革发展回顾》，人民出版社，2012，第 74～75 页。

公共服务体系“十二五”规划》提出“十二五”期间，政府将提供免费的九年义务教育和各级各类教育资助等基本公共服务，将教育服务纳入基本公共服务的范畴，进一步明确教育服务的社会保障属性，为实现基本公共教育服务均等化指明了发展方向。

三　当前教育服务的突出问题和挑战

应当看到，中国教育服务体系还不健全，教育自身还存在许多矛盾和问题，这些形成了社会高度关切的民生热点、难点。近些年来，人民群众对教育的期盼越来越高，发展中的一些新趋势也对教育提出了新的挑战，教育改革发展的任务紧迫而艰巨。

（一）教育体系还不完善，还有一些薄弱环节和短板

由于各方面因素的制约，中国学前教育历史欠账较多，很长时间以来，幼儿园、托儿所都是作为社会福利机构看待，没有完全进入国民教育体系，大多数农村不设幼儿园，城市里也只有一些机关企业办的幼儿园，进入 21 世纪以来，入园难问题日益突出，2010 年以来，尽管通过实施学前教育三年行动计划，“入园难”得到了一定缓解，但学前教育资源总体上还不足，中西部农村学前教育尤其薄弱。在特殊教育方面，残疾儿童义务教育入学率明显低于普通儿童，辍学率高于普通儿童，还有很多残疾儿童不能在普通学校随班就读。政府对学历教育、全日制教育比较重视，而对非学历教育、非全日制教育（如职业技术教育、继续教育）未给予应有的支持，社会“唯学历是举”的评价机制和用人模式仍很严重，各种非正规教育服务发展很不充分。① 此外，在教育体系内部，普通教育、职业教育、继续教育之间，不同层次教育之间，尚未建立起顺畅的横向沟通和纵向衔接的机制，个人在不同时间、不同渠道接受的学习成果不能有效地转换、积累和认证，导致升学与成才路径单一，难以满足社会成员多样化、终身化的学习需求。

① 第六战略专题调研组：《继续教育发展战略研究》，《教育研究》2010 年第 7 期。

（二）区域、城乡、校际之间的教育发展差距还较大

一是区域间教育发展差距大。越是经济欠发达地区，教育的公共投入反而越少，目前东部经济发达地区已经基本普及从学前到高中阶段教育，而中西部欠发达地区尤其是边远贫困地区以及民族地区，财政自给率低，教育投入稳定增长机制尚未形成，普遍办学条件落后，在一些自然条件恶劣的地区，贫困发生率高，学生居住分散，信息相对闭塞，社会传统习俗观念深厚，群众受教育观念落后，控辍保学和巩固普及成果的压力很大。二是城乡间教育发展差距大。城乡间生均拨款、办学条件、师资水平差距依然存在，根本改变农村教育的落后面貌还需要较长的时间。随着农村学龄人口减少、农村劳动力向城市流动、农村居民对高质量教育需求的提高，农村生源进一步减少，农村教师队伍不稳定，加上不合理的布局调整，一些农村学校日益凋敝，很令人担心。在快速城市化过程中，还出现了学生上学路程普遍较远、上学交通安全存在隐患、寄宿制学校办学条件不到位、进城务工人员子女和留守儿童教育等新问题，[①]最近出现的校车事件、上学远现象、贵州流浪儿童事件等集中反映了这方面的情况。三是学校间发展差距大。在区域内部，尽管《义务教育法》有关于免试、就近入学的规定，但由于学校之间的差距短期内很难完全改变，重点校长期积累的名牌效应仍然存在，而城市家庭对子女接受更高质量教育的愿望越来越强烈，导致一些地方城镇“大班额”问题严重，大中城市以钱择校、以权择校、以优择校广泛存在，符合免试、就近入学原则的电脑派位方式呈现萎缩趋势。学生在择校中牺牲了身心健康，广大家长在择校中“各显神通”，强化了寻租行为，败坏了社会风气。基于此，择校问题成为《国家中长期教育改革和发展规划纲要（2010—2020年）》向社会征求意见时公众最关注的问题之一。

（三）教育质量总体上还不高

经过几十年的发展，中国教育虽然很“大”，但还“不强”，质量总体上

---

① 刘利民：《城镇化背景下的农村义务教育》，《求是》2012年第23期。

还不高，不能适应人民群众对优质教育的需求，也使社会成员通过接受教育改善自身命运的民生作用受到制约，突出的体现在职业教育和高等教育方面。

职业教育缺乏吸引力。近年来，职业教育快速发展，但是制约职业教育发展的深层次问题还没有根本解决，职业教育总体上还处在依靠低成本、规模扩张谋求发展的阶段，办学特色不鲜明，人才培养模式滞后，专业设置和教学内容与就业需求联系不紧密，难以保障毕业生就业、就好业，加上职业资格准入制度不完善，重知识、轻技能等传统观念的影响，技能型人才的社会地位和收入不高，因而在现实中，多数学生不愿意主动报考职业学校，甚至出现抵触情绪。一些地区职业学校招生人数被认为包含水分等，社会公众从所见所闻中得出的直观感受是只有学业失败者、社会地位低下者以及经济能力不足者才会选择读职业学校，职业教育被根深蒂固地贴上“次等教育”“二流教育”的标签，再加上个别学校的虚假宣传和承诺、违规办学等行为，进一步降低了职业教育的吸引力。

高等教育质量不高。改革开放以来，高等教育总体处于稳定发展态势，但高等教育总的质量还不高，高等学校在高水平学科、科技创新能力、拔尖创新人才培养、制度建设等方面与世界一流大学相比仍存在明显不足，人才培养质量不适应经济社会发展需要，创新型、实用型、复合型等紧缺人才培养不足，毕业生在批判性思维和独立思维能力方面，在创新精神和实践能力方面，在对经济和科技发展的适应性和灵活性方面，与一些发达国家的毕业生相比还有相当的差距。[①] 教师队伍整体实力不强，尤其缺乏领军人才，学术不端行为屡屡发生。高等教育的层次结构、学科专业结构不合理，部分高校应用学科体系与行业产业需求存在较大差距，许多学校定位不清，一些高校盲目设置学科专业，追逐综合化办学，千校一面，缺乏办学特色，总的来看，还没有建立起与数量扩张相协调、适应大众化发展的高等教育结构。

（四）素质教育推进困难

素质教育是相对于应试教育提出的教育观念，它要求着力培养学生的社会责任感、创新精神和实践能力，要求教育活动要面向全体学生而不是只面向部

① 闵维方：《教育在转变经济增长方式中的作用》，《北京大学教育评论》2013 年第 2 期。

分优异学生，要促进学生德、智、体、美全面发展而不只是促进智育方面的发展，这些思想无疑是非常深刻的、正确的，是教育服务活动必须遵循的重要原则。1999 年中共中央国务院颁布了《关于深化教育改革全面推进素质教育的决定》，首次对实施素质教育做出了全面部署，十多年来，素质教育在观念上已经深入人心，然而在实践中，应试教育仍然扎扎实实，进一步导致了幼儿教育小学化、中小学生课业负担过重等问题，严重损害了学生的健康成长，导致教育的扭曲。总的来看，各级各类教育活动的观念仍相对落后，内容方法比较陈旧，培养的学生适应社会和就业、创业能力不强，教育进展国际评估组织对 21 个国家进行的调查显示，中国孩子的计算能力排名世界第一，想象力却排名倒数第一，创造力排名倒数第五；在中小学生中，认为自己有好奇心和想象力的只占 4.7%，而希望培养想象力和创造力的只占 14.9%。①

（五）教育体制改革还没有实质性进展

改革开放以来，中国对教育体制进行了一系列改革，在教育管理体制、教育经费投入体制、办学体制、教育督导评估体制、现代学校制度等方面取得了积极进展，促进了教育事业发展，激发了教育活力。② 但从总体上看，中国教育体制还带有深刻的计划经济体制特征，在一些重点领域和关键环节上还没有实质性的改革进展。政府职能尚未根本转变，政府对学校管得过多过细，各级各类学校特别是高等学校办学自主权没有完全落实，内部治理结构以及外部监督机制尚未建立，有的行政化倾向严重。中央与地方、各部门之间教育管理职责权限交叉，教育行政部门统筹教育事业的权限不足，省级政府对区域内教育统筹不够。民办教育发展不够充分，一些基础性制度还没有建立以来，部分公办学校缺乏办学活力。考试招生是最关键的教育体制改革，现行统一招生录取制度尽管具有管理效率高、整齐划一、公信度高、操作相对简单等优点，③ 但也存在较多弊端，主要是偏重于用单一标准评价和选拔学生，过于侧重学科知

---

① 耿银平：《“不适应”给教育改革添动力》，《光明日报》2013 年 4 月 10 日。

② 范文曜、王烽：《体制机制创新推进教育跨越发展——改革开放 30 年的教育体制改革》，《复旦教育论坛》2008 年第 6 期。

③ 王烽：《高校招生“综合评价”的价值导向和制度建构》，《北京大学教育评论》2013 年第 1 期。

识，忽视对多种形式学习成果和能力水平的认定，难以有效引导学生德、智、体、美全面发展和个性潜能发挥，没有充分体现学生选择权和学校自主权，不能很好适应全民学习、终身学习的多样化需求，事实上，当前素质教育难以实施、学生课业负担重等问题都与之密切相关。

综合起来看，中国教育存在的问题仍然不少，而且社会高度关切，每年两会期间，教育都是公众最关注的热点问题，这也反映了教育问题的复杂性和艰巨性。同时，国情继续深刻变化，经济社会发展呈现一系列新的阶段性特征，也对教育提出了新的要求和新的挑战。

第一，人民群众对高质量、多层次、个性化的教育需求与有限优质教育资源之间的矛盾日益突出。随着城乡居民收入水平不断提高，消费结构加快转型升级，人民群众提高生活质量、追求个人幸福迫切需要享受更高质量的教育，因此在“有学上”的问题解决之后，又面临“上好学”的问题。随着社会主义市场经济深入发展、社会利益格局不断分化，人民群众对多层次、个性化的教育需求持续快速增长，表现在中小学生课外辅导需求旺盛、择校费成为普遍现象、出国留学出现低龄化趋势等。[①] 教育是人民群众最关心、最直接、最现实的利益问题，是社会显示度极高的社会服务，其结果可衡量、群众能感知。尽管大多数人可能不懂得启发式、探究式、讨论式、参与式教学等概念，但是他们有能力、有智慧对教育服务做出自己的判断，社会的高度期盼对教育发展提出了相当苛刻的要求。同时也要看到，我国仍然处于社会主义初级阶段，人口多，发展不平衡，受经济社会发展水平的较强约束，优质教育资源非常短缺，短时期里不能充分满足人民对教育特别是对高水平教育的需求，也难以统筹兼顾不同人群对教育的个性化需求。

第二，解决现阶段发展瓶颈和突出矛盾对教育提出新的更高要求。经过多年经济高速增长，我国已经进入中上等收入国家行列，但是人口多、底子薄、发展不平衡的基本国情并没有改变，中国仍然是一个发展中国家。[②] 国际经验

① 中国（海南）改革发展研究院课题组：《“十二五”教育公共服务体系建设：突出矛盾与主要任务》，《中国教育学刊》2011 年第 1 期。

② 刘世锦、张军扩、侯永志、卓贤：《如何正确认识在中国发展中国家身份上的争议》，《中国发展观察》2011 年第 1 期。

表明，在这一阶段，由于实现从“中等收入”国家向“高收入”国家转变的条件和环境与过去相比都将发生变化，原来的发展方式难以解决发展过程中所积累的矛盾，如果不能适时调整政策，就会掉进“中等收入陷阱”中，徘徊不前。面对新情况，党和国家提出了以加快转变经济发展方式为主线，推动经济社会全面、协调、可持续发展的重大战略，由于教育的基础性、先导性和战略性特点，不论是实现从投资驱动向创新驱动的转变，促进产业结构升级，还是实现扩大内需的增长模式，抑或解决经济体制转变过程中的突出社会矛盾，教育都具有不可替代的重要作用。① 未来一个时期教育将承担着促进公平、提高质量和改善效率的多重责任，② 对教育发展的全面性、协调性、可持续性提出了新的要求。

第三，快速城镇化对现行教育管理方式提出了严峻挑战，出现了许多新情况、新问题。在快速城镇化过程中，劳动力和社会成员在城乡之间频繁流动并逐步向城镇聚集的特征更加明显，而且将会持续相当长一段时间。人口频繁流动与教育属地化管理体制之间存在深刻的矛盾，教育的属地化投入与管理并不利于当地政府对流动人口子女的教育投入，因为财政投入与教育绩效都不把流动人口子女教育纳入考核范围，尽管近些年来在流动人口子女接受义务教育方面做出了很大的努力，但紧接着又有接受义务教育后在当地参加升学考试、接受更高一级教育的问题。总的来看，流动人口子女特别是农民工子女求学成本过高，受教育机会仍然很有限，而且质量较差。在流入地公办学校就读的农民工子女面临一系列学习、心理等压力，教育效果并不理想，而由此导致的新一代农民工就业技能差，已经成为制约他们在城镇寻找稳定工作、长期扎根城市、实现市民化的重要因素，③ 这也是当前中国城镇化质量不高或者“半城市化”的重要表现。同时，人口在城乡间的频繁流动还带来留守儿童问题，由于父母不在身边，亲情缺失，这些孩子在安全、学习、情感等方面存在不少问

① 闵维方：《教育在转变经济增长方式中的作用》，《北京大学教育评论》2013 年第 2 期。

② 高书国：《中等收入阶段教育供求关系变化及其特点分析》，《国家教育行政学院学报》2010 年第 4 期。

③ 王延中：《中国社会福利制度的发展及其对城市化的影响》（下），《中国社会科学院研究生院学报》2010 年第 3 期。

题，并且短期内难以解决。

第四，激烈的国际竞争对中国教育事业发展形成巨大压力。不断扩大对外开放、深入参与全球化进程，迫切需要具有世界水平的现代教育体系作为依托，当前，发达国家在教育与人力资源开发中的优势地位没有根本改变，中国面临更加激烈的教育与人才竞争压力。特别是2008年国际金融危机后，世界各主要国家把发展教育作为重要的国家战略，纷纷增加公共教育投入，加大人才培养与储备力度，极力保持和加强本国的教育和人才竞争优势。比如美国提出到2020年实现大学毕业生比例重返世界第一的目标。日本重新提出“教育立国”口号，强调要以全社会力量实现教育振兴。俄罗斯提出要培养公民的创造性和终身学习能力，服务于知识经济发展。印度提出到2020年让每一个愿意就读高等教育的学生均有机会学习大学阶段课程。随着经济全球化和知识经济的深入发展，国家间教育服务贸易的领域和范围将会进一步扩展，由于我国对境外消费的教育服务承诺未做任何限制，近年来境外教育消费趋于低龄化，留学呈现多学科、低龄化的趋势，而且不再停留在高等教育阶段，① 预计发达国家通过吸引留学生争取中国生源市场的竞争将会更加激烈，其造成的生源与人才外流将对国内教育体系提出严峻挑战。尽管我国对跨境交付方式下的市场准入和国民待遇均未做承诺，但是发达国家的优质教育资源仍然可以通过网络绕过现有的管理体制，面向中国公民提供服务。至于中外合作办学和自然人流动，在WTO深入发展的背景下，将会出现许多新情况、新问题，从而对政府监管提出新的挑战。②

四　进一步改善教育服务的思考和建议

党的十七大报告明确提出了学有所教、劳有所得、病有所医、老有所养、住有所居的目标，并把它作为改善民生和建设和谐社会的基本内容，党的十八大报告要求在这些方面持续取得新进展。与以前的社会保障制度建设相比，这

---

① 徐广宇：《试论WTO背景下的国家教育主权问题》，《教育研究》2002年第8期。

② 单大圣：《中国入世以来教育事业的发展》，《世界教育信息》2013年第8期。

些目标的内涵更丰富、更全面，实际上提出了建立和发展现代社会福利体系的新构想。习近平总书记在十八届中央政治局常委见面会上的讲话中指出，“我们的人民热爱生活，期盼有更好的教育、更稳定的工作、更满意的收入、更可靠的社会保障、更高水平的医疗卫生服务、更舒适的居住条件、更优美的环境，期盼着孩子们能成长得更好、工作得更好、生活得更好”。进一步对新型社会福利体系的愿景作了形象描述。

“更好的教育”是人民的期盼，也就是教育改革发展的目标。笔者认为，“更好的教育”应该具有以下内涵：一是更加公平的教育。首先要做到教育制度规则公平，依法治教、依法治校；其次要保障公民依法享有接受良好教育的机会，缩小区域、城乡、校际差距，实现基本公共教育服务均等化，保障家庭经济困难子女、进城务工人员子女、留守儿童、残疾人等特殊人群平等地接受教育。二是更高质量的教育。衡量教育质量的根本标准是促进人的全面发展、适应社会需要，更高质量的教育就是优质教育资源总量不断扩大，学生的思想道德素质、科学文化素质明显提高，各类人才服务国家、服务人民和参与国际竞争的能力显著增强。三是更为丰富的教育。就是提供充足的教育资源，最大限度地满足人民群众的教育需求，推进各级各类教育纵向衔接、横向沟通，社会全体成员参与学习的机会极大丰富，实现人人皆学、时时能学、处处可学。四是更有活力的教育。就是遵循教育规律，合理配置教育资源，科学评价学校和教师，办好每一所学校，教好每一位学生。学校要办出特色，办出水平，教师要尊重学生，让每一位学生得到最适合于他（她）的教育，潜能和个性得到充分发展。五是全面协调可持续的教育。就是教育与经济社会的协调发展，各级各类教育之间的协调发展，教育的规模、效益、结构、质量之间的协调发展，统筹教育的发展、改革与稳定，教育优先发展战略地位得到落实，现代国民教育体系更加完善，终身教育体系基本形成，充满活力、富有效率的教育体制机制建成等。按照上述要求，建设“更好的教育”，必须加快改革发展，进一步改善教育服务，切实保障人民群众的受教育权利。

（一）加快完善现代教育体系

围绕确保全体人民学有所教的目标，加快完善现代国民教育体系，加快构建体系完备的终身教育。首先，要继续加快各级各类教育事业发展，继续扩大学前教育资源，加强幼儿教师队伍建设，加快普及学前教育，从根本上缓解“入园难”；巩固提高九年义务教育水平，普及高中阶段教育特别是加快推进贫困地区和民族地区普及高中阶段教育；继续提高高等教育大众化水平。当前，广大社会成员对学校教育后的继续学习有强烈的需求，特别是随着消费结构升级，丰富精神生活和提高生活质量的社会教育需求正在持续增大，现代信息技术发展使教育能够突破时空限制，为学习者提供灵活方便的学习方式，需要面向广大社会成员大力发展各种形式的继续教育。①

其次，应增强教育体系的灵活性和开放性，学校教育要从制度上更加向社会开放，建立更加灵活的入学制度、培养制度、学分制度等，促进学历教育和非学历教育协调发展，职业教育和普通教育相互沟通，职前教育和职后教育有效衔接，加快建成途径多样、纵横相通的人才成长“立交桥”，其中关键要建立各类学习成果认定和转换机制。一是建立学分转换机制。建立学校之间学分互认和转换机制，促进教育资源共享，方便学生选择和学习过程的衔接。建立各类继续教育学分积累和转换的“学分银行”制度，推进普通教育、职业教育、继续教育、自学考试之间的学分积累与转换。二是建立实践经历认定机制。逐步建立工作实践经历与教育学分的认定转换机制，为进入更高级学习阶段或者获得学历文凭、职业资格提供凭证。三是探索学习成果认定制度。国家委托学历教育和学位授予机构，对各类教育机构提供的教育服务、学习者通过网络学习等多种形式途径积累的学习成果进行评审认定。探索建立“微学历”制度，根据学习进程和学习成果，认定模块化学习单元。探索建立基于能力等级、学历资格与职业资格相并行和对应的资格框架。

（二）建立财政教育投入稳定增长机制，增强投入的公平性

教育投入是发展教育事业的重要物质基础，基于教育的公共属性，教育经费以政府投入为主，既是世界上主要发达国家的普遍做法，也是我国历史与国情所决定的。其中，义务教育应全面纳入财政保障范围，实行国务院和地方各

---

① 第六战略专题调研组：《继续教育发展战略研究》，《教育研究》2010 年第 7 期。

级人民政府根据职责共同负担、省级政府负责统筹落实的投入体制，非义务教育可实行以政府投入为主、受教育者合理分担、其他多种渠道筹措经费的投入机制。2012 年财政性教育经费支出占 GDP 的比例达到 4% 的目标的实现是中国教育史上的里程碑，来之不易，未来中国发展教育事业，仍然需要加大公共财政对教育的投入。同时也要看到，当前“4% 目标”较多的是靠一定历史时期里行政力量的强力推动、各级政府的层层落实实现的，成绩还很脆弱，各地进展不平衡，特别是一些欠发达地区，财政支出压力很大，容易反弹。要在已有成绩的基础上，推动教育经费筹集和管理朝着制度化、科学化方向发展，建立财政教育投入稳定增长机制。一是要切实落实《教育法》有关规定，各地财政支出总额中教育经费所占比例应当随着国民经济的发展逐步提高，保证教育财政拨款的增长高于财政经常性收入的增长，使在校学生的平均教育费用逐步增长，保证教师工资和学生人均公用经费逐步增长。二是制定好各级各类教育投入标准，标准是投入的依据，要研究制定学校办学基本标准，制定和完善各级各类教育生均经费标准和生均财政拨款标准，并建立稳定增长机制。三是建立对地方政府财政教育投入的常态监测机制，加强问责，督促地方政府加大财政投入。

为保证公平分配，应合理选择财政教育投入的分配方向和重点。根据当前的实际情况，财政教育经费的投入重点应集中在以下方面。一是公共教育投入向农村地区、边远贫困地区、民族地区倾斜，中央财政加大对老少边穷地区和民族地区教育的转移支付力度，加大支持集中连片特困地区、西藏、新疆和其他民族地区发展力度，扶持人口较少民族教育事业发展，加强省级政府对区域内教育的统筹力度，增强县级政府提供基本公共教育服务财力保障。二是公共教育投入向学前教育、职业教育等薄弱环节倾斜。实施好国家学前教育重大项目，努力扩大中西部地区和农村地区学前教育资源，各级政府尽快扭转财政性学前教育经费投入不足的局面，顺应人民群众通过接受职业教育提高技能、改变命运的美好愿望，进一步加大职业教育投入，增强职业教育吸引力。三是扶持特殊困难学生入学。要继续加大对家庭经济困难学生的资助力度，继续扩大资助范围，扩展资助领域，提高资助标准，继续解决好进城务工人员随迁子女在城市接受各级各类教育和农村留守儿童上学问题，切实保障残疾人受教育权利。四是加强教师队伍建设。加强对教师的培养、培训，重点关注幼儿教师、农村义务教育教师、职业学校“双师型”教师、高等学校中青年教师等，提高教师的地位待遇，使教师成为全社会更受尊敬、更令人向往的职业。

（三）促进各级各类教育入学机会公平

教育公平的关键是机会公平，让入学机会在区域、城乡、阶层之间分配更加公平，重点是促进义务教育均衡发展，保障公民依法享有受教育的权利。

一是促进义务教育均衡发展。义务教育是各级各类教育中年限最长的阶段，是国民素质提高的起点，在这一阶段接受到的教育，对个人成长具有基础性、决定性意义，从社会公平的理念出发，在义务教育阶段向全民提供公平可及、大致均等的基本公共服务，是制度本身的应有之义。对义务教育均衡发展，大多数人是认同的，但也有少数人认为均衡发展超越了发展阶段，有的人认为均衡发展就是“削峰填谷”，搞平均主义，会导致义务教育整体水平的下降，[①] 不少地方在片面追求政绩观的支配下总是自觉不自觉地热衷于在义务教育阶段搞重点校、示范校，以提高当地教育的显示度，从而与均衡发展的精神背道而驰。应当看到，推进城乡区域协调发展、促进基本公共服务均等化已是国家明确的政策导向，均衡发展并没有超越发展阶段，也不是“削峰填谷”，不是以限制或者削弱优质学校发展为代价来加强薄弱学校建设，而是抬高“底部”，实现优质均衡。均衡发展也不是追求千校一面，而是要在推进均衡发展的同时鼓励学校办出特色，加强内涵建设。日本、韩国等国长期实行义务教育“平准化”政策，没有薄弱学校和优质学校的区分，因此均衡发展并不是遥不可及的目标。现阶段，每个地区、每所学校都应该牢固树立义务教育均衡发展的理念，再也不能片面地将个别学校的超常发展作为本地区、本学校的政绩，而应该将义务教育发展的均衡性作为第一政绩。义务教育均衡发展的内涵丰富，基本目标是每一所学校符合国家办学标准，办学经费得到保障。教育资源满足学校教育教学需要，开齐国家规定课程。教师配置更加合理，提高教师整体素质。学校班额符合国家规定标准，消除“大班额”现象。[②] 在义务教

① 王定华：《关于我国义务教育均衡发展之审视》，《中国教育学刊》2010 年第 4 期。

② 《国务院关于深入推进义务教育均衡发展的意见》（国发〔2012〕48 号），http：//www. moe. edu. cn/publicfiles/business/htmlfiles/moe/moe_ 1778/201209/141773. html，2012 年 9 月 5 日。

育均衡发展中，办学条件的均衡是基础，生源的均衡是突破，师资的均衡是关键。[1]《教育规划纲要》要求推进义务教育学校标准化建设，均衡配置教师、设备、图书、校舍等资源，并组织实施义务教育学校标准化建设的重大项目，这是推动均衡发展的基础性工作。从长远来看，还应建立和完善“经费保障机制”“资源共享机制”“师资交流机制”“生源调配机制”“扶贫济弱机制”和“监督评估机制”，形成促进义务教育均衡发展的长效机制。[2]

二是促进高等教育入学机会公平。2012 年中国高等教育毛入学率达到 30%，与几十年前相比，适龄青少年接受高等教育的机会大大增加，但高等教育入学机会在群体之间存在较大差异。目前农村学生高考录取人数所占比例与其报名人数所占比例大体相当，农村学生与城市学生进入普通高校学习的机会基本相同，但上重点高校的比例仍然偏低，[3] 在分省计划招生的体制下，部分高等教育资源相对缺乏、考生数量多、升学压力大的省区高考录取机会明显偏低。有研究表明，来自较高收人家庭的学生比例在全国重点大学（985 高校）比来自较低收入家庭的学生占优势，而在一般高校来自较低收人家庭的学生比例相对高于来自较高收人家庭的学生。[4] 高等教育入学机会差异既有基础教育发展不均衡的原因，也有政策、体制不合理的原因。要完善高等学校招生名额分配方式，通过改进高水平大学招生名额的分配原则，对少数民族学生、残疾学生、农民工子女、农村学生、家庭经济困难学生的入学给予政策倾斜，鼓励高校按照人口自然比例安排少数民族学生招生份额，为农村学生和农民工子女平等就学创造更好条件，落实好国家扶贫定向本科招生专项计划和免费师范生、农村定向免费医学生等招生计划。加强内地高中阶段民族班和高校民族预科教育，本专科招生计划、研究生培养计划向民族地区高校和民族院校倾斜。

---

① 袁贵仁主编《百年大计　教育为本——党的十六大以来教育事业改革发展回顾》，人民出版社，2012，第 121～122 页。

② 汪明：《义务教育均衡发展与若干保障机制——部分地区的政策及实践分析》，《教育发展研究》2005 年第 10 期。

③《积极促进高等教育入学机会公平　逐步提高重点高校招收农村学生比例——教育部有关负责人就贯彻落实 5 月 15 日国务院常务会议精神答记者问》，http：//www.moe.gov.cn/publicfiles/business/htmlfiles/moe/s271/201305/152675.html。

④ 闵维方：《教育在转变经济增长方式中的作用》，《北京大学教育评论》2013 年第 2 期。

建立招生公平动态监测机制，综合运用招生计划、财政拨款等手段予以调控，维护入学机会公平。强化政府职能部门协作机制，推动实施阳光工程，加强国家教育考试安全工作，完善招生程序和规则。

（四）提高职业教育质量，增强职业教育吸引力

在各级各类教育中，职业教育特别是中等职业教育与九年义务教育相衔接，与劳动力市场需求紧密联系，承担着大规模培养高素质劳动者和技能型人才的重要职责，是体现教育惠及民生的重要方面。由于历史、观念及体制等多方面因素的制约，中等职业教育在我们国家经历了一个曲折的发展过程，与普通高中教育相比，其发展更为滞后，非常有必要将高中阶段教育的增量更多的用于支持中等职业教育的发展。实际上，吸引和鼓励完成九年义务教育后的学生选择和报考中等职业学校、优先接受中等职业教育对于促进教育公平、优化教育结构、扩大就业、提高低收入者收入具有直接的效果。

当前发展职业教育，最重要的是要增强职业教育的吸引力，这是非常难的工作，需要多管齐下。一是努力提高职业教育质量。重点要推进产教结合与校企合作，鼓励行业企业参与办学和管理，以此带动专业调整与建设，引导课程设置、教学内容和教学方法改革，促进职业教育与产业行业企业需求的对接，增强职业教育的针对性。要继续加大职业教育投入，改善职业院校办学条件，加强“双师型”教师队伍建设，更多聘请行业企业的专业人才和能工巧匠担任兼职教师，近些年来，国家在职业教育学生资助方面有较多的投入，这当然有必要，但职业教育办学方面也同样需要支持，因为职业教育的成效最终体现在教育教学和人才培养上。二是继续加强学生资助，完善制度机制，让更多低收入家庭子女能够接受职业教育。要在现行资助政策的基础上，按照经济发展程度和学生家庭经济条件等划分不同的资助标准，体现差异性，使资助资金更广、更深地惠及最贫困的学生。目前民族地区、边境地区、西部地区等还有一批初中毕业生不能够接受中等职业教育，而许多城市本地毕业生不能满足所有普高和中职的接纳量，应加强城乡、区域合作，让更多的农村和西部地区学生能够接受优质职业教育，2009 年开始实施的四川省“9 + 3”免费职业教育计划，资助藏区学生在接受完 9 年义务教育后，免费到内地中等职业学校接受职业教

育三年，旨在充分利用、有效整合四川省内地优质职业教育资源，让藏区青少年在内地接受高质量职业教育，这些做法很值得关注。三是拓展中等和高等职业学校毕业生继续深造的途径和渠道。目前职业院校的毕业生的继续学习有在职继续学习和直接升学两个渠道，应根据各地产业发展需求，扩大高等职业学校对口招收中等职业学校毕业生比例，积极推进五年制职业教育模式，开展高职注册入学试点，有计划地开展普通高校对口招收中等职业学校，加快发展继续教育，为中等和高等职业学校毕业生在职继续学习创造条件。四是推进用人制度改革，建立重能力、重贡献的用人制度，提高技能人才的待遇。建立健全就业准入制度和职业资格证书制度，先培训、后就业，保护职业学校合格毕业生的就业机会，全面推进学历文凭和职业资格“双证书”制度，推进学校课程标准与职业技能标准相衔接，大力宣传弘扬“三百六十行，行行出状元”的社会风尚。

（五）引导高等学校办出特色，提高人才培养水平

建设人力资源强国，不仅需要培养数以亿计的高素质劳动者，也要培养数以千万计的专门人才和一大批拔尖创新人才，高等学校是培养专门人才和拔尖创新人才的主体，要立足经济社会发展和人的全面发展需要，更加注重优化学科专业结构和形成办学特色，提高人才培养水平。近年来，中国高等学校正在经历从规模扩张到内涵式发展的历史转折，2012 年教育部颁布的《关于全面提高高等教育质量的若干意见》把提高质量、办出特色作为内涵式发展的根本要求，提出了分类管理、分类指导的思路。大众化阶段的高等教育必然伴随结构的多样化、多层次化，因此每所高等学校都应在高等教育分类体系中确定自己的位置。从学校结构看，中国已经形成了一个层次鲜明的大众化高等教育体系：以部委所属院校和部分地方高校组成的“985 工程”“211 工程高校”，主要培养拔尖创新人才，为国家创新战略服务；其余多数本科院校，主要培养大批高级应用型、复合型人才，为地方经济社会发展服务；部分地方大学和高职高专院校，主要是满足希望并获得入学资格的所有学生的学习要求。[①] 当前应根据

---

① 王烽：《高校招生“综合评价”的价值导向和制度建构》，《北京大学教育评论》2013 年第 1 期。

我国发展阶段的新特征，克服千校一面的弊端，积极引导各高校合理定位、特色发展，鼓励高校根据办学历史、区位优势和资源条件等，确定特色鲜明的办学定位、发展规划、人才培养规格和学科专业设置，促进专业与产业、企业、岗位对接。从人才培养层次和类型结构看，本科教育应大力培养应用型人才、复合型人才，加强紧缺人才特别是新兴学科、交叉学科人才培养；硕士研究生教育应在增加专业学位类别的基础上，不断提高专业学位研究生的比例；博士研究生教育应进一步改革培养机制，提升科研创新能力，大力培养拔尖创新人才，从而使各层次、各类型人才更好地满足社会多样化需求。

要在高校分类的基础上，切实从整体上提高高等教育质量。高等教育具有人才培养、科学研究和社会服务三大职能，但从民生建设的角度来看，高等学校质量和特色的核心仍在于人才培养，必须让学校和教师把更多的时间和精力放到教学和培养学生上来，其中加大教育教学投入、让教授为本科生上课是关键措施，要推进学校常态质量监测、院校评估、专业评估等各种形式的本科教学评估制度。同时，要加强实践教学、生产劳动、社会调查等社会实践活动，探索高等学校与科研院所、行业企业联合培养人才模式，提高学生创新精神和实践能力。

（六）深化教育综合改革，激发教育活力

《教育规划纲要》以人才培养体制、考试招生制度、建设现代学校制度、办学体制、管理体制、扩大教育开放为重点，首次对教育体制改革进行了系统设计。笔者认为，当前和今后一个时期，深化教育体制改革，应当重点抓好以下几个关键环节。

第一，深化考试招生制度改革。考试招生制度是现代教育体系的关键节点，对人才培养具有重要的导向作用。高考恢复后30多年里，考试招生制度改革从未间断，并取得了积极进展，也提供了许多经验教训，而对此的基本认识是：考试招生制度改革并不是一般的考试内容和考试方法的改革，而从根本上说是体制改革。目前考试招生体制最大的弊端是在“统一考试、择优录取”制度下，考试和招生不分，政府职能尚未转变，学校招生自主权没有完全落实，学生选择权没有很好的实现，基于此，改革的总体思路是按照有利于科学

选拔人才、促进学生健康发展、维护社会公平的原则（其中第一位的是有利于科学选拔人才），推进招生与考试相对分离，建立起分类考试、综合评价、多元录取的考试招生制度，形成政府宏观管理、专业机构组织实施、学校依法自主招生、学生多次选择的考试招生体制机制，其中核心是理顺政府、学校、考试机构在考试招生中的关系。我们设想，在考试招生中，政府应主要负责统筹规划、政策引导、监督管理、信息服务、提供招考平台支持等，学校在招生中有对选拔录取标准、统考成绩使用、综合评价方式、招生录取组织、考生录取结果等方面的自主决定权力，考试机构在承担政府和学校委托的考试任务的同时，也可为学校和培养单位提供个性化考试服务。

第二，深化办学体制改革。办学体制改革的目标是推进办学主体和投资主体的多元化，形成公办教育与民办教育共同发展的格局，与改革开放初期教育资源总体不足的教情相比，当前发展民办教育的目的已不单纯是向社会争取更多的教育资金，而是着眼于在政府提供的公共教育产品的基础上，满足人民群众对高质量、有特色、个性化教育的需求，同时促进教育竞争和公办教育变革。当前公立教育体系庞大而且优质资源集中，民办教育发展不够充分，也很不规范，大多还处于低成本扩张的初级阶段，特别是民办学校的法人属性很不清晰，一些基本制度尚未建立起来。下一步应进一步清理并纠正对民办学校的各类歧视政策，落实民办学校与公办学校平等的法律地位，大力支持民办教育发展，创新教育服务提供方式，通过委托、承包、采购等方式购买公共教育服务，同时突破法律对民办教育“非营利”的规定，积极探索营利性和非营利性民办学校分类管理。

第三，深化教育政绩考核机制改革。发展教育事业，提供高质量的教育服务，关键在政府，要把教育发展状况作为各级党委和政府政绩考核的重要内容，完善考核机制和问责制度。其中最关键的是建立一整套可操作的教育政绩评价指标体系，使指标体系的内容和相应的评估督导制度、问责制度相结合，以此引导和督促地方政府推动教育事业科学发展。但是，对教育政绩的评价是非常复杂的工作，过去的评价片面地集中在学校升学率和学生考试成绩上，扭曲了教育的本质，造成了很多问题。全面的教育政绩至少应涉及政府推动教育优先发展，政府履行公共服务职能、构建均等化的基本公共服务体系的努力，政府加强教师队伍建设、提高各级各类学校教育质量、减轻学生负担、促进学生健康发展、培养学生创新精神和实践能力、支持人才培养模式改革创新以及当地公众对教育的满意度等方面的评价。同时要完善相应的教育督导制度和问责制度，各级政府要定期向同级人民代表大会或其常务委员会报告教育工作情况，要将教育发展绩效考核结果纳入行政问责体系，与各级干部考核评价相结合。

需要注意的是，中国教育大而不强，促进教育公平、办好人民满意的教育是一个长期艰巨的历史过程，必须清醒地认识我国国情和发展阶段，努力做到尽力而为，量力而行，把人民群众的教育需求与经济社会发展的实际需求有机结合起来，从人民的整体利益出发，尽量缩小教育实绩与人民需求之间的差距，最大限度地让人民群众满意。①

① 陈金芳、刘巧利、杨一鸣：《解读“办让人民满意的教育”的基本内涵》，《当代教育科学》2006 年第 3 期。

G.6

中国妇女福利与家庭服务

王立剑*

摘　要：

妇女福利和家庭服务是社会福利体系中不可缺少的组成部分。本文在对我国妇女福利事业和家庭服务事业发展现状及相互关系进行梳理的基础上，分析了妇女福利与家庭服务事业发展的制约因素，以及造成妇女福利与家庭服务事业发展滞后的原因，提出发展家庭服务事业提升妇女福利的依据和对策建议。

关键词：

妇女福利　家庭服务

妇女是我国社会主义现代化建设的重要力量，在经济、政治、文化、社会和家庭服务等方面承担着越来越重要的角色。数据显示，我国18~64岁女性在业率为71.1%，工作日女性平均劳动时长为574分钟，高于男性37分钟；2011年，城镇单位女性就业人数达到5227.7万人，比2003年增加了1071.6万人；92.9%的女性关注国内外重大事务，54.1%的女性至少有过一种民主监督行为；20.2%的女性参加过村街社区文体活动；承担家务劳动、照顾老人和儿童的主体仍然是妇女。[①] 但是，妇女在健康、就业、资源占有、收入、参与决策、教育等领域仍面临诸多问题，[②③] 保障妇女的合法权益，促进男女平等

---

* 王立剑，西安交通大学公共政策与管理学院。

① 数据来源：《中国劳动统计年鉴2012》《第三期中国妇女社会地位调查主要数据报告》。

② 张洪林：《论妇联维护妇女权益社会职能的历史变迁与现实理路》，《求索》2012年第1期。

③ Zhou, Jinghao. "Keys to women's liberation in Communist China: A historical overview", *Journal of International Women's Studies*, 2013, 5 (1): 67-77.

仍然是我国全面建设小康社会关键时期所面临的挑战之一。

健全妇女福利和家庭服务体系是落实男女平等的基本国策、保障妇女基本权益的重要社会政策安排。1992 年以来，我国陆续出台了《中华人民共和国妇女权益保障法》《中华人民共和国母婴保健法》《女职工劳动保护规定》《企业职工生育保险试行办法》等法律法规，并制定了《中国妇女发展纲要》，对妇女应当享受的福利待遇予以政策性规定；2009 年以来，商务部、财政部、全国总工会等部门发布的《关于实施“家政服务工程”的通知》《关于“十二五”时期促进家庭服务业发展的指导意见》《关于 2012 年开展家政服务体系建设有关问题的通知》等，鼓励和引导家庭服务业发展，以缓解妇女在家庭服务中承担的责任。尽管我国妇女福利和家庭服务业已经取得了一系列骄人的成绩，对于保护妇女权益、维护社会稳定起到了积极的作用，但是我国妇女福利和家庭服务事业还存在缺乏统一的国家标准，资金投入不足，妇女家庭服务负担过重，福利设施利用程度较低，就业、社保与卫生领域性别歧视现象仍然存在等问题。

面对这些问题，学术界更多地从妇女福利和家庭服务宏观发展战略角度予以探索。①妇女福利是国家和社会为满足妇女生活服务需要并促使其生活质量不断改善而建立的制度或措施。[①] 国内外学者强调社会福利政策应当更多的关注妇女的生活质量、尊严、自由、权力、参与和融合多元的过程。Jie L,[②] Gao Q[③] 等对我国社会福利政策的发展进行了梳理，并提出了我国社会福利发展中的困境；黄桂霞等[④]以三次中国妇女社会地位调查数据为基础，发现改革开放以来我国妇女医疗、养老、就业等各方面福利都有很大改善；熊跃根[⑤]分析了经济改革与社会转型对性别平等与妇女福利的影响，认为中国妇女福利状

① 朱冬梅：《改革开放以来中国妇女社会福利发展及问题》，《中华女子学院山东分院学报》2009 年 4 期。

② Jie L. , Walker A. , “The Big Society in China: A Failed Experiment” *Social Policy and Society*, 2013, 1 (1): 1 – 14.

③ Gao Q. , Evans M. , Garfinkel I. “Social Benefits and Income Inequality in Post-socialist China and Vietnam” Chinese Social Policy in Transition, 2012.

④ 黄桂霞、徐遥君：《改革开放以来中国共产党的妇女福利思想与实践》，《中华女子学院学报》2012 年第 5 期。

⑤ 熊跃根：《中国的社会转型与妇女福利的发展：本土经验及其反思》，《学海》2012 年第 5 期。

况和社会处境的总体改善，不仅有赖于政府社会政策议程的作用，也基于广大妇女与社会组织在社会发展中所扮演的角色；朱冬梅[①]提出提高妇女福利水平就要进一步呼吁在国家福利政策中纳入性别意识，进一步提高社会福利的社会化程度。②家庭服务是指以家庭成员为服务对象所提供的保洁、洗涤、烹饪、护理、看护等服务。[②] A. Dworsky，S. Olin 等[③]对国外儿童、健康、社区等家庭服务进行了梳理；董红亚[④]提出应从理念、组织和法规、资金补贴、服务网建设等方面，鼓励家庭服务业的发展和家庭成员主动提供家庭服务。这些研究成果为研究妇女福利和家庭服务提供了借鉴，但是对于我国妇女福利、家庭服务的最新进展以及两者之间关系的梳理和研究仍需进一步加强。

一　中国妇女福利与家庭服务事业发展现状

1. 中国妇女福利事业的发展现状

（1）中国妇女福利的政策法规

妇女福利是社会福利体系中不可缺少的组成部分。新中国成立以来，妇女的地位、作用、角色发生了重大变化，针对这些变化和妇女生理特征，国家除了出台男女共享的社会福利政策和计划之外，还出台了一系列保障妇女婚姻、就业、健康、生育、教育、收入等权益的社会福利政策法规（见表1）。

---

① 朱冬梅：《改革开放以来中国妇女社会福利发展及问题》，《中华女子学院山东分院学报》2009年第4期。

② 王海江、宋先林、占丰斌：《推进家庭服务业可持续发展——以江西为例》，《中国就业》2012年第7期。

③ A. Dworsky & Wojnaroski，M.，*An evaluation of the Illinois Department of Children and Family Services New Birth Assessment*，Chicago：Chapin Hall at the University of Chicago，2012；S. Olin，Kutash K.，Pollock M.，et al. "Developing Quality Indicators for Family Support Services in Community Team-based Mental Health Care"，*Administration and Policy in Mental Health and Mental Health Services Research*，2013：1－14.

④ 董红亚：《实施与完善家庭服务政策》，《浙江社会科学》2011年第5期。

表 1　新中国成立以来有关妇女福利的部分主要法律法规

时间	出台主体	政策法规名称	妇女福利内容
1950. 4. 13	中央政府	《中华人民共和国婚姻法》	废除包办强迫、男尊女卑、漠视子女利益的封建婚姻制度;实行男女婚姻自由、一夫一妻、男女权利平等、保护妇女和子女合法利益的新婚姻制度
1951. 2. 26	中央政府	《中华人民共和国劳动保险条例》	初步解决工人的生、老、病、死、伤、残等困难,规定女职工的退休年龄及生育福利
1954. 9. 20	一届人大	《中华人民共和国宪法》	中华人民共和国妇女在政治的、经济的、文化的、社会的和家庭的生活各方面享有同男子平等的权利。婚姻、家庭、母亲和儿童受国家的保护
1955. 4. 26	国务院	《关于女工作人员生产假期的通知》	统一规定了女性生产、流产的假期以及假期期间的工资待遇
1955. 6. 1	内务部	《婚姻登记办法》	规定了婚姻登记的程序、离婚的程序,保障妇女的婚姻权
1980. 9. 10	五届人大	《中华人民共和国婚姻法(修改)》	规定关于婚姻的成立和解除,婚姻的效力,特别是夫妻间的权利和义务、计划生育等
1982. 2. 9	国务院	《关于进一步做好计划生育工作的指示》	加强妇幼保健工作,做好孕产期保健、婴幼儿喂养和早期教育等方面的工作
1988. 6. 28	国务院	《女职工劳动保护规定》	规定了妇女经期、怀孕、哺乳期间的福利待遇及不宜承担的工作
1992. 4. 3	七届人大	《中华人民共和国妇女权益保障法》	规定了妇女的政治权利、文化教育权益、劳动权益、财产权益、人身权利、婚姻家庭权益和法律责任
1994. 10. 27	八届人大	《中华人民共和国母婴保健法》	对妇女婚前保健、孕产期保健、技术鉴定、行政管理和法律责任做了详细的规定
1994. 12. 14	劳动部	《企业职工生育保险试行办法》	保障女职工在生育期间得到必要的经济补偿和医疗保健,均衡企业间生育保险费用的负担
2001. 6. 20	国务院	《中华人民共和国母婴保健法实施办法》	规定了妇女婚前保健、孕产期保健的具体实施方法
2001. 12. 29	九届人大	《中华人民共和国人口与计划生育法》	禁止歧视、虐待生育女婴的妇女和不育的妇女,规定了婚育假期,妇女怀孕、生育和哺乳期间福利及计划生育奖励
2007. 8. 30	十届人大	《中华人民共和国就业促进法》	保障妇女平等就业的权利和就业期间的各项福利待遇
2011. 7. 30	国务院	《中国妇女发展纲要(2011—2020)》	规划了妇女的健康、教育、经济、参与决策与管理、社会保障、环境、法律等方面的发展目标
2012. 4. 28	国务院	《女职工劳动保护特别规定》	保障女职工在工作、怀孕、哺乳等期间的健康权益

注：表 1 仅列出了关于妇女福利的主要政策法规，法律法规的修订、法律解释和其他关于妇女福利的政策法规未在表 1 中详列。

以妇女福利法律法规的保障内容为依据，可以把我国关于妇女福利的法律法规和政策性文件的演进划分为改革开放前和改革开放后两个阶段。改革开放前，关于妇女福利的政策法规以婚姻保护和劳动保护为依托，制定了《中华人民共和国婚姻法》（以下简称《婚姻法》）、《中华人民共和国劳动保险条例》等用以保障妇女在婚姻家庭生活中和工作中的基本权益；改革开放后，将人口与计划生育、社会性别意识、母婴保健、妇女长期发展等内容纳入妇女福利体系中，更加注重妇女福利体系的全方位构建。

（2）中国妇女福利的主要项目

新中国成立以来，我国妇女社会福利逐步纳入制度化、法制化轨道，在保障范围、保障领域、福利水平等方面取得了前所未有的成就。按照保障领域，我国现行的妇女福利体系包含以下主要项目。

第一，生育福利。针对妇女设置的生育保健、产假、生育津贴等福利是生育福利的主要内容。①生育保健服务。《中华人民共和国母婴保健法》《女职工劳动保护规定》《关于女职工生育待遇若干问题的通知》等规定应当对妇女提供孕期、分娩和产后所需的各种检查、咨询、助产、住院、护理、医药等一系列保健服务，并承担检查费、接生费、手术费、住院费和药费等。②产假。2012 年 4 月 18 日，国务院颁布的《女职工劳动保护特别规定》要求，女职工生育享受 98 天产假，其中产前可以休假 15 天；难产的，增加产假 15 天；生育多胞胎的，每多生育 1 个婴儿，增加产假 15 天；女职工怀孕未满 4 个月流产的，享受 15 天产假；怀孕满 4 个月流产的，享受 42 天产假。产假期间，女职工工资待遇不变。③生育津贴。生育津贴是对职业妇女因生育而离开工作岗位期间给予的生活费用。参加生育保险社会统筹的妇女，由生育保险基金按照本企业上年度职工月平均工资的标准，支付不少于 98 天的生育津贴；未参加生育保险社会统筹的由本企业或本单位支付生育津贴。

第二，健康福利。针对妇女生理特点而提供特别的健康保健、减费或免费提供医疗福利的计划称为妇女健康福利。妇女健康福利包括月经期保健、婚前保健、孕前保健、孕期保健、产前保健、产后保健、哺乳期保健、更年期保健、妇科疾病检查、乳腺疾病查治等。近年来，中华全国妇女联合会、国家卫生和计划生育委员会、人力资源和社会保障部等多部门联合组织的农村妇女

"两癌"免费检查项目、"妇女儿童权益维护行动"、"消除婴幼儿贫血行动"等专项计划，进一步推进了妇女健康福利。此外，《中华人民共和国母婴保健法》和《女职工保健规定》对各级妇幼保健机构在落实妇女健康福利政策时的具体职责做了详细的规定。

第三，就业与劳动保护福利。为了保证妇女与男性享有同等的就业权利和机会，创造有利于妇女身心健康的劳动环境，我国实行的妇女就业与劳动保护福利包括：《宪法》《就业促进法》《劳动合同法》等规定的妇女享有与男子同等的就业权利和就业机会，妇女在工作中应当与男性享受同工同酬、同等晋升机会、同等培训机会等工作待遇；《中华人民共和国妇女权益保障法》《女职工劳动保护特别规定》等规定的女性在工种、工作环境、工作时间等方面福利以及对处在经期、孕期、哺乳期和更年期女职工实行特殊劳动保护；《婚姻法》《关于女工作人员生产假期的通知》等关于妇女结婚、怀孕、产假、哺乳等方面的福利；为妇女举办就业培训班，提升妇女在就业市场的竞争力等。

第四，福利设施与服务。妇女福利的提供需要特定的机构和场所。妇女福利设施与服务涉及妇女生育、健康、就业、社保等多个方面。妇产医院、妇女咨询中心、妇幼保健院、妇女用品制造和出售企业、女性保健中心、妇女维权中心、哺乳室等都是典型的妇女福利设施和服务。

（3）中国妇女福利的实施状况

改革开放以来，我国妇女福利体系经历了一个不断社会化和制度化的过程，1990 年、2000 年、2010 年开展的三次中国妇女社会地位调查记录并展示了我国妇女福利的实施状况。

第一，妇女生育福利享受程度大幅提高。生育权是妇女的基本权益之一。作为保障妇女生育权制度安排之一的生育保险制度自建立以来，参保人数快速增长，从 1993 年的 557.2 万人增加到 2012 年的 1.54 亿人，年均递增 19.10%；生育保险基金支出从 1993 年的 0.5 亿元增加到 2012 年的 219 亿元，年均递增 37.68%。[①] 在产假方面，1988 年之前，产假为 56 天；1988～2012 年为 90 天；2012 年之后为 98 天，相对于 1988 年之前增加了 42 天。第三期我

---

① 数据来源：《中国统计年鉴 2012》和《2012 年度人力资源和社会保障事业发展统计公报》。

国妇女社会地位调查数据显示，生育最后一个孩子时，15.5%的被调查者产假天数在0～55天；16.7%的被调查者产假天数在56～89天，54.9%的被调查者产假天数在90～180天，12.8%的被调查者产假天数在180天以上。[①] 对于妇女在孕期所应享受的福利，94.8%的城镇35岁以下妇女在生育最后一个孩子时做过产前检查，在医院分娩的比例为97.2%；同样的指标在农村分别为89.4%和87.7%。

《企业职工生育保险试行办法》规定，产假期间应当给女性发放生育津贴。调查数据显示，超过半数的被调查者生育期间的收入没有降低，且2010年的比例比2000年提高了5.6个百分点，比1990年提高了29.6个百分点。调查结果见图1。

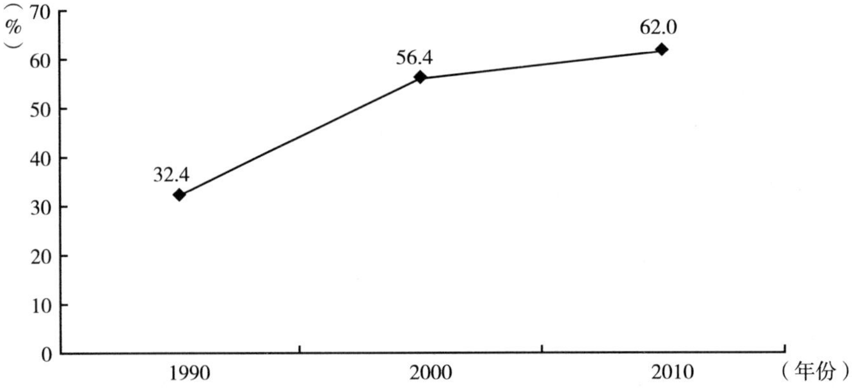

图1　生育期间收入不减的被调查者所占比例

第二，妇女健康福利保障水平明显改善。近年来，妇女自身的健康状况有了明显的改善。2010年，约有64.2%的18～64岁妇女表示自身健康状况为良好，而这一比例在2000年仅为55%。促进女性健康状况改善的原因有很多，其中之一就是我国全面实施的面向妇女的健康体检福利，2007～2010年，42.2%的女性做过健康体检，54.9%的女性做过妇科检查。此外，医疗保险制度覆盖面的扩大也对妇女健康有一定的促进作用。2010年相对于2000年城镇

① 数据来源：《第三期中国妇女社会地位调查主要数据报告》。本文中的数据如无特别说明，均来自于第一、第二、第三期中国妇女社会地位调查主要数据和《中国统计年鉴》。

单位女性医疗保障享有率提高了 39 个百分点。2000 年以来，参与妇科检查的女性比例也在快速上升，见图 2。

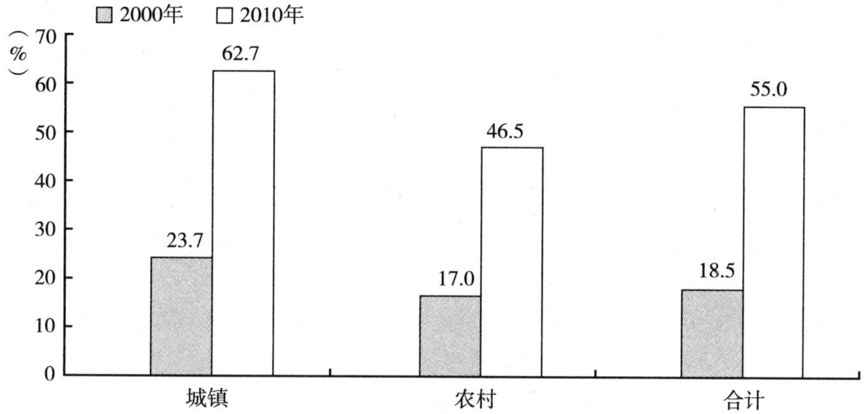

图 2　2000 年和 2010 年参加妇科检查的被调查者所占比例

2009 年以来，有 1300 多万名农村妇女接受了宫颈癌、乳腺癌免费检查，5000 余名患病妇女在新农合框架下得到治疗，“两癌”患病贫困妇女还得到每人 10000 元的国家下拨的专项救治基金。

第三，妇女就业和劳动保护福利日益贴近妇女需求。保证男女平等的就业权利是妇女权益保障的基本内容。对于什么是就业歧视，70% 的女性都有明确的认知，认为因性别而不被录用或提拔、同工不同酬、孕期解雇、孕后工作歧视等都属于就业歧视。《第三期中国妇女社会地位调查主要数据报告》显示，约有 90.0% 的女性在就业方面没有遭遇过性别歧视现象；在工作过程中，遇到过性骚扰的女性比例为 7.8%，与 2000 年相比，女性就业歧视现象有所缓解。女性自主选择工作的比例也有所提升，约有一半的城镇女性通过求职、应聘、自主择业获得了工作。尽管如此，男性和女性在工作中的收入水平还存在明显差异。图 3 显示，1990 年、2000 年、2010 年，城镇就业女性的年均收入分别是男性的 80.28%、70.10% 和 67.42%，两者的收入差距有扩大的趋势。

在劳动保护福利方面，2009 年新型农村社会养老保险制度试点以来，农村妇女被纳入了社会养老保险制度的保障范围，73.3% 的非农业户口女性享有养老保险；2010 年，在除公务员之外的城镇就业女性中，24.2% 的人享有失

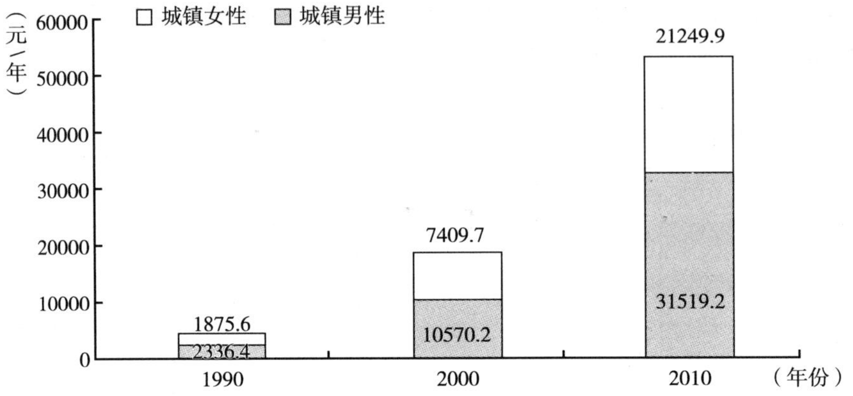

图3　城镇在业男性和女性年均收入统计图

业保险；女性就业者的带薪休假、困难补助、交通补贴、卫生费用等基本都能得到落实。特别是2012年出台《女职工劳动保护特别规定》以来，女性的劳动保护福利得到了进一步的规范。

第四，妇女福利设施与服务逐渐丰富。2012年，我国有妇幼保健机构3044个，拥有床位16.16万张，全国孕产妇产前检查率、产后访视率分别达到95.0%、92.6%，3岁以下儿童系统管理率为87.0%、孕产妇系统管理率为87.6%和住院分娩率为99.2%；全国孕产妇死亡率由2011年的26.1/100000下降到2012年的24.5/100000；国家免费孕前优生项目试点县在2012年增加到1714个，833万名计划怀孕夫妇享受了免费孕前优生健康检查。① 这些数据表明，我国妇女福利设施与服务逐渐丰富。

2. 中国家庭服务事业的发展现状

（1）中国家庭服务的主要内容

20世纪70年代，西方国家社会福利的保障范围扩展到家庭服务范畴，并出现了与家庭津贴、家庭服务相关的政策，用以解决个人和家庭所不能解决的问题，特别是对老年人、残疾人、儿童的照护服务。狭义社会福利范畴的家庭服务主要是指政府为缺乏独立生活能力、需要依赖他人的家庭老人、儿童、残疾人等特殊群体，以家庭为场所提供的日常生活看护、照料、护

① 数据来源：《2012年我国卫生和计划生育事业发展统计公报》。

理、康复及教育。[①] 广义社会福利范畴的家庭服务，不是仅仅以老人、儿童、残疾人等为保障对象，而是以家庭全体成员为服务对象，以家政服务、家庭清洁、家庭病患护理、家庭医生、家庭餐饮、家庭教育、婚庆礼仪、家庭园艺、搬家物流、家庭旧货收购、家庭养老服务、家庭装饰维修、家庭儿童接送服务和家庭钟点工等家庭日常生活事务为主要服务项目。

近年来，针对家庭服务，我国出台了一系列指导性政策。2010 年 9 月 1 日，国务院常务会议研究部署发展家庭服务业的政策措施；2010 年 9 月 26 日，国务院办公厅发布了《国务院办公厅关于发展家庭服务业的指导意见》，并把家庭服务业界定为是以家庭为服务对象，向家庭提供各类劳务，满足家庭生活需求的服务行业；该指导意见要求重点发展家政服务、养老服务、社区照料服务和病患陪护服务等业态，满足家庭的基本需求。2011 年 6 月，财政部、商务部《关于 2011 年开展家政服务体系建设有关问题的通知》要求开展城市家政服务体系建设试点，开展家政服务培训。2011 年 9 月 17 日，国务院印发的《中国老龄事业发展“十二五”规划》提出建立老龄服务体系，发展老龄服务产业。2013 年 8 月 16 日，国务院常务会议确定深化改革、加快发展养老服务业的任务措施，具体为加强养老服务能力建设、分层分类提供养老服务、创新养老服务模式，切实加强农村养老服务、推动医养融合发展等。

由于我国家庭服务业市场化、产业化、社会化运营时间较短，仍处于家庭自给自足和民政部门专项提供针对儿童、残疾人、老年人社会福利中以家庭服务部分为主的阶段，市场化的家庭服务业发展相对滞后。

（2）家庭服务型社会组织的发展情况

1994 年，作为全国家庭服务业的行业性组织，中国家庭服务业协会在北京成立，业务范围是“家庭服务行业管理、信息交流、业务培训、刊物编辑、国际合作、法律咨询服务”等，重点开展家庭服务业发展的经验交流、家庭服务项目及发展方向的研讨，维护会员单位合法权益。截至 2012 年 9 月，中国家庭服务业协会有会员单位近 700 家，省市协会 70 家，全国已成立省级协

① 董红亚：《实施与完善家庭服务政策》，《浙江社会科学》2011 年第 5 期。

会20家。正在筹备成立省级协会的省份有：四川、海南、浙江、河南、安徽、江西、内蒙古；没有成立省级协会的省份有：西藏、青海、甘肃、宁夏。[①]

近年来，全国家庭服务业市场化、社会化、产业化程度逐渐增强，从业人数和经营范围快速增加，在扩大再就业渠道、解决剩余劳动力就业、维护家庭稳定等方面发挥了积极作用。中国家庭服务业协会为了贯彻落实《国务院办公厅关于发展家庭服务业的指导意见》，组织开展了千户百强家庭服务企业创建活动，积极推动发展家庭服务业列入国家有关发展规划，以税收优惠政策为重点推动落实发展家庭服务业各项扶持政策，在北京东城区等条件成熟地区建立发展家庭服务业联系点，抓好家庭服务从业人员培训就业，积极维护从业人员合法权益，加强发展家庭服务业组织领导和协调，加强基础工作，[②] 并且在全国2400万家庭服务从业人员的共同努力下，促进家庭服务业进步。但是，我国家庭服务业的发展与国外相比还有很大的差距，推动家庭服务的规范化、职业化、专业化、标准化、产业化、社会化、科学化和现代化仍是家庭服务业的重要任务。

（3）妇女在家庭服务中的地位与作用

我国传统典范的女性特征可以概括为“贤妻良母”，即要求妇女把丈夫和家庭视为生活的中心，尽其所能为丈夫、子女、家庭提供服务。虽然这种传统典范的妇女形象在不同历史时期和不同地区有所不同，但是都包括妇女对丈夫和家庭的无私奉献、对家务负主要责任等内容。改革开放以来，现代化建设在对女性传统家庭角色重视的同时，也要求女性在物质文明建设和精神文明建设中都发挥重要的作用，知识女性、职业女性开始成为妇女追求的目标。在社会性别文化和性别观念的制约下，尽管女性有了更多的发展选择，但是，在家庭服务业尚不发达的前提下，她们在家庭服务中仍然处于主体地位。

第一，在家庭成员分工中，妇女更加侧重于家庭服务。对独立生活有困难的家庭成员进行生活照料、家务劳动等事务的主要承担者是妇女。《第三期中国妇女社会地位调查主要数据报告》显示，72.7%的已婚者认为，与丈夫相

---

① 资料来源：《中国家庭服务业协会简报》2012年第4期。

② 资料来源：《发展家庭服务业促进就业部际联席会议简报》2012年第3期。

比，妻子承担的家务劳动更多。被访者目前3岁以下孩子基本由家庭承担照顾责任，其中，母亲承担日间主要照顾责任的比例为63.2%；城镇25~34岁有6岁以下孩子的母亲在业率为72.0%，比同年龄组没有年幼子女的女性低10.9个百分点。这说明，妇女承担的家庭服务明显多于男性。

第二，家庭服务业从业人员以妇女为主。社会性别理论认为，不是异性婚姻产生社会性别分工，而是社会性别分工导致异性婚姻。在传统的性别分工视角中，女性应当主要从事服务业，如以行政机关、企事业单位的保洁服务、高空清洗与安装、居民家庭家政服务、小区物业服务为主的家政服务。以上海市家政服务业为例，2011年，全市家政从业机构近4000家，家政实际从业人员50多万，78.4%的家政服务人员进行家庭日常保洁，31.5%为买菜烧饭，20.7%和12.7%的需求分别为照料老人和照料小孩。在这些家政服务从业人员中，95%以上是外省市来沪女性务工人员。[①] 尽管近年来有很多男性走上了家庭服务的岗位，但是，居于主体从业地位的仍然是妇女。

3. 中国妇女福利与家庭服务的相关关系

（1）妇女福利对家庭服务的促进作用

伴随着改革开放和社会发展的进程，一方面，中国妇女的社会地位与社会参与取得了新的进展；另一方面，在社会转型和市场经济的冲击下，由于男女两性所承担的有区别的社会功能、家庭的性别分工，以及由此推衍出的不同性别期待和两性不同的境遇使男女差别与分化的发展趋势不是继续消除而是扩大，[②] 妇女仍是自给自足家庭服务和市场提供家庭服务的主力军。

妇女福利对于确保妇女身心健康，提升妇女生活质量有显著的促进作用。妇女福利所提供的预防与治疗福利服务、发展性妇女福利、妇女社会支持系统等，能够满足妇女群体在社会转型时期生理、生活、工作中的一般需要与特殊需要，为自身素质提高创造条件。妇女身心健康与生活质量得到保证之后，能够投入更多精力到自给自足的家庭服务中去，更好地照顾家庭中的老人、儿童，付出更多的精力完成家务劳动；与此同时，面对市场提供的家庭服务业普

① 数据来源：《“支持建立80个示范性家政服务站”——市政府实事项目情况介绍》，http://shwomen.eastday.com/renda/08women/xwfyr/xwfb/u1a1820052.html。

② 马凤芝：《社会转型与妇女福利服务发展》，《中华女子学院学报》1996年第1期。

遍存在的妇女合同签约率低、缺乏专业培训、工资报酬水平明显低于其他行业、社会保障不足等问题，也能通过就业与劳动保护等方面的妇女福利得以解决，提升妇女的市场竞争力，保障妇女工作时的基本权益，进而对妇女从事家庭服务业起到一定的促进作用。

（2）家庭服务对提升妇女福利的作用

自给自足的家庭服务对象不仅包括需要生活看护的儿童、残疾人、老年人等群体，还包括家庭成员之间的相互照料。特别是妇女的隔代照顾，妇女在隔代照顾儿童时，还承担一些日常生活的家务劳动，这对于增加中生代妇女的休息时间、减轻中生代妇女的家庭服务负担有明显的促进作用，进而提升了中生代妇女的生活质量。

家庭服务业是伴随现代化进程的一项新兴产业，培育和促进家庭服务业发展涉及政策、环境、人员、机构、理论等各个方面。完善以妇女为主要从业人员的家庭服务业，需要制定从业人员工资待遇、职业培训、劳动监督、劳动保护、避免就业歧视等方面的配套政策，这些政策本身就是妇女福利的组成部分。发挥各级妇联组织服务基层、联系家庭、贴近妇女的优势，降低妇女求职成本，引导妇女进入用工需求旺盛的家庭服务业就业，促进妇女就业，对妇女福利体系的建设有良性的促进作用。

二　中国妇女福利与家庭服务事业发展的问题及原因分析制约因素

（一）当前的突出问题

1. 缺乏体系完备的宏观指导和国家标准

妇女福利是我国社会事业发展的重要组成部分。20世纪90年代以来，党和国家倡导建立马克思主义妇女观，出台了《中华人民共和国妇女权益保障法》《中华人民共和国母婴保健法》《女职工劳动保护特别规定》等一系列法律法规，制定了生育保险制度和《中国妇女发展纲要（2011—2020）》，在这些法律法规和制度中，都涉及了妇女福利的内容，推动了妇女在参政、就业、教育、健康、婚姻家庭等领域享有平等的权利。但是，我国妇女福利的责任主体不明确，且宏观指导政策较为零散。民政部、人力资源和社会保障部、国家卫生和计划生育委员会、中华全国妇女联合会、中华全国总工会等都有保障妇女权益的职责，不同程度地为妇女的生育、健康、劳动就业等方面提供福利，而这些妇女福利的宏观指导政策也常常散见于这些部门之中，没有统一的妇女福利体系建设指导性文件，以至于大多数人知道妇女能够享受很多福利，但是，对于具体的福利项目有哪些、如何享受这些福利却很难有完整的认知，从而影响了妇女享受福利待遇的全面性。

与妇女福利事业不同的是，在鼓励发展家庭服务业之初，国务院办公厅就发布了《国务院办公厅关于发展家庭服务业的指导意见》，并对多层次、多形式共同发展的家庭服务市场和经营机构，实行发展家庭服务业的扶持政策等做了指导性的规定，成为我国家庭服务业发展的纲领性文件。但是，家庭服务业范围广泛，目前市场上提供的家庭服务没有统一的管理机构，对服务质量也没有一个具体的衡量标准，市场价格不统一，从业人员的自身安全和利益无法保障，这些问题在《国务院办公厅关于发展家庭服务业的指导意见》中没有给出具体的对策措施。发展什么样的家庭服务业，如何发展家庭服务业仍缺乏具体的国家标准。

2. 国家妇女福利体系建设公共投入不足

妇女福利资源来自于两个主渠道，一是国家通过政策、法律制订实施的社会福利计划，例如社会保险、社会救助、扶贫计划等；二是各类社会组织的慈善福利和服务项目，如把部分福利彩票收益用于各类慈善救助活动、企业集体福利、社会民间团体组织的募捐、义工服务、个人捐款等。① 我国妇女福利体系建设公共投入不足，首先表现在国家社会福利总投入偏低。2011 年我国社会福利支出规模为 311.43 亿元，仅占当年财政收入总额的 0.3%，划分到妇女福利项目中的公共投入所占比例更少。② 2006～2010 年中央财政共安排 3 亿多元的资金用于加强妇幼卫生监测和免费向孕期妇女提供叶酸；2004～2006

① 朱冬梅：《改革开放以来中国妇女社会福利发展及问题》，《中华女子学院山东分院学报》2009 年第 4 期。

② 数据来源：《中华人民共和国审计署审计结果公告》（2012 年第 34 号）。

年，中央财政安排10.33亿元，实施“降低孕产妇死亡率，消除新生儿破伤风”项目；截至2010年12月底，全国已发放妇女小额贴息贷款237亿元。[①]这些公共投入相对于我国6.6亿女性人口而言，人均投入量微乎其微。

在有限的社会福利投入中，存在结构畸形的现象，主要集中在高端退休人群和政府举办的福利机构，其仍属于传统的补缺型社会福利，[②]妇女福利投入仍处于供应短缺状态。国家财政投入少，社会资源投入有限，妇女福利发展资金不足，导致妇女福利服务供给不足，福利保障功能减弱。妇女福利的这种滞后现状，也增加了其他社会保障项目的负担。

3. 妇女仍是家庭服务业发展的主要力量

家庭服务业作为新兴产业，是我国“十二五”时期第三产业发展的重要方向。家庭服务业应当不分性别，男性和女性都可以成为家庭服务业的一员，加入到家庭服务业的就业队伍中；家庭服务业作为第三产业的重要组成部分，并不是低人一等的行业，而是与国民经济中其他行业具有同等的社会地位。但是，在我国传统的思想观念下，女性仍然是家庭服务业的主力军，家庭服务业也被很多被调查者认为是不适合男性的行业。家庭服务业仅以妇女作为主要从业人员，不利于家庭服务业劳动者综合素质提高、劳动力结构优化、家庭服务业行业细分等，在一定程度上制约了家庭服务业的长期可持续发展。

4. 妇女福利和家庭服务设施利用程度低

近年来，我国妇产医院、妇女咨询中心、妇幼保健院、妇女用品制造和出售企业、女性保健中心、妇女维权中心、哺乳室等妇女福利设施数量逐渐增多。但是，妇女福利设施的利用程度仍然偏低，主要表现在：第一，随着医疗卫生费用的上涨和医疗资源的分配不均，中低收入人群看病难、看病贵问题日益突出，这影响了妇女对收取一定费用的健康保健福利设施的利用；第二，随着流动人口的增加，流动妇女由于户籍制度的限制，妇幼保健福利的享受受到地域制约；第三，老少边穷地区，由于妇女缺乏足够的健康知识，妇女孕前、孕中和孕后的医疗保健常识仍然较为缺乏；第四，屡禁不止的嫖娼、卖淫现象

---

① 于树一：《引入人群维度的社会福利体系构建——借鉴俄罗斯及拉美三国的经验》，《财贸经济》2013年第2期。

② 郑功成：《中国社会福利的现状与发展取向》，《中国人民大学学报》2013年第2期。

增大了妇女性病、艾滋病的控制难度。

目前，我国家庭服务业拥有各类服务企业和网点近50万家，从业人员1500多万，年营业额近1600亿元。[①] 在家庭服务业发展过程中逐渐建立的家政服务网络、家庭服务业培训机构、家庭服务企业等能够为家庭服务业从业人员提供就业机会，提高家庭服务业从业人员的劳动技能。但是，大部分家庭服务业从业人员是进城务工人员，她们居住地的不确定性、社会福利知识的欠缺性使她们很少利用家庭服务设施。对于自给自足的家庭服务提供者，她们的家庭服务技能往往是代际传递的，很少利用社会提供的家庭服务设施。

5. 家庭服务提升妇女福利的机制不健全

国家加快家庭服务业发展，为提升妇女福利水平提供了机遇。一方面，家庭服务业中涌现出一批技能培训、就业权益保护、行业协会等机构，对于提升妇女的就业能力有明显的促进作用；另一方面，家庭服务业的发展缓解了妇女为家庭提供家庭服务的负担，可以通过市场化的方式获得必要的家庭服务，提升了妇女的生活质量。但是，在家庭服务业和社会福利事业发展过程中，两者之间的相互促进机制尚不健全，家庭服务业提升妇女福利的效果不明显，主要体现在：妇女仍然是提供家庭服务的主要力量，依靠市场获得的家庭服务占家庭服务总量的比例仍然较低，妇女的家庭负担并没有实质性减轻；家庭服务业与社会福利事业发展的统筹规划机制尚未建立，家庭服务业如何利用社会福利设施，如何借助于家庭服务业设施提升妇女的社会福利水平，尚未有明确的建立两者之间联系的机制；家庭服务业的发展为妇女就业提供了新的选择，这不仅仅没有让她们摆脱自给自足提供家庭服务的负担，反而增加了她们的劳动时间，妇女的生活质量没有因之而明显上升。因此，不健全的家庭服务提升妇女福利机制制约了我国妇女福利和家庭服务事业的发展。

（二）原因分析

1. 表层原因：妇女福利与家庭服务政策落实困难

近20年来，我国出台了一系列关于妇女福利和家庭服务的政策法规，推

---

① 资料来源：《商务部关于“十二五”时期促进家庭服务业发展的指导意见》。

动了妇女福利和家庭服务事业的发展；在国家“十二五”发展规划中，也有关于妇女福利和家庭服务的规划内容，勾勒出了未来我国社会福利和家庭服务事业发展的蓝图。但是，由于现行妇女福利和家庭服务事业仍处于制度残缺、投入不足、体制不顺、机制陈旧等状态，① 使妇女福利与家庭服务的相关政策难以有效地落实或者受益范围有限，直接导致了制约我国妇女福利与家庭服务事业发展的因素出现。

妇女福利与家庭服务政策落实困难首先是由于多头管理和政策碎片化造成的。人力资源和社会保障部、民政部、妇联、工会、卫计委等多部门都负有关于妇女福利和家庭服务的相关管理和职责，尽管他们的管理职责没有交叉，但是对于妇女而言，要想对这些部门职责有一个全面的认知还有一定的难度；关于妇女福利与家庭服务的相关政策散见于有关妇女权益保护、母婴保健、就业、社会保障等方面的法律法规中，我国“十二五”规划等文件中也没有专门章节规划妇女福利与家庭服务，尚未见专门针对妇女福利与家庭服务的专项规划，这就使妇女福利与家庭服务的管理体制不顺畅。妇女福利与家庭服务政策落实困难，导致“女性在业率降低，再就业困难；男女两性收入差距呈扩大趋势；农村女性教育水平与男性差距较大；妇女参与国家和社会事务决策的程度仍然偏低；农村特别是西部地区妇女享有健康服务仍有差距；家务劳动依然主要由妇女承担”② 等问题将长期存在，并制约妇女福利和家庭服务事业的发展。

2. 深层原因：家庭服务与妇女福利的关系不清晰

家庭服务与妇女福利之间具有相互影响、相互促进的关系，家庭服务业的发展增加了妇女的就业岗位，妇女福利事业的发展提升了妇女的就业能力，加强两者之间的联系，有助于推动两者的协同发展，进而提升妇女的生活质量。

从我国妇女福利与家庭服务相关政策及其实施现状来看，在实践层面家庭服务与妇女福利之间的关系不清晰。主要表现在：第一，妇女福利与家庭服务设施的共享程度较低。妇女福利设施包含了一些妇女就业的社会组织和

① 郑功成：《中国社会福利的现状与发展取向》，《中国人民大学学报》2013 年第 2 期。

② 资料来源：《第二期中国妇女社会地位抽样调查主要数据报告》。

妇女培训机构，这些机构同样可以为家庭服务业服务，但是，我国各地家庭服务业发展过程中普遍采取的措施是建立独立的家庭服务设施。第二，妇女福利与家庭服务对妇女生活质量的提高未能形成合力。妇女福利的目的是提升妇女生活质量，而家庭服务也具有提高妇女生活质量的作用，但是在实践中，家庭服务往往面向的对象是生活能力欠缺的儿童、老年人、残疾人，对一般妇女的福利提升作用不明显。第三，妇女福利与家庭服务的统一运行机制不健全。妇女福利与家庭服务具有一定的交叉性，妇女福利中的健康、保健、生育、劳保等项目同样可以为家庭服务，而两者分散运行，使资金投入分散，共同项目重复建设。因此，家庭服务与妇女福利之间的关系不清晰在更深层次上导致了中国妇女福利与家庭服务事业的发展滞后，理顺两者之间的关系，有助于两者共同发展。

3. 根本原因：缺乏妇女福利与家庭服务制度设计

制度是协调个体行为的社会系统内所有个体共同遵守的行为规则。我国关于妇女福利、家庭服务的整体制度设计缺失使妇女福利和家庭服务事业发展过程中缺乏统筹性和规范性，进而从根本上造成妇女福利和家庭服务事业发展面临诸多制约因素。

缺乏妇女福利与家庭服务制度设计的具体表现是我国没有关于妇女福利和家庭服务的整体性制度安排或发展规划，相关制度和规划较为零散，没有形成体系。这就导致在妇女福利和家庭服务业发展过程中，需要共同遵守的行为准则不清晰或者难以快速地获得，进而导致管理体制混乱。究竟谁是妇女福利、家庭服务的管理主体，哪个部门应当对妇女福利和家庭服务承担主要责任，相关部门的行政管理权限是什么，如何做到相互制衡等问题，都因为制度设计缺失而难以获得有效的答案。管理体制混乱带来的直接影响是运行机制不顺畅。妇女福利中的生育、健康保健、就业、劳动保护等福利项目应当共同发展，但由于分属不同部门管辖，它们之间的联动发展机制不顺畅，进而导致这些福利发展不均衡；同样的，关于推动家庭服务业发展的管理主体也较为分散，它们之间如何建立起有效的沟通渠道，在《国务院办公厅关于发展家庭服务业的指导意见》中没有予以明示。因此，改变我国妇女福利与家庭服务事业发展滞后的局面，从根本上看要注重妇女福利与家庭服务的制度设计。

三　中国妇女福利与家庭服务的发展建议

（一）提升妇女福利，必须大力发展家庭服务事业

1. 理论依据：基本公共服务均等化与福利经济学理论

基本公共服务均等化，是指政府要为社会成员提供基本的、与经济社会发展水平相适应的、能够体现公平正义原则的大致均等的公共产品和服务，是人们生存和发展最基本的条件的均等。[①] 妇女占全国人口的半数，是经济社会发展的重要力量。在发展中维护妇女权益，在维权中促进妇女发展，是实现妇女解放的内在动力和重要途径。因此，在社会发展过程中，按照基本公共服务均等化的理论，要强调妇女与男性享有同等的权利，并根据妇女的生理特点，享受更多的生育、健康、保健方面的福利。不仅如此，基本公共服务均等化理论还强调，要面向所有妇女提供基本均等的社会福利。发展家庭服务事业对提升妇女福利有一定的促进作用，按照基本公共服务均等化理论，要给予妇女同等的接受培训、选择就业岗位的能力，并通过基本公共服务的均等化，提升妇女的生活质量。

决定一国经济福利总量的因素有两个，一是生产过程创造的财富总量；二是财富在社会成员之间的分配。当生产的商品和服务总量一定时，如何分配对社会总福利的大小起决定性作用。福利经济学认为，既然市场不能实现社会福利最大化，那么依靠政府这只“看得见的手”来矫正市场机制在分配领域的缺陷就成为必然选择。根据福利经济学理论，提升妇女福利对社会福利最大化有正向的促进作用，因此，政府应当积极建构妇女福利体系。家庭服务业不仅能够提升从业人员的收入水平，而且能够提高被服务者的幸福指数，进而带来社会总福利的增加。因此，发展妇女福利和家庭服务业具备理论上的必要性和可行性。

① 张峰：《公平正义视域下的基本公共服务均等化》，《中共山西省委党校学报》2013 年第 1 期。

2. 实践依据：国外妇女福利与家庭服务体系建设经验

从国外妇女福利与家庭服务事业发展的历程来看，不同社会群体福利权的确立使人权具有了更为普遍的意义，[①] 妇女因为有发达的福利事业而真正实现了性别平等。参照于树一[②]的研究成果，以俄罗斯、巴西、墨西哥、委内瑞拉等国为参照系，发现：第一，较为重视妇女的营养福利。巴西由政府出资向学生提供免费的午餐；墨西哥为了改善孕产妇的营养，提出了“教育卫生与营养计划”。第二，较为重视医疗保健对妇女的作用。委内瑞拉专门制定了针对妇女的卫生政策，包括母亲卫生培训、专业技术和卫生网络建设、饮用水标准等，这些项目的资金全部来自于政府财政；俄罗斯推出了免费向妇女提供的妇科检查专项计划。第三，普遍提供立体化、多方位的妇女福利。委内瑞拉设立了“孕产妇之家”，向孕产妇提供生产前和生产期的福利，同时在教育、生产、培训、就业等方面保障妇女权益；俄罗斯则在经济补助上偏向于妇女，特别是对多胎生育的父母提供经济补助。第四，把家庭服务纳入社会福利范畴。家庭是社会的主要组成部分，中国香港特别重视家庭服务，并把家庭服务作为社会福利署的重要职责，为家庭提供一系列的预防、支援和补救性服务，例如社会福利署热线服务、家务指导服务、保护家庭及儿童服务、幼儿服务、体恤安置、家庭危机支援中心、危机介入及支援中心、家庭生活教育、综合家庭服务、受虐妇女住宿服务、预防及处理虐待长者服务等，并通过家庭服务协助个人和家庭预防或应付问题，提升妇女的福利水平。第五，注重家庭服务对妇女福利的提升作用。家庭服务的对象包括妇女，同时妇女也是家庭服务的主要提供者。国外普遍把涉及家庭服务的内容交由社会福利部门管理，同时，建立起了家庭服务与妇女福利之间的桥梁关系，通过家庭服务项目提升妇女福利水平。国外妇女福利与家庭服务体系的建设实践为我国推动妇女福利与家庭服务事业提供了经验借鉴和实践依据。

3. 发展机遇：家庭服务行业兴起与妇女家庭地位变化

随着社会分工的细化，家庭服务业已经发展成为一个新兴产业。发展以家

① 谢琼：《福利制度与人权实现》，人民出版社，2013。

② 于树一：《引入人群维度的社会福利体系构建——借鉴俄罗斯及拉美三国的经验》，《财贸经济》2013 年第 2 期。

庭为服务对象、向家庭提供劳务、满足家庭生活需求的家庭服务业，对于增加就业、改善民生、扩大内需、调整产业结构具有重要作用。2010 年 9 月 1 日，国务院常务会议研究部署了发展家庭服务业的政策措施；2010 年 9 月 26 日，国务院办公厅发布了《国务院办公厅关于发展家庭服务业的指导意见》；2011 年 12 月 26 日，商务部发布了《商务部关于“十二五”时期促进家庭服务业发展的指导意见》；之后，从中国家庭服务网提供的资料来看，全国各省份也纷纷出台了指导家庭服务业发展的意见。从中央到地方关于激励和指导家庭服务业发展政策的相继出台表明，家庭服务行业正在兴起。

新中国成立后，妇女从封建社会三从四德的道德束缚中解放出来，家庭地位发生了显著的变化。《第三期中国妇女社会地位调查主要数据报告》显示，85.2% 的女性对自己的家庭地位表示比较满意或很满意；在生产、经营和买房、盖房的决策上，妻子参与决策的比例分别为 72.6% 和 74.4%；83.4% 的人知道中国目前有专门保护妇女权益的法律；被调查者中有 83.5% 的人认同“女人的能力不比男人差”。这说明在当代社会中，女性的家庭地位日益提高。

家庭服务行业的兴起与妇女家庭地位的变化要求我国必须重视妇女福利和家庭服务，同时也为妇女福利和家庭服务事业的发展提供了机遇。

（二）发展家庭服务事业提升妇女福利的对策建议

1. 制定妇女福利与家庭服务事业的国家标准

妇女福利与家庭服务事业的发展需要国家层面的标准。面对多头管理、政策碎片化的妇女福利制度，建议尽快出台《中华人民共和国社会福利法》，并在该法中，单列一章规定妇女福利。妇女福利的保障对象为 15 周岁及以上的女性，妇女福利的内容包括基本的生育、健康、保健、就业、劳动保护等具体项目；除基本福利外，还应针对不同年龄、不同健康状况、不同工作状况、不同收入层次女性的特殊福利；妇女福利的具体体现形式可以划分为现金、实物或服务，针对不同的福利项目予以不同的资助形式。此外，建议在《中华人民共和国社会福利法》中详细规定各项妇女福利的保障标准、管理机构、具体实施措施以及追责机制，以形成具有中国特色的妇女福利体系。

对于家庭服务业，我国应当在把握家庭服务业发展规律的基础上，根据区域经济、产业优势和城市化发展需要，制定出家庭服务业发展的具体规划，各省、市级政府根据国家发布的家庭服务业发展规划，制定出适合本省、本市的家庭服务业发展规划。在从宏观层面确定产业规划的基础上，应当在微观上制定《家庭服务规范》，提供各项家庭服务的标准；出台关于家庭服务信息提供机构、培训机构、职业介绍机构等组织的建立规范和执行标准。建议中央政府协调妇女福利和家庭服务的主管部门，出台两者资源共享的具体办法，实现家庭服务与妇女福利的相互促进发展。

2. 提高妇女福利事业资金投入量和使用效率

妇女福利属于公共产品的范畴，政府应当作为妇女福利提供的责任主体，加大财政转移支付能力，提高妇女福利事业资金投入量和使用效率。第一，要在相对准确的预测妇女福利需求的基础上，把妇女福利支出纳入国家财政预算，并以此为基础，建立随经济发展水平变化动态优化的妇女福利财政投入机制；第二，应当要求地方财政根据妇女福利支出需求，制定妇女福利事业发展规划和资金实施方案，并报中央政府批准后，严格执行；第三，引导社会资本投入妇女福利事业，可以通过税收、土地等方面的政策优惠，吸引企业投资妇女福利事业，同时，整合福利彩票和社会捐赠资金，加大妇女福利投入；第四，建立资金、实物、服务多维度的妇女福利补助形式，提高妇女福利资金的使用效率；第五，明确划分各级政府、各相关部门的财政责任，加快社会福利信息系统建设，提高妇女福利资金的使用效率。

3. 把家庭服务职业化作为提升妇女福利纽带

大力推进家庭服务业发展，为妇女创造新的就业机会和就业岗位。但是，在现有的妇女家庭角色和地位的背景下，家庭服务业的发展没有明显的减轻妇女承担的家务劳动，进而改善妇女的生活质量。建议推广家庭服务职业化的理念。无论是妇女为自己家庭提供的服务还是为其他家庭提供的服务都应当被视作一种职业行为，而不是奉献行为。国家和地方政府应当根据家庭服务的特点，为妇女提供职业培训、健康体检、工作指导等福利，让她们在为自己的家庭提供家庭服务时，体会到自己劳动的价值，进而提升妇女的社会地位。家庭服务职业化不仅要带来妇女收入水平的提高，还要健全与之相配套的相关福利设施，进而提升妇女福利水平。

4. 提高家庭服务业提升妇女福利政策落实度

一是要尽快改变现有的妇女福利和家庭服务管理体制，进一步理清各部门之间的关系，明确民政部门是妇女福利的管理主体，人力资源和社会保障部门、妇联、工会等机构为配合机构，协力发展妇女福利和家庭服务事业；二是要尽快出台可操作的妇女福利和家庭服务管理办法，明确对妇女福利和家庭服务相关执行主体的激励和约束政策；三是要健全妇女福利、家庭服务等事业的资金追踪考核机制，增加妇女福利和家庭服务方向的资金投入，使妇女福利和家庭服务政策在资金支持下能够快速落到实处；四是要改革妇女福利和家庭服务的运作方式，倡导市场化、社会化运行，提高供给效率，满足日益增长的市场需求；五是要做好家庭服务与妇女福利之间的衔接以及他们与现有社会福利项目的衔接工作，理顺各项制度之间的关系，发挥不同社会福利项目的合力，提升妇女的生活质量。

5. 建立家庭服务业提升妇女福利的联动机制

做到家庭服务业提升妇女福利需要建立四个联动：一是家庭与社会的联动机制。妇女既是家庭成员，又是家庭服务业的主要从业人员，还是妇女福利的保障对象，应从维护、引导、支持家庭稳定的角度，推进家庭服务业，并以妇女福利的提升为最终目标，实现家庭与社会的联动。二是社区、机构和家庭的联动机制。社区、机构和家庭是落实家庭服务业和妇女福利的三个平台，它们之间应当定位清晰、信息交换，提供不同层次的家庭服务和妇女福利，并形成一个有机的统一体。三是各部门之间的联动。民政、人力资源和社会保障、卫生和计划生育、教育、住房和城乡建设、总工会、共青团、妇联、残联等部门应当在明确各自职责的前提下，建立专门的管理委员会，协调妇女福利和家庭服务事业发展中遇到的问题，理顺相互合作机制，形成动态联动的业务处理流程，共同推动家庭服务业提升妇女福利。四是政府与市场的联动机制。家庭服务应主要由市场提供，妇女福利应主要由政府提供。建立起政府与市场的联动机制就是要在政府与市场之间、家庭服务与妇女福利之间共享资源优势，提升资源配置效率，以家庭服务业的兴起为契机，在家庭服务业发展过程中，提升妇女福利。

中国儿童福利服务现状与发展

陆士桢 李月圆*

摘 要：

均等的、专业化的、充分的福利服务是儿童社会福利体系中处于较高层次，更为人本的部分，它的建构，涉及社会福利理论以及儿童观，更涉及社会建设与管理。我国儿童福利服务快速发展，但依然存在诸多问题。未来发展，我们必须在政策法规建设，资金保障机制建设，自上而下的、运行畅通的运行机制建设和专业化建设等方面加快步伐，以真正实现满足全体儿童发展需求的进步社会目标。

关键词：

儿童福利服务 现状 问题 对策

儿童是社会上最弱小的群体，是承受力最低的社会群体，也是弱势群体中的一个特殊群体。随着社会的发展，中国社会传统的以家庭照顾为基本形式的儿童福利模式日益受到严峻挑战，儿童社会福利需求日趋强烈。一是随着社会转型，各类社会问题凸显，儿童作为弱势群体，自然成为最易受到侵害的社会群体，需要提供各类福利支持的儿童比例不断上升，形成了日益膨胀的福利需求；二是全社会儿童权利的意识不断得到普及，单纯的物质投入已无法满足儿童多样化的发展需要，儿童福利的社会化服务需求不断深入；三是随着社会的发展，儿童问题日趋复杂，儿童个体的需求不断变化，儿童社会福利的专业化需求日益突出。而面对日益膨胀的儿童社会福利需求，未形成普及性的儿童福

* 陆士桢，中国青年政治学院；李月圆，中国青年政治学院社会工作学院。

利观、缺乏专门的法律和管理机构、福利支出低、制度残缺等问题也日渐凸显。

其中，应对儿童多样化需求，提供均等的、专业化的、充分的福利服务，日益成为儿童福利制度建设的重要任务。

一　儿童福利服务的概念内涵与基本理论

从文献检索来看，儿童福利服务并没有一个清晰的定义。由于不同国家和地区儿童福利服务发展水平的差异，研究者从各自的视角来研究儿童福利服务，导致儿童福利服务内涵与外延的模糊，对儿童福利服务缺乏共识性与规范性的界定。学术界大多从儿童福利的定义去探讨儿童福利服务的类型。从字面上来看，儿童福利服务是“儿童”“儿童福利”和“福利服务”三个概念的集合。

关于“儿童”的定义。在我国古代，“儿”字有多种解释，有时理解为婴儿、小孩，如《吴越春秋》中就有“右手若抱儿”的说法；“童”字在古时多写作“僮”，意为“未成年男子”，《左传》中有“公为与其嬖僮汪锜乘”的说法。“儿童”合用，在古汉语中并不常见，《列子》中有“闻儿童谣曰：‘立我蒸民，莫匪尔极’”的句子，其意为“幼年的孩童”。[①] 在英语中表达“儿童”的词汇有胎儿，婴儿，小孩，孩子气、未成年者，幼稚的、初期的、无经验的、初出茅庐、未成熟的等。儿童的年龄界定因不同学科的视角而模糊。从法律规定看，在中国最高人民法院、最高人民检察院关于执行若干决定中指明，“‘儿童’，是指不满十四岁的人”；按照联合国《儿童权利公约》第一条规定，“儿童系指18岁以下的任何人，除非对其适用之法律规定成年年龄低于18岁”，与我国的“未成年人”概念相当；而在社会的称谓习惯上，我们将1周岁以下儿童称为婴儿，1周岁以上及学龄前儿童称为幼儿，6~13周岁者称为儿童，13周岁以上至未满18周岁者称为少年。

“儿童”是一个生理性概念，同时也是一个心理阶段的概念，一个社会性的、包含深刻社会含义的概念。首先，儿童这一概念显示了一个人的特别发展

① 《辞源》，商务印书馆，1988。

阶段。儿童期和人生的其他生长期相比，具有特殊的意义。其次，儿童是一个权利的概念，他们是一个独立的能动的主体，并不因为年幼而影响其社会性本质和权利的主体性，全社会都必须尊重儿童发展的能动性、主动性，尊重每一个儿童的独特性。再次，儿童还是一个受保护的概念，作为生物的人，儿童需要物质支撑；作为社会的人，儿童需要精神支撑；作为独特的个体，儿童没有足够的能力及相当的社会地位实施自我保护，在自我权利争取方面儿童处于绝对的弱势地位。儿童这一概念本身，是对社会意识的呼唤，也是对社会责任的呼唤。正是儿童的这些特殊属性，决定了在一个国家的社会福利体制里儿童福利的极端重要性，决定了在整体的社会综合服务体系中，儿童福利服务的特殊价值和意义。

关于“儿童福利”的内涵。儿童福利，顾名思义是指面向儿童，以儿童为对象的福利事业。但在内涵上，儿童福利有不同的认识和解读。中国的《社会保障辞典》中将“儿童福利”分为广义与狭义两种。“广义的儿童福利，是指一切为了儿童身心健康而举办的社会事业，包括：儿童公园、儿童阅览室、儿童剧场、儿童娱乐中心、儿童保健所等。”“狭义的儿童福利，专指补充和替代父母照顾管理儿童，以及对孤儿、弃儿、盲童、聋哑儿童、肢残儿童、弱智儿童等的教养所举办的社会事业。包括（1）替代照顾，包括家庭寄养、收容机关（儿童福利院）、收容保育院；（2）设立特殊学校，包括聋哑学校、弱智学校、盲童学校等。”① 从一定意义上讲，狭义的儿童福利是以特定需求的儿童为对象，以解决问题为取向，通过有针对性的政策资金与服务支持，达到救助、保护、扶助亟待帮助的儿童的目的。广义的儿童福利具有普遍性、发展性和社会性，以全体儿童及所有家庭为福利对象，是一种以发展为取向的儿童福利或积极性儿童福利。正如1950年联合国儿童权利会议所说：“凡是促进儿童身心健全发展与正常生活为目的的各种努力事业均称之为儿童福利。”②

关于“社会福利服务”。社会服务是伴随现代工业社会的发展而产生的，国际劳工组织将社会服务界定为“针对大多数脆弱群体的需求和问题所进行

① 张海鹰、唐钧：《社会保障辞典》，经济管理出版社，1993。

② 《人口与发展国际文献汇编》，中国人口出版社，1995，第312页。

的干预”；世界卫生组织将社会服务定义为“针对那些由于年龄、贫困失业、健康状况恶化和残疾等，在购物、住房、交通、自我照料和其他照料方面需要公共援助的人，所提供的社会支持性的服务和项目”。[①] 1948 年联合国通过的《世界人权宣言》则把享有社会服务认定为一项人权，认为“每个人、包括自己与其家属，都享有健康和适当生活水准的权利，包括食物、衣服、住宅、医药照顾与必需的社会服务”。这一规定对现代国家社会服务制度和相关立法逐步完善产生了很大的影响。1958 年英国学者理查德·提特穆斯（Richard M. Titmuss）在他的著作《论福利国家》中提出了社会服务（Social Services）的概念，他认为，社会服务的内涵丰富，是在现代化进程中，政府为了维护和保障全体公民，尤其是社会困难群体和特殊群体（如老年人、残疾人、儿童、失业者、贫穷者等）的生存发展权益与尊严生活需求，主导并实施向其家庭或个人提供必要的日常劳务帮助和照顾服务支持的一项政策体系、制度安排。[②] 随着社会发展，社会福利的内涵也在发生变化。除了物质给付外，综合服务也越来越重要。因此，简单来说，社会福利服务就是社会福利体系中所提供的服务措施。社会福利服务是一种公共服务，其主体是政府和社会。相对于简单的物质给付，福利服务在满足社会成员的需要、改善生活质量方面，处于较高层次，这种社会性、福利性的公共服务更突出了以人为本的价值理念，表现出全面性、专业性的特征。

关于儿童福利服务的概念和内涵。现代儿童福利发展有两个显著特点。一是儿童福利的内涵不断变化，随着社会的发展与进步，儿童福利处于一个动态体系之中；二是儿童福利的功能正在由救助、矫治、扶助等恢复性功能向维护权利、健康成长等发展性功能变化。所以，本文从研究广义的角度对儿童福利服务做如下界定：儿童福利服务是政府和社会为满足儿童的需求，促进儿童身心发展而提供的制度化的、非现金形式的社会福利资源。这一概念包括以下几个要素。其一，提供主体多元化服务。不仅是政府部门，还包括家庭、民间组织、市场、社区等，都应在儿童福利服务中发挥作用。其二，服务理念先进。

① 李冰：《外国社会服务发展历程及其启示》，《中国民政》2011 年第 3 期。

② 民政部政策研究中心课题组：《关于社会服务发展演进与概念定义的探析》，《中国民政》2011 年第 6 期。

儿童福利服务主要是以儿童福祉为目标，满足儿童的需求。儿童社会福利需求是建立在儿童权利观念基础之上的，一个好的社会福利制度和服务应该全面覆盖儿童各层次、各类型、各阶段的需要。其三，服务供给形式专业性强。儿童福利服务以非现金的形式给付，以提供有针对性的、专业化的服务为主。其四，服务对象及范围广。我国传统意义上狭义儿童福利主要对象为孤残儿童、流浪儿童、贫困儿童、留守儿童、患病儿童、服刑人员子女等各式各样的困境儿童。随着福利制度由残补型向适度普惠型转变，服务对象及范围都在扩大，儿童福利服务是指针对一切儿童的需要提供的满足身心发展的福利服务。儿童福利服务根据不同的标准可以分为不同的类型。从服务的范围和领域来划分，可分为家庭服务、社区服务、儿童福利机构照顾、未婚妈妈的服务、预防青少年犯罪与矫正服务、寄养家庭中儿童的服务和儿童收养服务等；从服务的对象划分，可分为一般儿童的福利服务和特殊儿童的福利服务；从服务功能与作用的角度划分，可以分为支持性服务、补充性服务、保护性服务和替代性服务四类。

关于儿童社会福利的理论。儿童福利作为一种综合性研究，涉及多种学科，形成了多元的理论视角。其中风险社会理论源于1986年德国著名社会学家贝克的著作《风险社会》。[①] 该理论认为，在人类社会的发展历程中，先后经历了三个风险阶段，即自然风险、工业风险和风险社会。全球化时代的到来，风险的规模和范围、风险的程度都发生了重大变化，“被制造出来的风险”越来越占有主导地位，风险高度复合性与复杂性的特征日益突出，风险的广度和深度越来越扩大。在全球性逐渐加大的风险社会环境下，儿童作为面临最高风险性的弱势群体必定会是首当其冲的受害者，其所受到的伤害也呈现出原因多样化、程度复杂化、后果复合化、影响深远化的特点。作为以促进儿童生理、心理及社会潜能的最佳发展为目的的儿童福利制度，扮演着帮助儿童规避和应对各种风险的不可替代的角色。弱势群体理论则源于分析现代社会经济利益和社会权力分配不公平，社会结构不协调、不合理的视角。学术界从不同的角度和侧重点对其进行了各自的界定，如生活贫困论、资源分配论、地位不利论、风险承受论、能力不足论、优势缺乏论等。社会风险最容易在承受力最

① 乌尔里希·贝克：《风险社会》，何博闻译，译林出版社，2004。

低的社会群体身上爆发，儿童作为承受力最低的社会群体就应当得到社会的特别关注和社会福利的特别保障。儿童是弱势群中的一个特殊群体。所有儿童本身就是弱势群体，而在这个整体中又存在更弱势的群体，如孤残儿童、贫困儿童等，同时他们也交叉存在于其他弱势群体之中。因此，儿童福利制度是反映一个国家整个社会保障体系最重要的指标之一。国家与儿童的关系问题是儿童福利理论与制度发展的实质与精髓，国家与儿童的关系理论所探讨的正是这一根本问题，即国家在儿童福利事业发展中扮演角色与发挥作用的基本途径；家庭、国家、社会如何最佳组合，最大化满足儿童需要和确保所有儿童身心健康、幸福快乐成长等。国家与儿童建构什么样的关系模式，确立什么样的角色定位，涉及国家与社会怎么看待儿童、儿童抚育的责任归属等根本认知。福克斯·哈丁（Fox Harding）曾经在理论层面区分出四种不同的儿童社会福利类型：自由放任主义模型、国家家长主义模型、父母权利中心模型与儿童权利中心模型。① 无论哪种模式，当家庭这一“私领域”的力量无法确保儿童拥有良好的成长环境时，作为公共部门的国家——儿童的终极监护人——需要提供及时有效的援助，以充分保障儿童的各项正当权益，这已成为一种共识。

二　中国儿童福利服务的现状

儿童社会福利服务是现代社会语境中的概念，在我国长达2000余年的封建历史长河中，儿童福利都处在边缘的位置，整个封建社会较少有关儿童福利的正式制度安排，而且对于儿童救助的国家行为，大多数提供的是物质上的保障，福利性服务微乎其微，而且主要由宗教性组织提供。在很长一段时间，宗教力量对于贫困儿童救助发挥着重要作用，唐代的“悲田养病坊”就是寺院举办的社会救助机构。两宋时期，北宋官府首创慈幼局专收孤儿和弃儿，标志着儿童福利转向制度化。两宋以后，民间慈善组织在儿童福利服务上的作用逐渐加强，其中最具代表性的是江南地区民间慈善组织——善会。从服务的功能和作用看，古代所谓社会福利主要表现为对困境儿童的救助，儿童福利基本上

① Fox Harding，L. Family，*State and Social Policy*，Basingstoke：Macmillan，1996.

是替代性服务，不管是官办的儿童福利机构，还是民办的儿童福利机构，其主要目的都是收养弃婴，救助力量十分有限且覆盖面非常窄。民国时期是我国儿童福利事业发展的一个重要时期。民国初期很多公益事业慈善家创办了儿童福利机构，其中最重要的有张謇创办的盲哑学校和熊希龄开办的北平香山慈幼院；抗日战争时期，国民政府设立了适应抗战需要的儿童教养院管理机构赈济委员会，负责规划督导各社会团体对战灾难童进行救助；1940 年国民政府社会部成立，该部作为全国儿童福利工作的主管机构不仅负责未沦陷各省儿童福利工作的指导监督，而且直接创办了一批儿童福利直属机构，并推进儿童福利立法、召开儿童福利会议，进行了多种形式的儿童福利实验示范，为我国现代儿童福利事业的发展积累了经验。① 但由于传统观念的影响和现实国情限制，在服务的对象及范围方面，仍然局限于对困境儿童的协助，在服务的功能和作用方面，基本上仍然是以收养弃婴、孤儿为主的替代性服务，建立在现代儿童观上的儿童社会福利服务机制并没有真正建立。

新中国成立后，在中国历史上第一次建立起相对稳定和制度化的国家社会福利体系。新中国成立初期，大规模紧急救助中，对儿童的救助与孤老残幼等其他社会弱势人群的收养工作一起展开，并得到优先对待。1959 年，国家正式建立社会福利服务机构，儿童福利行政管理组织体系和全国网络开始建设并逐渐健全，主要集中在司法、民政、教育、医疗卫生和文化体育领域，其中尤以教育和医疗卫生专业化管理最为典型。在城市地区针对儿童开始建设儿童福利院和工读学校。1958 年我国对社会福利机构进行了调整，将儿童福利服务机构统称为儿童福利院，儿童福利机构的管理开始逐步定型。在农村地区的儿童福利制度主要包括家庭寄养和“五保”救助制度。虽然“大跃进”及“文化大革命”时期，儿童福利行政管理组织体系几乎彻底瓦解，儿童福利服务受到重创，但总体来说计划经济时期的中国儿童福利仍是我国儿童福利制度发展的一个重要时期。计划经济时期我国社会福利的基础为公有制制度，因此带有明显的“普惠制”色彩，这种福利制度致力于对人的生存权和发展权的关

① 陈竹君、张莉清：《抗战期间国民政府社会部的儿童福利工作述论》，《乐山师范学院学报》2007 年第 9 期。

注与保障，符合儿童福利发展的总体趋势。但此时的福利组织和机制，提供的更多的是物质上的救助，真正意义上的福利服务明显不足。此外，作为计划经济下的儿童福利，也存在城乡分割明显、政治色彩凸显、服务内容多仅限于孤残儿童最基本的生活需要等方面的局限。①

改革开放以来，特别是近年来，随着中国社会的繁荣与进步，中国的儿童福利事业发生了翻天覆地的变化，政府和社会的高度重视和关注，不仅在儿童福利理念上开始从传统的残补型向适度普惠型转化，而且大量儿童福利制度开始探索并建立，形成了一个儿童福利飞速发展的时期，儿童福利服务也逐渐发展，初步形成了儿童福利服务的基本架构。

特别是 2012 年以来，儿童福利政策与儿童福利服务发展快速。一是儿童福利津贴向普惠型发展，中央财政安排孤儿基本生活保障补助资金 24.3 亿元，惠及全国 61.6 万名孤儿，并逐步向事实无人抚养等困境儿童延伸；二是普惠型的专项补贴制度进一步深化，27 个省区市落实启动学前教育资助制度，农村义务学生营养改善计划完成 680 个国家试点地区的实施工作；三是一系列儿童权利受侵害的事件引发儿童福利制度反思并推动政策进步，促成了幼儿园师资规范、校车安全、收养制度等领域政府的积极行动和有效回应；四是政府购买服务推动儿童公益专业化发展，2012 年获得中央财政支持的儿童类服务项目 102 个，项目资金 5700 万元。②

1. 儿童福利制度日渐完善，为福利服务奠定了基础

在我国，政府始终是保护儿童权利的主体。在立法、组织领导、服务机制建设等根本问题上，我国政府积极推进，并取得了积极成果。

首先，逐步建构儿童福利服务的法律政策体系。改革开放 30 多年来，中国儿童保护已经形成了以宪法为中心，以相关法律、行政法规、部门规章和加入国际公约为主线的儿童福利服务的法律政策体系，涉及儿童养育、教育、医疗、康复、就业、住房、司法保护等各个方面，体现儿童生存权、发展权、被

① 姚建平 2011 年彩票公益金政府购买公益服务项目——社会福利制度研究的子课题“中国儿童福利发展战略研究”报告（11CNIC－032079－34）第二部分。

② 北京师范大学壹基金公益研究会、联合国儿童基金会：《中国儿童福利政策报告》，http://www.docin.com/p－595911553.html。

保护权和参与权等基本权利，初步形成了具有中国特色的儿童福利法律政策体系。中国宪法明确规定：“儿童受国家的保护”。根据这一总的原则，中国从国情出发，并参照世界各国有关儿童权益保护的法律和国际文件，制定了包括《教育法》《义务教育法》《残疾人保障法》《未成年人保护法》和《收养法》等在内的一系列有关儿童生存、保护和发展的法律，以及大量相应的政府法规和政策。其中，以国务院发布的三个儿童发展纲要为典型的代表，这三个纲要将国家保护和关爱儿童福利的意志上升为国家政策和发展规划，《中国儿童发展纲要（2011—2020）》更是首次增加了“儿童福利”章节，明确提出了我国未来一段时间儿童福利发展的战略目标。

值得注意的是，尽管我国目前还没有一部专门规定儿童福利服务的相关法律，但在很多法规条文里，都有大量的关于福利服务的规定，以救助流浪儿童和留守儿童的法规为例，一些相关法律中都有关于救助服务，以及民间服务组织专业服务的要求和规定。下面是近年来关于流浪儿童和留守儿童救助工作的一些文件里涉及福利服务工作内容的简单列表（见表1），[①] 从中我们可以看到，这些关于儿童社会救助工作专业服务的规定，在一定程度上起到了倡导和保障儿童福利服务的重要作用。

表1　关于流浪儿童和留守儿童工作的政策列表

年份	政策名称	关于福利服务的规定
2006	《关于加强流浪未成年人工作的意见》	通过引入社会工作专业制度、聘用专业社会工作者、建立志愿者服务基地、引导培育民间力量参与流浪未成年人工作
2007	《“十一五”流浪未成年人救助保护体系建设规划》	加大宣传力度，充分发掘、整合各类社会资源，鼓励具有专业特长的志愿者、社会组织帮助救助保护机构开展教育培训和心理辅导、行为矫治工作，引导广大群众劝导、帮助流浪未成年人接受救助保护
2009	《关于进一步加强城市街头流浪乞讨人员救助管理和流浪未成年人解救保护工作的通知》	探索开展社工干预、心理辅导、行为矫治、教育培训，帮助流浪乞讨人员回归家庭和社会
2010	《关于加强和改进流浪未成年人救助保护工作的意见》	充分发挥志愿者、社工队伍和社会组织作用，鼓励和支持其参与流浪未成年人救助、教育、矫治等服务

① 陆士桢、孙冉冉：《〈儿童权利公约〉中国实施情况影子报告》，2013。

续表

年份	政策名称	关于福利服务的规定
2011	《关于在全国开展“接送流浪孩子回家”专项行动的通知》	根据流浪未成年人身心特点，采取多种方式引导其接受救助；对不愿接受救助的，要组织社工、志愿者进行一对一的劝导、救助服务
2012	《中央财政支持社会组织参与社会服务项目实施方案》	社会工作服务示范项目：资助符合条件的社会组织重点围绕城市流动人口、农村留守儿童、社区老年人、残疾人的需求，开展困难救助、心理辅导、综合性社会支持网络构建等社会服务
2013	《关于加强义务教育阶段农村留守儿童关爱和教育工作的意见》	针对不断提高留守儿童教育水平，提出“四加强”：加强留守儿童受教育全程管理，加强留守儿童心理健康教育，加强留守儿童安全教育，加强家校联动组织工作。针对逐步构建社会关爱服务机制，提出“三支持”：支持做好留守儿童家庭教育工作，支持做好留守儿童社区关爱服务，支持做好留守儿童社会关爱活动

2012 年，涉及儿童权利保护及儿童社会服务的事件频发，引起全社会的热议，也催生了多项相关政策的出台。以儿童交通安全为例，在我国，道路交通伤害的危险因素不断增加，儿童成为重要的受害者，因道路交通事故导致的儿童伤害和死亡率在 1985 ~ 1999 年的 15 年间增长了 81%。每天，至少有 19 名 15 岁以下的中国孩子因道路交通意外而死亡；77 人因道路交通伤害而受伤。[①] 特别是 2011 年以来，频繁出现的校车安全事件引起了社会舆论的高度关注，把儿童交通安全的问题提到了特别的位置。继 2011 年 12 月 11 日国务院法制办公布《校车安全条例（草案征求意见稿）》后，2012 年 3 月 5 日，校车安全问题首次写进政府工作报告，要求“加强校车安全管理，确保孩子们的人身安全”；《校车安全管理条例》于 2012 年 3 月 28 日国务院第 197 次常务会议通过并公布实施；2012 年 4 月 10 日，国务院正式发布《校车安全管理条例》，对校车的管理责任主体、校车使用地区、制定和修订校车安全国家标准的部门、校车驾驶人资格、校车通行安全、校车乘车安全、相关责任等进行了

① 全球儿童安全组织：《中国儿童道路交通伤害报告》，http://www.safekidschina.org/research.html?cid=299&classid=2&subclassid=7。

规定；2012 年 5 月，国家标准委发布《专用校车安全国家标准》；2013 年 4 月，教育部等部门联合下发通知，将建立全国校车信息管理系统，要求各地做好校车信息采集工作。这些政策的陆续、频繁出台并实施，对于保护儿童的生命安全，无疑起到了重要的保障作用。截至 2012 年底，有 26 省（区、市）建立了省级校车安全管理工作协调机制；有 1235 个县区制定了校车服务方案，占县区总数的 40.6%。校车安全事故同比下降 42.1%，校车安全事故死亡人数同比下降 50.2%。①

其次，以政府为主体建立健全儿童福利运行机制。

第一，加大资金的投入。2010 年，国家建立了孤儿国家保障制度。《国务院办公厅关于加强孤儿保障工作的意见》的颁布，进一步指导各地健全孤儿保障制度，细化孤儿保障政策，落实孤儿保障标准。2012 年 10 月，民政部、财政部下发《关于发放艾滋病病毒感染儿童基本生活费的通知》（民发〔2012〕179 号），将艾滋病病毒感染儿童纳入基本生活保障范围，决定为感染艾滋病病毒的儿童发放基本生活津贴。这两项儿童福利政策的实施得到了政府资金的有效保障。专项用于民政社会福利、社会公益事业的彩票公益金中，儿童福利类项目占全部项目的 1/4。2012 年，民政部安排使用福利彩票公益金 47553 万元，用来支持儿童福利机构建设，健全孤儿、弃婴等困境儿童养育、治疗、康复、特殊教育和职业技能培训工作，为困境儿童分类保障制度提供重要的保障，特别在服务保障方面加大了投入。其中，大龄孤儿学历教育和孤残儿童助学工程 1053 万元；中西部省区开展适龄孤儿职业技能培训项目、儿童福利机构培训项目 2000 万元；儿童福利、养老服务系统开发维护项目 300 万元；涉外送养儿童寻根回访及中国文化教育项目 200 万元；残疾儿童、艾滋病影响儿童养治教康项目 8000 万元；蓝天计划项目 29000 万元；孤残儿童手术康复“明天计划”项目 7000 万元。②

第二，随着民办儿童福利机构一定程度的发展，我国已经初步形成了政府

① 北京师范大学壹基金公益研究会、联合国儿童基金会：《中国儿童福利政策报告》，http://www.docin.com/p-595911553.html。

② 民政部：《民政部 2012 年度本级福利彩票公益金使用情况公告》，2013 年 4 月 17 日，http://www.mca.gov.cn/article/zwgk/tzl/201304/20130400445377.shtml。

各部门各负其责，企业、个人多方参与的儿童福利服务体系。仍以对流浪儿童和留守儿童的救助为例，我国正在逐渐形成民政部主要负责，各个其他部门联合行动的流浪儿童及留守儿童救助保护网络，以及以大城市机构救助为主体，中小城市区县救助站为辅的救助体系，针对流浪儿童及留守儿童的生活保障、教育、心理辅导、犯罪预防、权益保护、流浪儿童的安置等多方面内容开展了一系列项目及专项行动，并取得了积极的成效。在流浪儿童救助方面，仅2012年，民政部贯彻落实《关于加强和改进流浪未成年人救助保护工作的意见》精神，深入开展"接送流浪孩子回家"专项行动，2012年全国共救助流浪未成年人16万人次，与前一年相比下降了近2万人次；与中央综治办、最高人民检察院等16个部门联合印发《流浪乞讨人员救助管理工作督导检查办法》，落实救助管理政策措施；公安部按照《关于在全国开展"接送流浪孩子回家"专项行动的通知》的要求，开展严厉打击拐卖、拐骗和操控流浪未成年人违法犯罪行动，已侦破组织未成年人、残疾人违法犯罪案件5180起，其中组织未成年人流浪乞讨案件520起，抓获违法犯罪人员1300名；教育部指导各地做好失学儿童的劝学、返学工作，支持救助保护机构对流浪儿童进行义务教育或替代教育，积极帮助流浪儿童、被解救拐卖儿童回归学校，并做好心理辅导工作；财政部大幅增加流浪乞讨儿童救助补助资金，2012年下达20亿元流浪乞讨人员救助补助资金，并对各地方合理分配，引导规范管理，提高资金使用效益；国家发改委积极指导地方各级发展改革部门统筹考虑流浪未成年人救助保护体系建设，将流浪未成年人救助保护纳入"十二五"时期基本社会服务内容，要求拓展流浪未成年人保护设施功能，发挥庇护救助作用。① 在救助工作中，越来越多的服务性内容加入其中，有效提高了儿童保护的层次，不仅改善了这些孩子的生活困境，而且为其长远健康发展提供了切实的保障。

2. 儿童福利服务范围不断扩大，服务领域不断增加

我国传统的、狭义的儿童福利服务，在服务对象上主要是少数由国家监护的儿童。随着社会的发展，儿童福利服务的范围正在逐步向社会上的全体弱势儿童扩大，并进一步扩大到所有儿童。这个转变不仅仅是覆盖人数的增加，而

① 陆士桢、孙冉冉：《〈儿童权利公约〉中国实施情况影子报告"》，2013。

且覆盖人群和福利内容也在发生变化，如孤儿救助从过去只覆盖福利机构内养育的孤儿，开始拓展到所有孤儿，包括散居在亲友家的孤儿。同时，服刑人员家中无人照料的未成年子女、受艾滋病影响的儿童、流浪未成年人以及贫困家庭的残疾儿童、大病儿童和农村留守儿童等，也都纳入了儿童社会福利关注的范围。在面向所有儿童的普遍性福利服务方面，也逐步建立起以幼儿照管、儿童健康、教育福利为主的福利体系。一是20世纪90年代以来，针对幼儿照管服务政府提出“动员社会力量，多渠道、多形式地发展幼儿教育”的方针，各地开始进行托幼机构体制改革；二是1978年起，涵盖儿童卡介苗、脊髓灰质炎疫苗、百白破疫苗、麻疹疫苗免疫和乙肝疫苗等儿童免疫制度逐步完善，探索采用社会保险的方式让未成年人参加医疗保险也逐渐纳入日程；三是1986年7月1日开始实施《中华人民共和国义务教育法》，2002年4月14日，国务院办公厅印发了《关于完善农村义务教育管理体制的通知》。2012年，多起学生交通安全事故的发生促使我国农村义务教育阶段“撤点并校”政策的调整，2012年9月，国务院办公厅正式下发《关于规范农村义务教育学校布局调整的意见》（国办发〔2012〕48号），提出“坚决制止盲目撤并农村义务教育学校”，“在完成农村义务教育学校布局专项规划备案之前，暂停农村义务教育学校撤并”。这一系列政策推动义务教育的普及率不断提升。

特别值得注意的是，21世纪以来，我国普遍性的儿童福利领域逐渐拓展，涉及儿童身心健康成长所有领域的儿童福利服务的内容显著增多，儿童福利服务的内容和项目正经历从一般的养育和照料，向养育、照料、康复、权益保护、社会参与和儿童身心全面健康发展的方向转变。2006年出台的《关于加强孤儿救助工作的意见》和《关于加强流浪未成年人工作的意见》，使孤儿、流浪儿童社会福利由养育向教育、医疗、康复、成年后的住房和就业拓展；在基础设施建设上，先后启动实施的《“十一五”儿童福利机构建设规划》等法规，把儿童福利机构、流浪未成年人救助保护机构、社区服务机构建设明确列入中央支持的公共服务重点工程，推动了儿童社会福利服务供给网络的建设。同时，儿童福利制度和儿童养育方式实现重大转型。机构内的儿童养育方式从传统的单纯生理上的服务向为发展儿童最大潜能的全面照顾，即在注重儿童“养、治、教”的同时，越来越关心情感满足、社会认知、心理卫生、运动娱乐等方面的转化，儿童福利服务的周期向青年时代延展，孤残儿童教育、医疗向成年过渡，就业安置正在成为儿童福利系统服务中的重要一环。同时，随着儿童福利理念的变化，儿童福利服务也从机构导向转向家庭导向，家庭导向日渐成为我国儿童福利服务的指导原则。

3. 儿童福利服务专业化程度有效提升

儿童福利服务的专业化，涉及对于儿童的直接服务与儿童福利服务机制建设两个方面。一方面，儿童服务，特别是对弱势儿童的救助和服务，是一项专业性很强的工作，它涉及心理学、教育学、社会学、传播学、社会工作等多学科，需要专业的介入；另一方面，中国正处于工业化、城市化、市场化发展的关键阶段，儿童福利问题大量涌现，社会矛盾更加突出，儿童福利管理与服务任务更加繁重，迫切需要创新儿童福利服务管理方式，实施专业化管理。近年来，专业化发展已成为儿童福利服务的重要趋势。

一是儿童福利服务专业价值观的普及。以儿童为本是儿童工作的基础价值，是儿童福利服务专业化的基本伦理。意识到并相信儿童阶段有其独特的价值、认识到每位儿童的独特存在、认可儿童应享有的权利①等观念在我国儿童福利服务过程中越来越被认可，并在具体服务儿童群体的过程中予以体现。目前，无论是社区青少年儿童服务，还是社会服务组织的专业儿童服务，专业价值观都是整个服务的重要部分。以北京的民办社会服务组织“花旦工作室”为例，这是一家成立于2004年以儿童和女性为服务对象的非营利性组织，他们通过参与及领导启发式艺术项目来发展个人软技能，包括参与性游戏、角色扮演、论坛剧场等方式，挖掘人们的潜能，提高自我意识、自信、沟通、领导、团队合作、解决冲突和创新七个方面的能力。他们的“留守青少年成长支持项目”以邀请学生参与互动和替换演员角色的方式，让学生在体验表演的过程中探索与主题相关问题的小论坛剧场；引导和启发孩子们去表达自己和发现自己，从多角度去想问题，积极引导学生更好地建立关系的互动表演+参与式工作坊；通过参与式戏剧方式的创作和探讨，促使父母与子女共同去重新认识对方，肯定对方，支持对方，促进彼此之间的

---

① 柴瑞章：《以儿童为本创建儿童福利院的组织文化》，《社会福利》2003年第6期。

关系。此项目着重提升留守儿童的自信心和能动性，为这个群体的长远发展奠定基础。[①] 其儿童参与的价值观在服务中得到了较好的体现。

二是儿童福利服务的专业技术的普及与发展。儿童服务的专业性是儿童自身发展规律的要求，儿童社会工作是儿童社会服务的基础专业。自 2008 年国家进行社会工作职业水平考试以来，至 2012 年，全国已有 84126 人取得社会工作职业水平证书，其中 2012 年有 29950 人取得社会工作职业水平证书，是近年来取得社会工作职业水平证书最多的一年。[②] 这中间有相当比例是工作在儿童福利院和儿童服务组织中的儿童社会工作者，这支队伍已成为我国儿童福利专业化服务的基础力量。目前在儿童福利机构，养育、康复、教育、照料等运用现代方法和手段，引进现代康复技术，已成为一种趋势。比如在流浪儿童救助方面，据统计，自 2003 年实施《城市生活无着的流浪乞讨人员救助管理办法》以来，全国共救助流浪儿童约 32.5 万人次。在郑州、云南等地，一些救助站和非政府组织采用“类家庭”的方式救助流浪儿童。“类家庭”是类似于家庭的集寄养、看护、教育于一体的，对年龄在 8～14 岁的智力正常、身体健康的流浪儿童，实施的亲情式救助，目的是对流浪儿童行为与思维方式的改变起到影响和干预，培养流浪儿童独立的生活能力，学会合作、协作，养成良好的生活习惯，为今后融入主流社会独立生活做准备。再如由民政部、联合国儿童基金会与北京师范大学中国公益研究院共同启动的“中国儿童福利示范区”项目，以社区为基本阵地，以搭建项目一线的专业社工队伍——儿童福利主任为核心，致力于社区儿童社会服务专业化的推动。2012 年，该项目从儿童福利教材开发与培训为切入点，推出《基层儿童社会工作读本（试读本）》《特殊儿童成长手册·健康快乐的我》等项目成果，同时开展针对项目一线工作者的教材设计与实务培训工作。教材开发涉及儿童社会工作价值伦理、内容与发展、儿童个案工作，以及儿童团体与社区工作等主要内容，并设计出儿童社工个案与经典游戏等案例。他们还就防止虐待儿童、家庭及儿童保护、面对家庭暴力的儿童及青少年个案服务，以及等待永久家庭领养的幼婴及

① 腾讯公益，http：//gongyi. qq. com/a/20101020/000056. htm。

② 《2012 年中国社会工作年度报告》（2012 年度），《中国公益时报》2013 年 1 月 30 日。

儿童照料等儿童工作的技能与方法对社区儿童福利主任进行专业培训。项目对于推动基层儿童福利服务的专业化，特别是专业技术的提升起到了重要作用。

4. 民间组织积极介入，儿童福利服务力量多样化发展

我国国务院颁布的《社会团体登记管理条例》《民办非企业单位登记管理暂行条例》和《基金会管理条例》中，明确将中国民间组织分为“社会团体”和“民办非企业单位”两类社会组织。改革开放以后，中国民间社会组织快速发展，其范围涉及科技、教育、文化、卫生、劳动、民政、体育、环境保护、法律服务、社会中介服务、农村专业经济等社会生活的各个领域。其中，救助类的非政府也得到了迅速发展，民间组织日益成为救助社会弱势群体的重要力量。据统计，截至2012年，我国已有1300多家民办社会工作服务机构，较2011年相比增加了近50%。[①]

儿童服务是这些民间组织，特别是民办社工服务机构的重要领域，其中一些组织专门以儿童为工作对象，并为此做出了积极的贡献。如中华少年儿童慈善救助基金会（简称中华儿慈会）正式成立于2010年1月12日，属全国性公募基金会，基金会以“以慈为怀、从善如流、呵护未来、促进和谐”为理念；以募集社会资金，开辟民间救助渠道，对社会上无人监管、抚养的孤儿、流浪儿童、辍学儿童、问题少年和其他有特殊困难的少年儿童进行救助为宗旨。中华儿慈会的救助渠道主要有：创办“博爱儿童新村”、创建少儿“慈善服务之家”、搭建“就业发展桥梁”、设立“自强奋进奖”、办好“慈善救助通道”等。支持草根儿童服务组织的“童缘”项目已实施了三期，每一期资助100个左右基层草根组织，每个组织项目投入资金20万元左右，已募集和投入6000多万元，[②] 项目有力地推动了对于儿童群体的服务，也有效扶持了各地志愿组织的发育和成长。

除了在凝聚社会正能量，普及社会主义核心价值观，以及专业力量上的优势之外，民间组织在社会资源和民间力量的积极整合与利用方面，也具有不可替代的作用。中国是一个发展中国家，儿童人口众多，儿童福利资源不足是一

---

① 《2012年中国社会工作年度报告》（2012年度），《中国公益时报》2013年1月30日。

② 中华少年儿童慈善基金会官网，http：//www. ccafc. org. cn/。

个长期困扰儿童福利事业发展的问题。改革开放以后，政府加大了对儿童福利的投入。以教育为例，2012 年，财政部部长谢旭人在全国财政工作会议上指出，“国家财政性教育经费支出占国内生产总值的比重达到 4%”。[①] 这一目标的实现，我们用了近 20 年的努力，也就意味着我们要拿 1/6 的财政收入用到教育方面。但实际上无论是优质教育资源，还是对弱势儿童的教育援助，都有较大缺口。在政府资源不足的情况下，民间组织在整合包括资金和人力资源在内的社会资源方面的优势就显得格外突出。同时，民间组织还在社会上树立了一种公益的、积极向上的、慈善的社会形象，不仅具有社会精神和文化的倡导作用，而且能够吸收更多的人投入到为弱势群体服务的慈善事业之中。这对于整合社会积极力量，发挥各行业专业优势，弥补在社会综合服务方面资源的不足具有重要意义。

下面是近几年儿童救助服务机构数量的统计，可以看出，在总体数量持续上升的情况下，有民间力量参与的各地流浪儿童保护机构救助儿童的比例上升态势更加突出（见表 2）。

表 2　儿童收养救助服务机构数量统计表

机构类型	2009 年		2010 年		2011 年		2012 年	
儿童福利机构	303		335		397		463	
流浪儿童救助保护中心	116		145		241		261	
	占比例	28%	占比例	30%	占比例	38%	占比例	36%
总　计	419		480		638		724	

数据来源：《2012 年中国统计年鉴》。

民间组织的快速发育得益于政府购买服务力度的增大，2012 年中央财政总共拨出 2 亿元，首次对社会组织进行专项支持，专门用于购买社会组织服务，共立项 377 个，带动社会资金 3.2 亿元，使约 185 万个低收入家庭成员、灾区群众、大病重病患者、老年人、儿童、残疾人等群众直接受益，1.77 万名社会组织负责人和登记管理机关干部接受了培训。在 2012 年获得中央财政

① 参见 http：//finance. people. com. cn/n/2012/1220/c70846 - 19965027. html。

支持的377个社会组织服务项目中，儿童类的服务项目102个，占27%。实际项目资金总量1.94亿元，其中，儿童类的服务项目资金5725万元，占29%（见图1）。2012年底，民政部再次发布了2013年中央财政将预算2亿元专项用于支持社会组织发展的通知。①

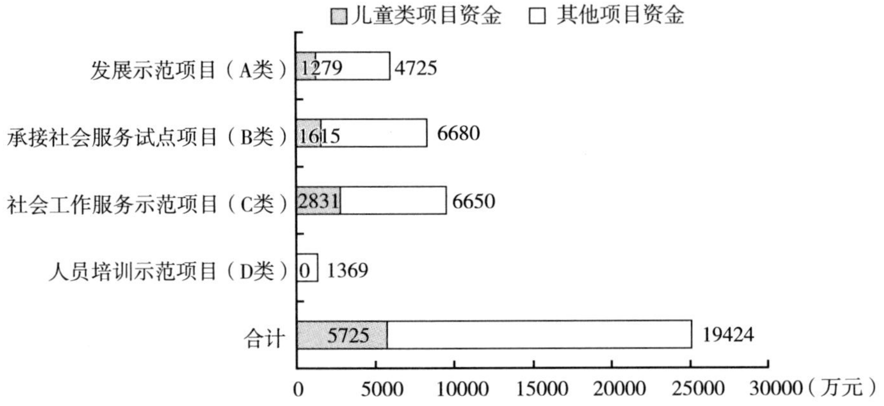

图1　2012年中央财政支持社会服务中儿童类项目金额情况

三　中国儿童福利服务存在的问题与对策建议

1. 中国儿童福利服务存在的问题

应该说，中国儿童福利还存在明显的缺陷，特别是福利服务方面，从政策法规到行政执行体系，再到综合专业服务机制，都还没有形成真正严谨、规范、科学的体系，对全体儿童，特别为每一个弱势儿童提供切实的服务保障的目标还难以真正实现。在诸多的问题中，下列问题尤其突出。

第一，法律政策体系不健全，儿童福利服务缺乏严谨性和规范性。儿童福利服务涉及的范围非常广泛，包括政府、家庭、社会组织，涉及教育、卫生、社会救助福利、司法等多个系统，特别需要建立起一个完整的法律政策体系。

① 北京师范大学壹基金公益研究会、联合国儿童基金会：《中国儿童福利政策报告》，http：//www. docin. com/p－595911553. html。

从现阶段的情况来看，虽然我国出台了《中华人民共和国未成年人保护法》《中华人民共和国预防未成年人犯罪法》等一系列保护未成年人的法律法规，但距离完整的法律政策体系仍有较大距离。现有相关法律存在的缺乏可操作性、缺乏针对性、范畴狭窄、缺乏配套等问题严重影响了儿童福利服务的具体实施。而且现有政策法律框架下的很多空白点也使儿童福利服务难以有效落实。2005 年 3 月发生在南通市儿童福利院的两名十三四岁的智障少女被医生切除了子宫的案例曾引起社会广泛关注。虽然此后相关责任人员被以故意伤害罪定罪判刑，但有些医学专家认为，切除两位智障女童的子宫，不仅是人道的，而且是维护了两名女童的最大利益。法律上的空白不仅引发了社会热议，而且也给儿童服务的实践带来了困惑。

第二，进步的儿童观在全社会尚未得到普及，直接影响了儿童福利服务的实施。近年来，政府部门颁布的有关儿童的政策法规并不少，但事实上，“儿童福利、儿童权利、儿童参与、儿童优先原则和儿童发展理念尚未被广泛接受”,[①] 以儿童为本的核心福利和保障理念在全社会还相对淡薄，这些理念大多还只是停留在政策层面，与实践层面相去甚远。从全社会来看，认识的局限性主要表现在几个方面。一是对儿童需求的理解局限在生存权利和生命安全的保护方面；二是认为对儿童的照顾是家庭的责任，社会没有或只负很少责任；三是由于儿童自身的依赖性和从属性，往往受到忽视。[②] 如对于童工的救助，在很长的时间里，我们把童工问题当成社会工商管理范畴的事，20 世纪末，九部委综合治理行动牵头单位就是国家工商管理总局。事实上，被解救的童工生存发展所面临的问题，远远不仅仅是离开生产岗位，随后的心理辅导、家庭服务、入学管理、就业培训对他们的一生具有特别重大的意义。这里面涉及很多问题，而核心问题是以什么样的价值理念来建构童工救助体系，是以社会为本，寻求社会稳定；还是以儿童为本，以儿童的核心利益为根本目标，为其一生负责。再如以浙江温岭幼师虐童事件为代表的幼儿园等教育机构工作人员虐待儿童的事件，引发社会高度重视。2012 年，截至温岭事件发生当月，共发

① 仇雨临：《中国儿童福利的现状分析与对策思考》，《中国青年研究》2009 年 2 期。

② 《中国收养制度》，http：//www. worlduc. com/blog2012. aspx？ bid = 17458458。

生8起幼师虐童事件。教师解聘、停职，事发幼儿园整顿、停办等方式的处置，并未缓解社会舆论的强烈谴责，也未能有效制止此类事件的发生，类似事件的发生频率依然居高不下（见表3）。究其根本原因，从业人员缺乏正确的儿童权利观念，以儿童为本的核心福利和保障理念在全社会还相对淡薄，是引发此类行为的思想基础。

表3　2012年幼师虐童事件一览

时间	地点	事件提要	事件结果
2012.4	陕西西安	幼师让儿童自掌嘴巴。因中午吃饭前有小朋友说话，让全班幼儿打自己嘴巴，而且必须用劲，否则老师就动手打	解聘处理
2012.5	浙江平阳	幼师用打火机烫伤儿童。幼师对不听话的孩子采用打火机烫脸的方式进行惩罚，共有4名孩子被多处烫伤	通过教师赔偿达成和解协议
2012.5	山东济南	幼师殴打儿童。济南高新区某幼儿教师虐待殴打小孩的视频于网络上曝光	停职处理 暂扣办园许可证
2012.5	浙江杭州	幼师用紫外线灯照射儿童。教师因孩子午睡问题、吃饭漱口等问题，曾多次采用对孩子照射紫外线灯光的方式进行惩罚	停职处理
2012.7	广东番禺	儿童康复中心教师伤害儿童致重伤。教师因4岁多幼女做运动时不配合，便将其摔致重伤	以涉嫌故意伤害罪提请公诉
2012.9	河北邢台	数学教师体罚学生。因学生未能及时完成作业，老师接连采用扇耳光体罚，最终造成学生右耳鼓膜内陷，听力下降	辞退处理
2012.10	山西太原	幼师掌掴儿童。一名5岁女童因不会做算术题，被班主任老师连续掌掴。监控录像显示，该幼儿园有多名幼儿遭受老师体罚、殴打	拘留15天 幼儿园停办
2012.10	浙江温岭	幼师虐待儿童照。教师因“一时好玩”在该园活动室里强行揪住一名幼童双耳向上提起，同时让另一名教师用手机拍下，之后该视频被上传到网上	行政拘留 开除

资料来源：北京师范大学壹基金公益研究会、联合国儿童基金会：《中国儿童福利政策报告》，http://www.docin.com/p-595911553.html。

第三，儿童福利服务行政体系尚不完善。目前我国从中央到地方没有专门负责儿童福利工作的行政机构，只是政府机构内部设立了一些面向儿童的工作部门，从各自的专业领域负责儿童救助保护及相关儿童福利工作。而且这些工作大都以救助性为主，较少涉及服务层面，如卫生部妇幼保健司负责婴幼儿的计划免疫和卫生保健，文化部少儿艺术司负责少儿文化艺术活动的开展等；群团组织，如共青团、妇联也设有儿童部，作为人民团体担负起教育和保护儿童的职责；民政部虽然作为政府职能部门管理有关弱势儿童的相关事务，但也只在社会福利司设置一个儿童处，而且民政部并不具备统领其他行政部门的权力。政府不同部门行使不同的儿童福利职能，追求不同的儿童福利政策目标，造成分散管理，效率低下、难以追究管理责任等问题。

2012 年，贵州毕节 5 名男孩在垃圾箱内生火取暖致中毒死亡的事件和河南兰考县城关镇袁厉害收留流浪儿童的房屋失火烧死 7 名儿童的事件震惊了全社会，也引发了我国儿童福利体系，特别是儿童福利服务社会责任划分的激烈争议。2012 年 11 月 16 日，贵州省毕节市 5 名男孩被发现死于七星关区街头垃圾箱内。当地警方调查后表示，5 名男孩因在垃圾箱内生火取暖导致一氧化碳中毒而死亡。而据目击者称，5 名流浪儿童，最大的大概 13 岁，最小的约 7 岁。事后，毕节市主管民政工作的副市长和民政局局长受到了行政处罚。政府在全市范围内排查城乡留守儿童，将对留守儿童建档管理，并逐步落实相关救助措施，对离家出走、四处流浪的未成年人要确保找到，及时进行重点帮扶救助。问题似乎解决了。但人们也在责问，究竟谁应该对这 5 个孩子的悲剧负责？如果包括学校在内的教育部门将义务教育法切实落到了实处，对管辖区域的未成年人接受义务教育真正负起责任；如果民政部门对于弱势儿童的社会保护切实到位，对每一个处于困境的孩子真正负起责任；如果基层社区对社区里的每一个困难家庭切实提供了有效帮助，使本社区的每一个困难家庭和孩子真正摆脱了困境；如果社会负责管理的各级政府部门对社会各类人群，特别是弱势群体切实实施了有效监控，把每一个可能需要帮助的人都真正纳入服务保障体系之中，这样的悲剧还会发生吗？而如果上述系统性的儿童福利服务社会机制不能真正形成，谁能保证不会出现其他孩子的悲剧呢？

第四，多元化的福利服务供给主体没有完全建立起来。我国的儿童社会福利工作中政府占主体地位，政府不仅负责政策制定，也负责具体运行，民间组织和社会力量尚未充分调动起来。实施上，在福利服务方面，个人、企业、社会团体、慈善机构、宗教组织具有不可替代的优势和积极的作用，没有对这些体系的支持、引导和规范，就很难形成顺畅的儿童福利服务事业的多元供给体系。2013 年 1 月 4 日上午 8 点 30 分左右，河南兰考县城关镇一居民楼发生火灾事故，造成 4 名儿童当场死亡，3 名儿童在送医院途中死亡。经调查，事发场所为一居民家庭，事故原因是其住宅内的儿童玩火所致，火灾中遇难的 7 名儿童是户主袁厉害收养的弃婴和孤儿，遇难儿童都是因不能行走于火中殒命。应该说，袁厉害的收养行为得到了政府的默认，但政府并没有相应的规范和引导，悲剧发生后，国家、地方相关部门，专家学者，民间机构代表，以及社会爱心人士等对该事件做出了积极的回应和评论，社会舆论关注的焦点都集中于我国目前的收养制度上，而制度的建立绝不是简单的发几个文件。政府儿童福利服务资源不足，对社会力量扶持、管理不到位，民间力量动机、素质、能力等要素参差不齐的问题都直接制约科学有效的儿童收养制度的建立。应该说，在儿童福利服务的众多社会力量中，民间组织是特别需要重视的。民间社会组织具有灵活性、专业性、公益性、志愿性和多样性等特点，可以作为传递与实施儿童福利服务的重要载体，是中国儿童福利制度中必不可少的组成部分。目前我国民间组织管理的政策法规体系、行政管理体系、评估监控体系都没有完整地建立起来，民间组织的发展依然面临一系列的问题。如政府购买社会服务的机制不健全，社会融资困难；对民间组织的监督体系尚未完整建立，缺乏行业自律机制；组织专业化不强，能力不足等。在未来中国儿童社会福利服务体系的建设中，建构民间组织与政府的良好合作关系是非常重要的内容。

第五，儿童福利服务发展不均衡，儿童福利服务专业化水平低，不能满足儿童发展需求。目前，我国儿童福利服务地区之间、城乡之间、不同群体之间都存在明显差异。总的来说，中西部地区相对东部地区、贫困地区相对于发达地区、农村相对于城市，在资金投入、基础设施建设、专业化服务、服务覆盖率上都存在不小的差距。同时，我国对儿童的专业服务严重不足，以专业人员比例为例，美国 2004 年在册的 56 万人的社工队伍中，专门从事儿童家庭和学校社会工作的人员共有 27 万人，占总数的 48.2%。[①] 而我国，2010 年全国有儿童福利院 335 个，职工人数 8908 人，具有社会工作职业资格的职工占 3.93%。[②] 2010 年，

① 童小军：《美国社会工作者的主要从业领域》，《中国社会报》2007 年 4 月 2 日。

② 中华人民共和国民政部：《中国民政统计年鉴 2010》，中国统计出版社，2010。

我国有145个流浪儿童救助保护中心，中心的职工人数有1335人，具有社会工作职业资格的职工占3.60%。[①] 专业人员不足，直接造成了儿童福利服务层次定位低的问题。例如，因为专业学校和人员不足，全国仍有24.35万适龄残疾儿童未入学，其中80%以上在中西部地区；[②] 一些残疾儿童，比如重度智力残疾、脑瘫儿童、自闭症儿童等，能够得到专业服务的微乎其微。

2. 对策与建议

儿童社会福利服务涉及政府、民间组织、社区、家庭、学校等多个领域，必须遵从“儿童优先”、以儿童为本，儿童最大利益、兼顾普及性福利服务与选择性福利服务的原则，建立起对不同的儿童类型实行分类救助，全面保护的完善的儿童社会福利服务体系。

第一，进一步加大儿童福利服务的政策和法律支持。儿童福利服务是一项社会性的事业，离不开全社会的广泛关注，更有赖于国家强有力的政策和法律支持。应当制定《儿童福利法》这样完整系统的儿童基本法规政策来保障儿童的权利，这对改善目前儿童福利分散化管理的问题将发挥重要作用。同时，在条件逐步成熟的条件下，加快制定《学前教育法》《母子福利法》《儿童保护法》《儿童扶助法》《育儿休假法》《家庭津贴法》等，构建起完整儿童福利法律体系，对儿童福利所涉及的具体内容予以说明与规定。特别是要专门制定《儿童社会服务法》，将涉及儿童社会福利服务的相关内容以及必要程序用法律的形式固化下来。同时，每部法律都应该有相应的政策措施相配套，既要明确福利内容，又要细化各方职权。在国家政策方面，要进一步推进《中国儿童发展纲要（2011—2020年）》《关于发放孤儿基本生活费的通知》等政策的贯彻实施。

第二，建立完善的儿童福利服务资金保障机制。儿童福利服务的运行需要长期稳定的资金支持，我国的儿童福利服务，必须强调政府主导、社会参与。在资金支持方面，要以政府的财政支持为主，以民间社会的资金投入为辅，政府的财政投入必须固定、稳定和全面。按照通常的国际惯例，政府的财政支持

---

① 中华人民共和国民政部：《中国民政统计年鉴2010》，中国统计出版社，2010。

② 《中国发展报告第十一章：特定人群的社会福利制度》，http://finance.ifeng.com/news/hgjj/20090403/508850.shtml。

是儿童福利最主要的资金来源。而加大投入、列入预算、规范投入的方式、专项管理、专账核算、专款专用等相关法规是政府投入的根本保障。与此同时，整合与有效利用民间资本是保证儿童福利服务的发展的重要依托，需要通过大力发展儿童慈善事业，鼓励社会各界捐赠福利事业，制定和实施积极的税收激励政策，鼓励企业和民间资金进入儿童福利服务领域等措施，充分调动民间投资儿童福利服务事业的积极性。如，近年来，福利彩票支持的儿童福利服务项目在全社会形成了广泛的影响。发行福利彩票是比较成熟的筹集民间资金的有效形式。根据民政部发布的《2012 年社会服务发展统计公报》，2012 年中国福利彩票年销售 1510. 3 亿元，比上年增加 232. 3 亿元，同比增长 18. 2%。全年筹集福彩公益金 449. 4 亿元，比上年增长 17. 6%。全年民政系统共支出彩票公益金 159. 0 亿元，比上年增加 31. 1 亿元，其中社会福利 92. 2 亿元，社会救助 24. 1 亿元，为社会福利、社会救助和公益事业发展做出了重要贡献。①

第三，探索构建多方参与的儿童服务运行机制。建构自上而下的、运行儿童福利服务行政管理体系。鉴于目前我国儿童福利服务的现状和发展需求，建议在国务院主管社会福利的部委中，成立副部级儿童发展局，主管全国性的儿童福利工作，负责儿童福利的发展构架、政策制定执行监管、法律倡导及部分直接服务。要设立专门主管儿童福利服务工作的部门，各级省、市、乡镇政府也需要相应成立儿童救助保护服务部门，来履行相应的管理和服务职能。城乡社区则建立儿童福利服务中心，设立专职的儿童福利服务社工。同时着力建构起政府、社会、家庭、市场等各方面、多元化的儿童福利服务供给网络，坚持各方力量有机结合，优势互补。在儿童福利服务体系建设中，要特别注重发挥社区与家庭的作用。进一步挖掘儿童福利服务市场的作用，同时加强对市场的引导和监督，切实维护儿童的根本利益。

第四，加强儿童社会工作人才培养，提高儿童福利服务的专业化建设。儿童福利服务专业人才的极度缺乏，不能满足儿童多样化服务的需求，是当前我国儿童福利保障缺失的重要因素。需要建立高等院校培养的大量专业社工有效

① 《2012 年社会服务发展统计公报》，中国政府网，http：//www. gov. cn/gzdt/2013 - 06/19/content_ 2428923. htm。

进入现有儿童福利服务体制，要尽快建立并完善儿童社会福利机构社会工作岗位制度。可以根据事业单位社会功能、职责任务、工作性质、人员结构等因素，分类设置儿童社会福利体系内社会工作专业岗位。对以社会工作服务为主的事业单位，如儿童福利服务机构、收养服务机构、妇女儿童援助机构等，可将儿童社会工作专业岗位明确为主体专业技术岗位。对学校、医院、人口计生服务机构等需要开展儿童服务工作服务的单位，要将社会工作专业岗位纳入专业技术岗位管理范围。

2012 年，中国的经济发展水平已突破人均 GDP 6000 美元，并正在向 1 万美元的发达国家门槛快速迈进，但我国儿童福利服务事业依然存在起步晚、专业性不强、覆盖面小等诸多问题。新一代领导集体提出“中国梦”的宏伟目标，从儿童发展的视角，建设与经济发展水平相适应的儿童福利服务体系，是“中国梦”的重要组成部分，为此，确实需要全社会的共同努力。

G.8

中国农村残疾人社会福利服务现状、问题及发展建议

刘振杰*

摘　要：

农村残疾人福利服务是当前我国残疾人事业发展的薄弱环节。与经济发展现状相比，残疾人福利服务的发展还存在较大的滞后性，尤其是许多针对农村残疾人的服务仍然停留于基本保障阶段，距离福利性质还有不少差距。当前及未来一个时期内，秉承福利和平等两大价值理念，以救助服务为基础，以康复服务为主体，在尽快完善现有制度的基础上，由当前的保障型向福利型转变，使农村残疾人充分享有各项惠农政策和社会保障政策。

关键词：

农村残疾人　社会福利服务　体系建设

党的十七届三中全会决定指出，“加强农村残疾预防和残疾人康复工作，促进农村残疾人事业发展”。党的十八大再一次明确要求，完善社会救助体系，健全社会福利制度，支持发展慈善事业，健全残疾人社会保障和服务体系，确实保障残疾人权益。2013 年 3 月，国务院批转的《关于深化收入分配制度改革的若干意见》中明确提出，“建立困难残疾人生活补贴和重度残疾人生活补贴制度”。在积极构建和谐社会的今天，加快“缩小差距，共同富裕”的步伐，确保全面建成小康社会并惠及残疾人，已经成为重要的时代担当。重

* 刘振杰，河南省社会科学院。

视残疾人社会服务事业的发展，同样构成了衡量社会公正与文明进步程度、全面建成小康社会的基本指标。

农村残疾人福利服务体系是一个关联度很强的项目组合，大致包括服务对象系统、工作人员系统、工作流程系统、资源整合系统、绩效评估系统等。每个不同的子系统当中都涉及了许多残疾人社会服务工作的独特性以及其他项目类别的相关性内容。① 按照服务的领域可以划分为：日常生活、残疾预防、康复治疗、教育培训、文化娱乐和社会环境。按照服务提供的方式则主要包括：行政立法、制度政策、基础设施、社会工作等。

由于各级政府对城市残疾人福利事业投入巨大，因而体系相对较为完善。目前农村残疾人的福利服务体系则已经明显成为我国残疾人事业发展的一块短板，应该给予更多的关注。近期，本课题组对河南全省农村残疾人及其家庭生活状况、接受社会服务现状，以问卷、座谈会、入户访谈等形式进行了全方位调研。调查对象基本情况包括性别、年龄、婚姻、残疾类型、办证情况、劳动能力、文化程度、收入、住房、家当、饮食、文化娱乐、社会参与等。

调查结果显示，残疾人总量虽然有所增加，但听力、语言、智力残疾却有所下降，说明残疾人事业经过近几年的发展，其残疾的预防和康复工作有所成效。但从残疾类别结构变化的情况来看，肢体、精神残疾人增长速度最快。肢体残疾人主要致残原因依次为脑血管病、骨关节病、其他外伤和脊髓灰质炎，分别占26.54%、17.89%、11.67%和7.92%。随着交通事业的发展，交通事故造成的肢体残疾也呈现上升趋势，占全部肢体残疾的4.48%。精神残疾主要致残原因依次为精神分裂症、痴呆和心理障碍，分别占33.47%、14.5%和7%。

先天性发育缺陷也是造成残疾的主要原因，如先天性大脑发育不全、智力发育迟缓、先天畸形、先天性聋哑等。其中，视力残疾儿童因遗传致残者几乎占到50%，听力和智力残疾各占10%，肢体残疾儿童受遗传因素影响较少，但也占4%。

① 许琳等：《关于农村残疾人的社会保障与社会支持现状研究》，《社会学研究》2006年第5期。

一　农村残疾人经济生活状况

当前，我国仍有近80%的残疾人口分布在农村。由于就业渠道狭窄，经济来源单一，收入水平较低，大多数残疾人至今温饱问题尚无法解决，更遑论个人的发展与自我价值的实现。

（一）农村残疾人收入仍然以转移性支付为主

收入是残疾人生活质量、平等权利的重要保障和体现，也是实现全面小康的重要指标和内容。近几年，农村贫困残疾人虽然增收渠道逐步拓宽，增收能力不断提高，但在所有社会阶层当中仍然收入最低，增长最慢，与社会平均水平差距仍在不断扩大，贫困问题十分突出。受自然灾害、农产品价格等各种因素的影响，农村残疾人增收难，农村残疾人家庭收入大都是转移性收入，很少有财产性或工资性收入，他们的生活主要还是依靠临时性救助和家庭邻里接济。贫困残疾人期望参与生产、提高收入、实现自身发展，但现实中能够提供的措施和手段明显不足。项目少、资金不足、服务缺失是目前农村残疾人扶贫工作面临的突出困难。①

《2012年全国残疾人状况及小康进程监测报告》显示，农村残疾人家庭恩格尔系数为0.451，高出全国农村居民家庭恩格尔系数0.032个百分点，农村残疾人家庭生活质量明显落后于全国水平。根据我国贫困线标准以满足基本的生存需求为限，还有很大部分残疾人处于极端贫困状态。农村残疾人即使有田地，但其耕作管理能力有限，基本上不能进行生产自救，无法实现自我发展。调查显示，农村残疾人家庭收入的80%仍然依靠低保救助金、60岁以上者依靠新农保养老金来生活。农村社会保障施行以来，以前逢年过节所发放的慰问金以及粮油等物品基本上没有了。

（二）农村残疾人家庭支出明显大于收入

残疾人收入不高，经济来源有限，但支出特别大。统计显示，有超过

---

① 程凯：《我国农村残疾人社会保障的现状与对策》，《行政管理改革》2010年第7期。

70%的残疾人在经济上感觉困难或特别困难，只有26.2%的人感觉大体够用，当然这还必须是在省吃俭用的情况下（见表1）。在残疾人及其家庭的日常开支项目中，占比较大的依次为：食物、看病、穿衣、文化娱乐等。残疾人家庭在医疗方面的支出是正常家庭的3～5倍，尤其是有重残成员的家庭，支出更如巨石一般压得整个家庭难以喘息。如果一个家庭出生一个重残孩子，该家庭几代人包括父母、兄弟姊妹及后代都不得安宁。因此，对于残疾人家庭，我们不但要看其收入更要看其支出。比如，某家庭月收入可能达到1万元，但同时用于医疗的支出可能要超过2万元。有这样一个年轻的家庭，父亲是一位企业经理，有着可观的经济收入，遗憾的是自从脑瘫的女儿出世以后，整个家庭就陷入了困境。对于这样的家庭，仍然应该给予特别资助。

表1　农村残疾人收入状况自身评价

单位：人，%

项　目	频率	占比	项　目	频率	占比
大致够用	590	26.2	非常艰难	440	19.6
有 困 难	1220	54.2	合　计	2250	100.0

残疾人家庭大都十分节俭。在残疾人家庭的饮食结构中，有36.9%的家庭几乎常年不能吃到肉食，60%左右的家庭每周或每月可以吃上一次肉食。这与正常家庭相比有不小的差距（见表2）。

表2　残疾人及其家庭肉食情况

单位：人，%

项　目	频率	占比	项　目	频率	占比
经　常	83	3.7	几乎不吃	830	36.9
每周一次	342	15.2	合　计	2250	100.0
每月一次	995	44.2			

（三）农村残疾儿童接受义务教育比例逐步提高，但总体受教育程度偏低

残疾人受教育的状况是衡量一个国家教育水平和文明程度的重要标志。残

疾人教育是我国教育事业的薄弱环节和制约因素，直接影响我国人口素质的整体水平。调查发现，农村残疾人的受教育程度明显低于城镇残疾人，高中（中专）及以上文化程度低于城市35.98个百分点。有超过1/3的残疾人认为特殊教育学校少，特殊教育覆盖面过低，教育培训效果不明显。2012年，农村残疾儿童在校接受义务教育比例为73.8%，比2011年度略微上升2.5个百分点。在调查对象中，小学文化程度占38%，初中占27.6%，高中和大专以上占11.5%，没上过学（应该是以年龄较大的残疾群体为主）的反倒占去22.9%（见表3）。九年义务教育已普及多年，现如今高等教育都已相当普及，这种情况确实值得担忧。

表3　农村残疾人总体文化程度

单位：人，%

项　　目	频率	占比	项　　目	频率	占比
没上过学	516	22.9	高　　中	233	10.4
小　　学	856	38.0	大　　专	25	1.1
初　　中	620	27.6	合　　计	2250	100.0

导致残疾人尤其是农村残疾人文化程度普遍偏低的原因主要有以下几点。

第一，普通学校不愿接纳残疾孩子。目前，部分普通学校对残疾孩子存有歧视的现象，不愿接纳残疾孩子入学，虽经所在地有关部门协调，仍有很多具备入学条件、渴求接受教育的残疾儿童少年被拒之门外。

第二，特教机构较少、师资力量不足。由于资金短缺，特教学校普遍存在师资力量不足的问题，根本满足不了聋哑和盲童接受教育的需求。在特教教育都满足不了的情况下，普及义务教育更是无从谈起。

第三，家庭重视不够。经调查，部分残疾人家庭，尤其是经济困难的残疾人家庭对孩子的教育问题不够重视，往往不愿让残疾子女读书，认为接受教育并不能改善残疾子女的生活状况，而且教育也会增加家庭的负担。

受家庭经济、社会传统观念、国家特教投入等诸多方面因素的制约，与正常人相比，残疾人失去了很多受教育的机会和权利。正因为残疾人文化程度不高，缺乏立身之本，导致残疾人在就业上的弱势。特别是农村重度残疾人，必须完全依靠外界力量救助，否则连起码的生存都很困难。

（四）住房条件虽有所改善，但配套设施、卫生标准较差

自2003年实施国家彩票公益金项目——农村贫困残疾人危房改造项目以来，各地残联将残疾人无房户纳入政府危房改造工程，人均投入4000元，保证每户拥有50~60平方米的居住面积，农村贫困残疾人家庭的住房条件明显改善（见表4）。但是，由于自身经济能力及活动能力受限，住房配套设施很难得到完善，卫生状况也较差，室外环境显得凌乱不堪。

表4　农村残疾人住房面积

单位：人，%

项　　目	频率	占比	项　　目	频率	占比
10~30平方米	245	10.9	81平方米以上	560	24.9
31~50平方米	622	27.6	合　计	2250	100.0
51~80平方米	823	36.6			

二　农村残疾人福利服务体系社会支持状况

农村是残疾发生的重灾区，呈现出量大面广之势。数据表明，农村残疾人总数占全国残疾人总数的75%以上。由于大批青壮年劳动力进入城市就业，农村出现大量的孤老残幼群体。他们自我保护能力弱，缺乏安全感，各类需求难以得到满足，生活质量较为低下。加之农村基层党组织普遍涣散、人力资源大量流失、集体经费严重不足，使农村区域内开展公共服务的自组织明显不足甚或处于零状态。

从调查数据来看，医疗服务与救助、贫困残疾人救助与扶持、康复训练与服务、辅助器具四个项目的需求与实际接受的扶助之间的缺口较为明显，分别为37.17%、55.25%、19.24%、31.25%（见图1）。另外，城乡之间需求满

足率差别较大，满足率相对较高的服务项目大都集中在城市，如信息无障碍为83.72%、医疗服务与救助为47.14%、文化服务为45.28%，而农村满足率不足城市的一半。满足率不足10%的服务项目也都集中在农村，如就业安置或扶持为2.82%、无障碍设施为5.69%、辅助器具为6.79%、职业教育与培训为8.26%等。

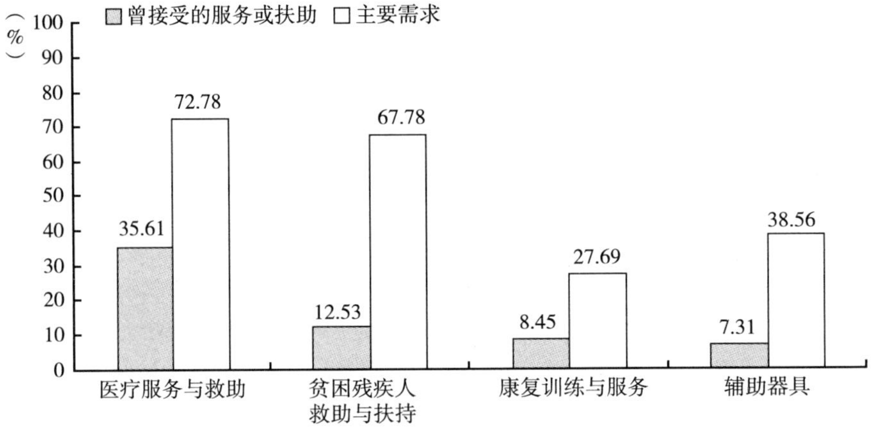

图1　残疾人曾接受的服务扶助与需求情况示意图

（一）养老护理服务普遍缺失

数据显示，我国残疾老年人有4416万人，占全部老年人口的比重达30.88%，占全部残疾人口的比重达到53.24%。而且，残疾老年人又大部分集中在资源十分匮乏的农村地区（农村占70.42%，城市29.58%）。这些老人通常连最基本的日常生活问题都无法解决，如果仅仅依靠子女护理来解决实在是勉为其难。随着高龄化社会的来临，生命伤残期不断延长，针对该群体的专业服务需求量会越来越大。

当前，新农保基本上做到了全覆盖，提高了老年人的经济、社会地位。但是，农村老年残疾人的护理服务仍然十分欠缺。在豫西一个村庄调研时了解到一位80多岁老残一体的老太太。有5个儿子、2个女儿，可谓有福之人。其子女们住房生活都很好，但是老人单独居住在村头一间破房，麦秸草窝里一床被子分不清颜色。儿女们对其不管不问，老人家一日三餐没有着落。民政部门左右为难，既不能见死不救，又不能慷慨相助，鼓励不孝，还无权代告儿子。考虑再三，还是为老人办了低保，把钱交给邻居维持其一日三餐。像这种情况虽属个案，但每个村都可能会有几户。目前尚无好的解决措施。

身体器官不可逆转的老化导致残疾且康复率低，使老年残疾人兼有老年人和残疾人的双重特征。由于老年残疾人具有身体功能障碍多，具有生活自理能力障碍的比例高、丧偶比例高、心理异常脆弱、对家庭依赖强、医疗需求大等特点，生活照料或长期护理已成为老年残疾人的最大需求。在老年残疾人调查对象中，反映存在经济困难的占55.6%，其次是生病（占47.9%）、感觉精神孤独（占27.9%）和没有人来照顾自己（占10.6%）。这反映出家庭亲情、家庭温暖对于老年残疾人生活照料及精神慰藉的重要作用。就居养环境来讲，有91.5%的调查对象表示愿意在家里养老，只有8.5%的人表示愿意去养老院养老。①

调研中了解到，对于大部分残疾人尤其是重度残疾人来讲，最大的问题仍然来自于日常护理。比如，济源市某社区一位70多岁的残疾居民老李，多年前得了中风，上下肢都不听使唤，生活无法自理。老伴儿也是个智力残障者，一天到晚神情木呆。两个子女也均为呆傻，如今都是30多岁的人了，连基本生活都困难，谈婚论嫁更不可能。一家人都是这样，生活简直没法过。房子是20年前孩子的姑姑出资1万多元帮助盖的，还算能够遮风避雨。多年来，日常生活的打理全靠孩子姑姑每天跑来跑去。低保金加上居民养老金，总共600多元，仅够维持温饱。孩子的姑姑年岁大了，身体也不好，也有一摊子家务事要做。像老李这样的家庭，亟须政府出面并埋单解决日常护理。

（二）医疗康复亟待普及

康复是残疾人改善功能、参与社会生活的基础，是残疾人事业永恒的主题。根据调查得知，各个年龄段的残疾人都有康复训练与服务的需求和配制残疾辅助器具的需求，尤其是那些身体处于生长发育阶段的青少年和18～60岁的就业年龄段的残疾人需求更为迫切。②

---

① 滕海英等：《老龄化趋势下中国城镇老年医疗保障的模式》，《中国老年学杂志》2013年2月第33卷。

② 虽然可以用永不为迟来表达残疾人康复的作用与功能，但仍然是宜早不宜迟。

随着科学技术的进步，我国各类残疾人的康复工作也取得了明显效果。目前，全国75%的县开展了社区康复，农村康复服务受益面不断扩大。重度残疾人及贫困残疾人参加新农合普遍得到各级政府的补贴或代缴。用品用具配用、训练指导、心理疏导、知识普及、残疾人亲友培训、简易训练器具制作等项目正逐步展开。“视觉第一中国行动”项目和“创建白内障无障碍”活动使许多视力残疾患者重见光明，基本控制了视力残疾的增长速度，并建立了长期自然运行的服务和保障机制。在洛阳市残联综合服务中心的康复器械产品展室，陈列着上千件个性化的功能不一、形状各异的康复器械，供残疾人及其家庭购买或者试用。听障儿童康复室，对全市乃至全省城乡有听障儿童实施抢救性康复。在这里，每接收一名听障儿童，可以得到中央12000元的转移支付补贴，家庭及地方政府都不必出钱。

近年来，康复工作已取得了很大成绩，但任务仍很艰巨，特别是广大农村，许多残疾人，尤其是残疾儿童还未能及时得到抢救性康复治疗。残疾人医疗康复目前的重点是对小儿麻痹后遗症、白内障、聋哑儿童进行抢救性治疗。而且就整个残障康复领域来讲，能够真正享受到有效的康复服务的残疾人还仅仅是少数经济条件较为宽裕的家庭，大多数家庭仍然没有能力、没有机会、没有途径为有残疾的家庭成员获取康复服务。尤其是农村残疾人家庭在这方面更是资源匮乏。相当一部分残疾人虽有康复需求，但是因为收费高，很多家庭担负不起，致使他们错过了最佳康复时机，对康复缺乏信心，对生活失去希望。调查结果显示，有70%左右的残疾人表示当前的康复服务收费高、效果不明显，或者干脆没有接受过任何康复服务（见表5）。

表5　农村残疾人康复评价

单位：人，%

项　目	频率	占比	项　目	频率	占比
没问题	475	21.1	难以获得	312	13.9
收费高	882	39.2	其　他	187	8.3
效果差	394	17.5	合　计	2250	100.0

许昌市鸿畅镇某村36岁的冀先生，2011年6月，为刚盖好的新房搭电线时，从梯子上掉下来，颈椎严重摔伤，在县城北关医院住院一个多月，花了7

万多元。新农合报销1万多元，剩下6万元全部自己负担，且都是从亲戚朋友那里转借的。医院里医生开的药大部分不能报销，而且很贵。如果当时能够有条件实施抢救性康复治疗，后续发展会乐观许多，遗憾的是，冀先生至今躺在床上不能动弹。问及今后在康复、生活、收入等方面有何打算，夫妇俩茫然无所知。也没有任何部门的任何工作人员提供帮助或者提供康复治疗信息。

俗话说："十聋九哑"，对没有经过学龄前康复教育的成年聋人确是如此，但如果从学龄前儿童即开始康复保健，就完全可以实现"十聋九不哑"。[①] 然而我们往往错过这一良机，酿成终生遗憾。调研结果显示，残疾儿童主要分布在农村，约占残疾儿童总数的83.4%，非农业户口约占13.8%。学龄前（0～6岁）是残疾儿童康复的黄金时期，实施抢救性康复见效最快，康复效果最佳。但是，从出生到学前，视力、听力有缺陷的孩子已经占有相当的比例，尚未引起社会应有的关注。政府在这方面的投入有限，特别是康复救助经费不足，大部分残疾儿童家庭因普遍贫困而负担不起康复费用，导致早期康复保健工作严重欠缺。对此，一位残联干部曾经深有感触地说："什么叫幸福？健康，拥有先进的医疗保健条件，且有可及性，看得起病。"

残疾人康复难，其原因可以归结为如下几点。

第一，康复机构少，分布不合理。经调查，现有康复培训机构与庞大的残疾人群体相比是远远不够的，而且这些机构大多分布在城市，乡镇及农村几乎空白，农村残疾人大多数无法进行康复训练。资源配置在空间结构上的不均衡性，农村残疾人康复需求量大与康复资源贫乏的矛盾十分突出，给农村残疾人带来的各种问题更加严重。

第二，康复设备不全且陈旧落后。许多康复中心的设备与残疾人的康复要求相差甚远，个别地方的残疾人康复中心不能完全发挥作用，只能给残疾人提供一些就业信息和服务信息，不具备系统的康复培训功能。仅有的设备也是摆设，或者残疾人不知晓，或者机构方面缺乏引导，导致有限的设施不能充分利用。

第三，缺乏康复培训专业人员。在现有的康复培训机构中，康复培训人员

① 郭伟：《学龄前残疾儿童义务康复立法刍议》，《中国残疾人》2009年第4期。

总数并不多，而且专业康复培训人员所占比例不高。大部分工作人员都是临时工或者合同工，只是负责设备的看管，残疾人的康复效果可想而知。

第四，因经济原因部分残疾人放弃了康复机会。由于残疾人的经济收入普遍较低，很多残疾人还处在温饱线以及温饱线以下，即便他们有康复机会，但由于难以支付康复费用，很多残疾人选择放弃康复。

（三）最低生活保障兜底作用明显，操作起来弹性较大

近些年，通过普惠加特惠，一般制度与专项制度安排相结合的保障措施，推动采取优先纳入、分类救助等方式，使残疾人低保补助标准不断得到提高，针对农村残疾人的救助措施不断强化。各地还最大限度地将符合条件的农村残疾人纳入“五保供养”，获得临时救济救助的贫困残疾人比例不断上升。[①] 2012 年 12 月，河南省民政厅、财政厅、省残联共同下发《关于做好重度残疾人生活救助工作的通知》，要求各地重度（一、二级）残疾人一律享有当地最高标准的低保金。对重度残疾人享受低保后仍有特殊困难的，民政部门要给予必要的临时救助。对于重残人员一律作为大病医保对象，实施二次报销。

各地应保尽保、应退尽退的动态化管理，让国家有限的救助资金用于真正有需要的困难群体。调研中了解到，有位视障患者，早些年申请了低保，近几年学会了算命，每天求其算命者络绎不绝，日收入上千元，月收入就是好几万元。民政部门了解情况后，劝其退出了低保。

经济条件好的重残人员是否享受低保值得研究。通常，家庭经济条件好、收入高者，有两种情况：家庭父母或者子女等直系亲属收入高，而且较为稳定；残疾者本人有经营能力，比如做企业老板。在这种情况下就要有所区分，搞清楚人保与户保的关系。作为前者来讲，残疾人本人如果愿意申请低保，则可以给予保障，因为毕竟不是其本人的直接收入，而后者则完全可以不予支持。比如，安阳市北关一位退休教师，每月约有 3000 元的退休金，可以维持一家的基本开支。虽然儿子重残，但目前无须依靠低保，只是担心将来有一天

① 许琳等：《基本公共服务均等化视角下的我国农村残疾人社会保障制度建设研究》，《西北大学学报》（哲学社会科学版）2011 年第 11 期。

自己走了以后，儿子的生活没了着落。既然目前有这方面的优惠政策，她也就为儿子申请了低保。

单从制度原则上看，重残人士都有资格享受低保，这是制度赋予重残人的一项权利。不过，是否愿意享受或者自觉放弃，要看个人意愿和风格。如果个人坚持权益，就要支持；反之则提倡个人可以不要，比如成功人士。这就好比当前正在推行的老年津贴一样，虽然这是每位到龄老人的政策权利，但享受的前提是，个人申请。对此，有不少人认为，重残老板只要申请就给他低保。改日他可能会加倍、多倍地回馈社会。比如每月给他100元的低保金，且他未必真的十分需要。但他日后可能会更多地回报社会，例如慈善捐赠。还有部分基层残联干部、群众认为，本人重残但有退休金的不应该享受低保。

（四）就业状况有所改善，就业歧视依然存在

残疾人事业“十二五”规划要求，加强对农村贫困残疾人的培训；为100万农村贫困残疾人开展实用技术培训，合理设置适合不同类别残疾人的培训项目，使经过培训的残疾人至少掌握1～2门实用增收技术；政府举办或补助的面向“三农”的培训机构和项目免费培训残疾人；加强农村残疾人扶贫开发，扶持1000万农村贫困残疾人改善生活状况、增加收入、提高发展能力等，确保稳定就业成为广大残疾人群体实现增收的重要途径。[①]随着《残疾人保障法》《就业促进法》《残疾人就业条例》等相关法律法规陆续出台，再加上残疾人整体素质正发生变化，残疾人就业状况明显改观，就业质量有所提高。

目前，全国城乡就业年龄段内的残疾人约为3200万人（其中农村2400万人），稳定就业、未就业或者就业不稳定、无劳动能力或者不具备劳动条件各占1/3。有1/4的残疾人希望能够直接提供就业岗位，有1/5的残疾人希望提供就业信息和门路。还有部分残疾人要求享受平等就业待遇，或者自雇经营时享受更多的优惠政策。也有部分残疾人认为职业技能培训太少或者不实用。比如，某残联举办的为期1～2个月的培训班，不但吃住旅费等全包，学成之后

① 参见《中国残疾人事业“十二五”发展纲要》。

还赠送价值几千元的电脑等，以便学员自食其力。即使这样，也有不少残疾人不感兴趣，认为耽误时间，意义不大。

调查还显示，有一定劳动能力的残疾人超过70%，而真正丧失劳动能力的残疾人还不到30%。这一数据说明无业残疾人并不是完全因为自身的劳动能力受限而无业，而是来自各方面的歧视等限制性因素依然存在而造成的。残疾人就业渠道狭窄致增收难，总体生活状况与社会平均水平存在较大差距。根据笔者调查走访的情况，其原因表现在以下几个方面。

第一，宏观经济形势发生变化，福利企业运营困难。在市场经济条件下，企业经营环境、运作方式都发生了很大变化。眼前的福利企业很多已经不是本质意义上的福利企业，真正的福利企业一直在走下坡路，经营状况不佳，甚至停产、倒闭，由此残疾人的就业问题也就很难解决。

第二，缺乏专门的工作岗位。受教育程度、身体素质等因素制约，残疾人就业信息十分闭塞，选择的空间很小，自然也就很难找到合适的工作。即使部分单位有适合残疾人的岗位，但却没有给残疾人提供同等的机会，甚至有些残疾人有相应的技能也不被接收。有的单位宁愿缴纳就业保障金也不愿意安置残疾人就业。许多单位雇用残疾人，或者是上级部门的行政干预，比如要求按比例雇用残疾人；或者是出于同情怜悯，落得个有社会责任感的慈善家的美名；抑或是为了获得福利企业的名头而减免税费。还有一些福利企业纯粹是依靠部分残疾人挂名，给他们一些钱，或者不给（比如痴呆）。

第三，合法待遇难以保证。通常认为，现在就业形势那么紧张，连健全的大学生、研究生还找不到工作，残疾人更是无暇顾及。在应聘求职时，用人单位更多地倾向于录用健全人，即使残疾人可能拥有比健全人更熟练的技能。部分企业负责人认为残疾人是“企业的累赘”，认为残疾人总比健全人效率低，不利于管理，影响单位形象，他们宁愿缴纳残疾人就业保障金也不愿录用残疾职工。企业中残疾人的待遇非常低，其合法权益难以得到切实有效的保障。

（五）社会支持及权益维护状况有待改进

残疾人作为社会中的弱势群体，他们不仅需要正式的社会网络提供的社会支持，同时也需要非正式的社会网络的支持，但残疾人实际获得的支持是很有限的。从主观上看，残疾人本身无论心理上还是生理上均处于劣势，处处感觉低人一等，不愿意与人交往，更多的时候处于一种自闭状态；客观上则是环境的疏离和排斥，社会提供的机遇更多的是面向健全人的，同等情况下残疾人只能退避三舍。主客观因素叠加在一起，造成残疾人的现实状况并不容乐观。

基层干部对残疾人关心照顾不够。可能是限于问卷填写环境，比如村干部或者残联、民政部门的干部在场，对于“干部对残疾人的态度”一题，大部分残疾人选择了“很好，给予了帮助”，这与笔者私下与较为熟络的残疾人所反映的情况有些出入。尽管如此，仍有超过50%的残疾人明确表示“不冷不热、有时候问、毫不关心”。前面提到的冀先生，虽然市残联为其颁发了二级残疾证，但各级干部和部门也没有来为其提供任何生计办法，或者提供轮椅，或者介绍康复之类的帮助。

在权益维护及法律服务方面，有90%以上的残疾人认为耗时长，还有不少残疾人认为收费过高、渠道较少等，只有少数人认为没有问题。在权益保障的项目上，社会保险和社会救济各占三成，是反映较为突出的问题，其次是平等就业权。

农村残疾人社会服务的供求缺口较大，社会支持体系薄弱，亟需来自多方面的支持。许昌市鸿畅镇某村62岁的王先生，下部截瘫，二级伤残。王先生干了一辈子乡村医生，1995年2月在盖平房时，不慎从房顶摔下来，从此落下残疾。

王先生家几间老旧的屋子里总是挤满前来求医问药的村民。由于年龄大、学历低，更主要的是身体残疾，没有能够争取到新农合定点。由于医德高尚、技术较高，虽然不是定点，仍然有很多村民前来看病。这么大岁数了，几个孩子也劝他别干了。如果关门不干了，靠啥生活？单靠每月俩人154块钱的低保金和120块钱的养老金，加在一起270多块钱，不行啊！可是，这两年推行医疗体制改革，合并乡村个体诊所，除新农合定点之外，其余全部关闭，市卫生局也多次查封过，干起来总是提心吊胆。

几年来，乡村干部没有为他提供任何帮助和服务，唯一的一次是村干部来家调查收入，把本来正在领取的低保金给取消了。那几年镇卫生院还经常过来收取管理费，一开口就是2000元，最后给他们200元算了事。向卫生部门反映，残疾人能不能照顾一些，多干一些，卫生部门答复，那是民政、残联部门的事情，卫生部门帮不了这个忙。

残疾人自理能力较弱，社会参与受限。在被访问的所有残疾人当中，生活完全不能自理的超过1/4，这说明残疾人需要完全护理。通过考试拿到驾照是残疾人参与社会的一个重要途径，但目前残疾人考驾照并不容易。残疾人考驾照不但在学费上没有减免，而且还有许多障碍，使残疾人不能顺利通过考试。为了使残疾人顺利参与社会、更多地获得社会资源及发展机会，建议有关部门支持残疾人考取驾照，在学费减免等方面给予照顾。

精神残疾问题未引起足够重视。精神残疾人如果不进行治疗或得不到应有的监护，其很有可能对他人人身和公共安全造成危害，破坏社会秩序，影响社会的稳定，而精神残疾人一旦犯法却又不承担相应的法律责任。有些精神病患者流浪到街头后，其病情发作时将严重危害到社会公共安全。他们的邻居和社区也承受着巨大的困扰，这已成为一个日益严峻的社会难题。因此，在全面推进康复服务的同时要进一步加强精神残疾人的防范及康复治疗。

三　借鉴境内外部分地区残疾人福利服务的实践经验

近年来，各地通过实践不断总结经验，改善服务质量，提升农村残疾人群体的福利水平。尤其是境外相对发达国家或地区，它们具有较好经济基础、完善的基础设施、先进的服务理念，对于我们更好地发展残疾人服务事业具有一定的借鉴意义。

（一）实施就业优先战略，注重开发残疾人人力资源

江苏提出以坚持“两个体系”建设，以劳动福利型残疾人事业发展道路作为中国特色残疾人事业的支撑，实施残疾人就业优先战略，建立就业岗位补贴制度，为残疾人自主创业提供平台和资金条件，实施以学前康复教育为重点的残疾少年儿童全面发展政策，充分开发残疾人人力资源；内蒙古自治区开发

的公益性岗位中的10%用于安排残疾人，乡镇、街道、社区残疾人专职委员列入公益性岗位；河北依靠托养机构对残疾人进行工笔画、内壶画、剪纸、装裱等文化产业方面的短期培训，培训后月收入达到1000～5000元；江苏批量购买商铺及摊位，打造残疾人就业一条街，降低残疾人创业门槛，用就业保障金按照当地城镇居民年平均收入的70%给予创业补贴，小额担保贷款实行财政贴息。

（二）完善社会保障体系，提高残疾人福利水平

江苏残疾人护理补贴范围扩大到二级以上智力、精神残疾人；安徽低保内重度残疾人生活特别救助制度初步建立，2013年扩大到三级残疾人，低保和特困残疾人救助金额年增长10%；内蒙古在低保之外对贫困残疾人按城镇每人600元/年、农村每人360元/年的标准给予生活补贴，对重度残疾人按每人500元/年标准给予护理津贴；河北60个县重度残疾人护理津贴不低于每人300元/月，半失能者每人每月不低于50元；陕西建立特困残疾人生活补贴制度，为三级以上残疾人贫困残疾人发放生活补贴不低于50元/月；郑州市委、市政府把为全市低保家庭精神病患者每人每年发放1200元补助列入为民办理的“十大实事”之一，并斥资4000万元为全市所有的白内障患者实施免费复明手术，形成长效机制，今后发现一例治疗一例。

（三）注重扶贫开发，增加残疾人财产性收入

河北提出，到2020年要使80%的残疾人初步实现小康，残疾人人均收入达到社会平均收入的80%以上。重视通过残疾人土地、宅基地流转实现财产性增收，强化残疾人福利性补贴和特惠来增收减支。河北残联每年还扶持创建10个大型残疾人扶贫基地，集中安置和带动残疾人户脱贫。内蒙古包头市达尔罕茂明安联合旗“土豆窖”等系列农村脱贫项目，成本小见效快。

（四）注重教育医疗，改善残疾人个人素质

江苏残疾高中生不但学费全免，而且和大学生一样，分别享受1000元/年、1500元/年的补助。安徽8000多名0～6岁儿童免费抢救性康复实现全覆

盖，每人每年获补费用1.2万元，其中训练费用1万元，家长获补贴2000元，由各级财政负担。财政还按照普通小学生人均经费的5倍投入残疾人义务教育。河北对残疾人就医免挂号费和注射费，减免不低于5%的治疗费、10%的检查费和50%的住院床位费。

（五）注重托养康复，提高服务质量

江苏规划87家托养机构，其中25家已投入运营，按照每人5000元/年的标准对托养机构予以补贴，日托机构补贴标准为每人每年2000元，托养机构服务项目有10个。广州市康园工疗站将推广至每个镇，有条件的街道可建设2个康园工疗站。社区康复站和康园工疗站充实人力、物力，配备社工、物理治疗师、职业治疗师等专业人才，使其成为社区专业服务机构，为社区残疾居民提供规范化、专业化的康复服务。

（六）政府购买服务，实现互助共赢

政府购买社会组织的服务，既是扩大服务范围、提高服务水平、增强公共服务可及性的重要措施，同时也是政府财政对社会组织进行资助的重要方式。购买服务既促进了政府职能转型和服务型政府的建设，又缓解了民间组织的资金困境、拓展了生存空间。如今，政府向社会组织购买公共服务已经成为社会组织领域中的一个亮点。譬如，2010年7月，北京市出资1.12亿元向社会组织购买民生类社会公益服务，购买服务的资金来源是市财政设立的社会建设专项资金。[①] 近年来，湖南省长沙市残联面向民间以多种形式购买了大量的残障公共服务项目，主要包括脱盲服务、就业服务、智障托养服务、培训服务等。在残疾人供养服务方面，天心区残联创办的怡智家园专门为16岁以上的成年智障患者及其家庭服务。对于这些机构，政府承担开办运营费，并资助部分托养费，是典型的公办民营模式。不过，在政府向社会组织购买服务时，要事先划定所要购买的领域、项目，采用公开招标的方式，建立规范的程序和制度。

---

① 黄晓勇主编《中国民间组织报告（2010—2011）》，社会科学文献出版社，2011。

（七）服务回归社区，增强服务的专业性和可及性

残疾人服务机构分散到社区，通过政府投入保证有充分资源让残疾人在社区享受到专业服务。残疾人服务回归社区，是残疾人事业发展到一定水平的内在要求，也是国际残疾人服务的发展趋势。当前，在欧美发达国家，集中封闭式的庭院照顾已经被分散的家庭领养、寄养方式所取代。在我国香港地区，几乎所有残疾人服务项目都是分开运作，完全实现专业化。在韩国，过于集中的庞大机构，也曾给长途跋涉寻求服务的残疾人造成诸多不便，之后在政府主导下开始变大为小。在丹麦，其社区康复理念是，让残疾人在社区里就能享受国家级专业服务。因此要充分调动残疾人及其家庭的潜能，对残疾人采取去机构化措施，脱离封闭式照管，使其回归家庭或者社区。

（八）调动民间力量，形成强大补充

韩国的公益福利事业很大一部分依托民间财团，政府的职能主要是对这些法人团体给予政策上的优惠和支持。如，位于仁川的“新村之家”是一个集学校与福利机构于一体的寄养机构。该机构占地约 700 多平方米，投资 14 亿韩元，主要提供给智力残疾人居住。该机构规定，凡入住的残疾人，其家庭仅承担一半的费用，另一半费用则由政府承担。更重要的是，这些残疾人通过基本的力所能及的生产劳动，每个月还可以获得一定的经济收入，使其不同程度地产生一种成就感。

在日本，民间性质的寄养机构在数量上远远超过政府举办的，而且这些机构都能得到政府补贴。补贴方式一般采取“三三制”，即中央政府、地方政府和创办者个人各出 1/3。这一政策极大地调动了创办者的积极性。日本的服务机构还有一大特点，就是福利机构的工作人员要明显多于收养人员，比例一般是2∶1 或者 3∶1，这一点很是值得我们思考。

我国香港的社会福利项目，一般是由政府规划提供，对民间公开招标。然后由这些民间机构具体实施，采取“自我管理、自主运行、自我约束、集体自律”的发展模式，包括计划、组织、人事、财务、协调、评价等具体业务都是由这些机构来完成。因此，看起来政府承担了主要的福利责任，但显得相

当超脱。

在我国台湾，已经形成了公办民营、以民为主的运营机制。无论是特教学校还是福利机构，每接收一名残疾人员，都可以从政府那里得到一定的经济补助。成立于1975年的新竹市仁爱启智中心即是一家民间福利机构，机构70%的开支来自政府，30%为自筹。该机构除承担成年智障人士护理外，还要承担青少年、儿童的早期治疗和启智教育。

四 完善农村残疾人福利服务体系的政策建议

广大残疾人既是物质财富的创造者，也是精神财富的创造者，与此同时也应该是物质、精神财富的分享者。残疾人和健全人一样也是法属公民，同样享有宪法服务的各项权利，享有做人的基本尊严，享受基本的公共服务。在中国，由于农民长期处于弱势地位，农村残疾人具有双重的弱势性，农村残疾人家庭承受力上的极端脆弱性，以及社会网络资源上的稀缺性，政府必须在农村残疾人社会支持体系中扮演主导力量的角色，更多地为农村残疾人在基本生存条件方面提供制度供给，加强扶持和投入，动员全社会广泛参与包括教育、康复和扶贫在内的扶残助残工作。

（一）加大补贴力度，提高残疾人社会福利水平

财政拨款是残疾人社会福利最主要的资金来源，也是对残疾人提供社会服务的主要资金来源。重视并持续加大政府财政对残疾人福利保障事业的直接投入，是残疾人社会服务体系建设的先决性条件。

第一，尽快完善普惠型的基本公共服务。为残疾人提供普惠型的社会福利，是社会公平中优先原则的体现，可以保证残疾人获得起点公平，改善残疾人的人力资本，提高其应对风险的能力，保证残疾人合理分享国家改革发展成果。要破除农村消费水平低、保障水平也不能高的固有思路，通过保障水平的提高来促进消费水平的提高。尤其在新农保、农村低保等保障金的水平核定时，要贯彻城乡一体、城乡统筹的思路，让农村残疾人享受与城市残疾人大体相当的基本公共福利服务。

第二，普遍建立残疾人生活补贴、护理补贴和养老补贴。加大转移支付力度，在农业补贴、金融服务、土地流转等方面向农村残疾人倾斜。通过特惠政策的落实来缩小残疾人收入与社会平均水平之间的差距，与全国人民一道奔入小康。对重度残疾人适配基本型辅助器具，残疾人家居环境无障碍建设和改造，日间照料、护理，居家服务给予政府补贴。在下拨面向残疾人的服务资金时，要着力倾向于农村残疾人及其家庭。因为贫穷除了资源的匮乏之外，还有资金短缺的因素。

第三，加强对残疾人的日常护理。对于残疾人来讲，最大的困难仍然是来自于一日三餐之类的生活照料。因此，立足于社区服务照顾、亲情护理补助是十分必要的。对于前文提到的济源残疾家庭老李来讲，政府部门要安排护工进行日常照护，且由政府来埋单。如果继续由亲属护理的话，就要为这位亲属按月发放生活补助。因为，这位亲属也是60多岁的人了，也有自己的家庭事务要做，而且长期下去身体也吃不消。除了养老金、低保金之外，还要对这些重残、多残家庭给予特别的补助津贴，实行“普惠＋特惠”政策。政府要倡导各类社会组织通过上门服务、卫生清洗、送食喂食、“流动餐车”、“社区厨房”、精神慰藉等形式及时提供膳宿关怀服务。

（二）扩大就业门路，采取多元化的增收措施

我国的经济状况决定了目前还无法由财政统包残疾人的生活和福利，只能走劳动福利的模式，把残疾人劳动就业服务放在第一位。消除就业歧视，加强就业培训，提高就业技能，建立就业信息平台，为残疾人提供多种类型的就业岗位，达到就业一人，安定一家，稳定一片的目的。将残疾人就业保障金用于农村残疾群体，残疾人就业保障金的使用不应该继续集中在城市，应逐步向农村延伸。就业保障金不应该仅仅用于生产生活，更应该用于鼓励农村残疾人自主创业，增强其自主经营能力。扶持农村残疾人从事种植业、养殖业、手工业、家庭副业等多种形式的生产劳动，支持残疾人在某些特殊行业的从业和发展，如盲人按摩业、机动三轮车运营业等。帮助农村残疾人合理出让财产（土地）使用权，借以获得利息、租金等收入，促进残疾人和健全人一道实现收入倍增。

（三）着重解决农村残疾人康复服务的可及性问题

第一，加强康复机构建设、康复人才培养，提高康复能力。将更多的残疾人急需的康复项目纳入医保，将残疾人辅助器具纳入医保报销范围，个别康复项目纳入大病统筹，将社区康复项目纳入国家公共卫生服务项目，不断提高农村残疾人“人人享有康复服务”的水平。

第二，建立专项康复保障政策。对于残疾人急需而尚未纳入医保的康复项目，要通过国家专项资金开展工作。对于残疾儿童、重度残疾人的早期康复予以制度性安排，切实加强0～6岁残疾儿童抢救性康复，实施养育、康复、教育、就业、住房相配套的孤残儿童综合性福利政策。

第三，建立社区康复站。充实社区康复站和工疗站人力、物力，配备社工师、物理治疗师、职业治疗师等专业人才，使其成为社区专业服务机构，为社区残疾居民提供规范化、专业化的康复服务。

第四，发挥和引导民间康复机构的作用。落实《关于鼓励和引导民间投资兴办残疾人康复机构的实施意见》，为民间投资兴办残疾人康复机构创造良好的政策环境。建立购买公益服务制度。开展残疾预防，减少或降低残疾程度。

（四）健全残疾人托养服务体系，大力发展居家托养服务

托养服务机构是以托养为主，融生活技能训练、职业康复、职业培训、就业训练与教育、工疗、农疗、娱疗等为一体的多功能场所。机构内配有康复治疗师、生活护理师、社会工作师等专业人员，服务更加专业化。根据需求内容和托养时间的不同，托养可分为终身托养、月托、周托和日托服务；根据托养的场地又分为日间照料、居家安养、集中托养三种形式。

由于精神病患者的社会危害性不可估量且治疗费用较高，要优先满足智力残疾、精神残疾和重度肢体残疾人的托养服务需求。加快建立县及街道（乡镇）、社区示范性残疾人托养服务机构（或日间托养站），优先解决一批智力残疾、精神残疾和重度肢体残疾人的托养服务问题。

建立公办托养服务机构时，凡涉及人员编制、工作经费、服务功能、基础设施、基本设备、收养规模、收费标准、登记注册、税费减免等问题，政府要

给予大力支持。还可通过政府出资购买托养服务的方式给予补贴，收纳残疾人越多，获得政府补贴越高。

鼓励各类组织、企业和个人建设残疾人托养服务机构，为残疾人提供富有实效的服务。对于确实有困难的家庭，家庭成员可通过在托养机构做一些帮扶工作来减免残疾家庭成员入托的费用，实现“托养一人、解放一家”。对采取居家安养的贫困残疾人，可由政府出资购买社会公益性岗位，尽可能吸纳下岗职工或残疾人亲属，特别是“40”“50”人员，经过岗前培训，为残疾人提供无偿或低偿入户服务、送时服务等切实有效的服务。

托养机构及设施要避免过分集中。为了更好地为居民服务，残疾人托养服务机构要避免大而全，应分散到各个社区，通过政府投入，保证有充分资源让残疾人在社区就能享受到专业服务。

（五）加强专业人才队伍建设

社会工作人才是具有一定社会工作专业知识或专门技能，在社会服务与管理领域进行创造性工作并做出积极贡献的人，是运用专业知识和方法，进行困难救助、矛盾调处、权益维护、心理辅导、行为矫治等社会服务工作的人才，是与律师、医师、会计师一样的社会不可或缺的专门人才，是构建和谐社会的重要力量。① 国外发达国家残疾人福利机构人才多是专业人才。目前我国尚未建立起残疾人托养机构管理和服务人才的国家培养体系，各托养机构专业管理人才和服务人才紧缺，服务水平不高等问题较突出。

通过制度安排，专业人才运用专业知识和技巧给予残疾人以专业的心理辅导，降低其自卑绝望的心理，拉近其与社会的距离，提高其参与社会活动的能力，增加其社会网络资源，较好地维护其生存权乃至发展权。通过开发残疾人潜能，消除残疾人弱势心理，消除无力或无助感、疏离感以及无从自主感，残疾人才能更好地融入社会，较好地适应并回归社会，真正践行“平等、参与、共享”的价值理念。

坚持城乡统筹原则，积极扶持农村社会组织。鼓励各类组织开展扶残助残

① 参见《社会工作专业人才队伍建设中长期规划（2011—2020年）》。

活动并积极向农村延伸，以此形成一种农村社区资产，形成一种针对残疾人的新的社会支持系统。各地要努力探索有农村特色的志愿助残服务，了解掌握农村残疾人的服务需求，做好建档立卡等基础性工作，积极开展适合农村残疾人特点的种养技术和其他多种经营技能培训与帮扶，帮助农村残疾人改善生活，摆脱贫困，尽快富裕起来。①

（六）提倡发展型救助政策

特殊的国情以及现时的发展阶段，决定了我们不可能像西方国家那样实行高福利政策，把残疾人养起来。而是要通过社会政策的调整与完善，提倡发展型的社会政策，将有关的社会政策与经济政策结合起来，整合内外因积极因素，使残疾人彻底摆脱困境。否则会陷入越“输血”越“贫血”的怪圈，强化残疾人等、靠、要的思想。

分类施助，对无劳动能力、完全依赖救助的残疾人实施“输血”。对有部分劳动能力、通过补贴救助可以走出困境的残疾人实施“输血”与“造血”并重。对于那些确有劳动能力、通过技术培训能发展的残疾人重点采取提升就业能力、强化技能培训、增加财产性收入的“造血”机制。通过专业的残疾人社会工作的介入，有效激发那些有一定劳动能力和就业愿望的残疾人战胜困难的信心、勇气和技能，开发他们的人力资本，发挥他们的潜能，为他们提供合适的就业、谋生、发展的机会，从而斩断贫困链条，逐步摆脱困境。支持、鼓励有一定创业能力的农村残疾人充分利用现有的新农保手册到银行作抵押，获得一定贷款，用于生产生活所急需的资金，以解燃眉之急。有条件的地方也可以允许他们以宅基证、房产证作抵押进行贷款。要把农村残疾儿童少年和残疾人子女接受教育、成年农村残疾人接受技能培训和普及文化知识放在更加突出的位置，不断提升农村残疾人自我发展能力。

（七）加强信息化建设

有关部门要将信息交流无障碍纳入信息化建设规划，制定信息无障碍技术

---

① 崔静：《中国助残志愿者人数已达530万人》，新华网。

标准，推进互联网和手机、电脑等信息无障碍实用技术和产品研发。推进信息和交流无障碍建设，提高全社会无障碍意识。支持残疾人从事家庭服务业、动漫、文化、按摩、电子商务、网上服务等行业。借助与残疾人 QQ 群的联系，从外界吸取力量，获得致富门路。

加强残疾人口综合数据管理系统建设。加快整合各部门数据资源，争取于“十二五”末建成覆盖所有残疾人口的综合数据管理系统，与社会保障和公共服务管理信息平台相对接，实现数据交换和资源共享。开展残疾人康复服务平台研发及应用示范等科技助残项目。对主要致残因素进行监测和分析，为残疾预防工作提供科学依据。

G.9

中国灾害救助服务的转型与发展

张建伟*

摘　要：

我国是世界上自然灾害最为严重的国家之一，在长期的救灾防灾实践中积累了丰富的经验，形成了一笔宝贵的财富。面对日趋严峻的灾害形势，在科学发展观的指引下，为不断保障和改善民生，我国政府致力于加强防灾减灾服务，逐步扩充灾害救助内容。虽然我国灾害救助服务发生了历史性转变，但仍然面临诸多困境，为完善灾害救助服务，应借鉴发展灾害救助的国际经验，更新灾害救助理念，加强灾害救助综合协调机制，加快灾害救助管理法制建设，整合政府、社会、市场等多方力量，建立灾害救助多维运行机制。

关键词：

灾害救助　转型与发展　国际经验

特殊的地理位置、复杂的气候和地形、广袤的疆域面积，使中国成为世界上自然灾害最为严重的国家之一。中国自古就有与各种灾害顽强抗争的漫长历史，积累了防灾、抗灾、减灾和灾后重建的丰富经验。新中国成立后，政治条件和社会环境发生了根本性的变化，党和政府把领导人民战胜自然灾害当作一件大事来抓，不断提高对自然的认识，探求自然界的规律，并颁布了一系列的方针、政策，明确提出了“以防为主，防救结合”“以救人为第一”“依靠科学技术救灾”等防灾救灾思想，确立了“政府统一领导、部门分工负责、灾

* 张建伟，中央财经大学保险学院。

害分级管理、属地管理为主”的救灾体制，形成了“政府主导、分级管理、社会互助、生产自救”的救灾方针，以保护人民生命财产安全及现代化建设成果。灾害救助服务作为主要由政府提供的一项基本公共服务，旨在避免公民因遭遇灾害而暂时陷入生活困境，保障受灾人员基本生活，稳定灾区社会秩序。全面建成小康社会，实现中国梦，必须整合政府、社会、市场等多方力量，努力健全和完善灾害救助服务。

一　当前中国自然灾害救助服务的主要内容

近年来，全球重特大灾害频繁发生，全球气候变化对中国的影响日益明显，灾害频次不断增加、灾害损失增加趋势明显、灾害风险形势日益严峻。党和国家坚持以人为本的执政理念，高度重视救灾工作，救灾应急体系不断完善，救灾资金投入不断增加，救灾范围不断扩大、救助项目不断增加、救助标准不断提高，灾害救助服务体系逐步建立和完善（见表1）。

表1　21世纪我国自然灾害基本情况

年份＼项目	农作物受灾面积（万公顷）	受灾人口（万人次）	因灾死亡人数	倒塌房屋（万间）	直接经济损失（亿元）
2000	5469	45652	3014	147.3	2045.3
2001	5215	37256	2538	92	1942.2
2002	4711.9	37842	2840	175.7	1717.4
2003	5438.6	49745.9	2259	343	1884.2
2004	3710.6	33920.6	2250	155	1602.3
2005	3881.8	40653.7	2475	226.4	2042.1
2006	4109.1	43453.3	3186	193.3	2528.1
2007	4899.3	39777.9	2325	146.7	2363
2008	3999	47795	88928	1097.8	11752.4
2009	4721.4	47933.5	1528	83.8	2523.7
2010	3742.6	43000	7844	670.1	5339.9
2011	3247.1	43000	1126	93.5	3096.4
2012	2496.2	29000	1530	90.6	4185.5

资料来源：民政部：《民政事业发展统计公报》（2001—2009年）、《社会服务发展统计报告》（2010—2012年）。

灾害救助服务的提供主体，目前主要是各级政府尤其是中央政府，随着社会力量的发展和逐步介入，各类社会组织和志愿者也开始参与灾害救助服务的提供。以自然灾害的发展阶段来看，灾害救助服务可分为应急救助和灾后生活救助。表2主要介绍政府提供的灾害救助服务。

表2　21世纪我国自然灾害救助基本情况

年份 \ 项目	中央救灾资金（亿元）	紧急转移安置（万人次）	救助受灾群众（万人次）	重建倒塌民房（万间）
2000	47.5*	467.1	4840	—
2001	41*	210	6000	—
2002	40*	471.8	—	—
2003	52.9*	707.3	—	—
2004	40	611	9000	—
2005	43.1	1570.3	10240#	190.4
2006	49.4	1384.5	—	188.8
2007	79.8	1499.1	—	142.6
2008	509.6	2682.2	—	631.5
2009	174.5	700	6553	—
2010	113.44	1858.4	9000	58.5
2011	86.4	939.4	7500	99.4
2012	112.7	1109.6	7800	410▲

说明：*为中央与地方合计投入救灾资金；#为作者根据统计公报数据计算所得；—表示无相关统计数据，▲含维修住房数量。

资料来源：民政部：《民政事业发展统计公报》（2001—2009年）、《社会服务发展统计报告》（2010—2012年）。

应急救助服务，是按照《自然灾害救助条例》的规定，转移安置受灾人员，并提供食品、饮用水、衣被、取暖、临时住所、医疗防疫等，保障受灾人员基本生活。比如台风灾害应急救助，目前按照人均90元的标准帮助紧急转移安置人员解决基本生活困难，其他灾害应急救助的标准为人均230元。①

灾后生活救助服务，目前的主要项目包括：居民住房倒塌重建补助、冬春

① 袁艺：《〈民政部关于加强自然灾害救助评估工作的指导意见〉系列解读之二》，《中国减灾》2013年第2期。

生活困难救助、旱灾临时生活困难救助、过渡性安置、因灾遇难人员抚慰金和受灾人员心理救援。

（1）居民住房倒塌重建补助。近年来，灾区倒塌民房恢复重建中央补助标准不断提高。1949～2001年，倒房的补助标准为洪涝灾害为65元/间，地震灾害为200元/间；2002年两项补助标准分别提高至300元/间、500元/间；2006年两项补助标准合并为600元/间；2007年又提高至1500元/间。2008年低温雨雪冰冻灾害后对倒房困难户重建住房每户补助5000元。国务院《关于支持汶川地震灾后恢复重建政策措施的意见》规定，中央财政提高因灾倒损民房恢复重建补助标准，对倒房户户均补助1万元、损房户户均补助1000元，高寒、寒冷地区户均补助标准则对应提高到1.4倍。

（2）冬春生活困难救助，重点是解决受灾人员冬春期间口粮、饮水、衣被、取暖、医疗等基本生活困难。救助的基本时段是，冬令救助为12月起至次年2月，主要是春节期间的救助；春荒救助为3～5月，辽宁、吉林、黑龙江和内蒙古等一季作物区则要到7月。目前，冬令、春荒救助人均口粮补助标准为90元。

（3）旱灾临时生活困难救助，对因旱灾造成生活困难的群众，按照人均60元标准安排补助资金。

（4）过渡性安置，指在应急救助阶段结束后、恢复重建完成之前，对于基本生活依然存在困难的受灾人员给予一定时期的救助。[①] 2008年汶川地震后，我国提出“过渡性安置”的概念，根据不同时段受灾群众生活所需，国务院及时出台了临时生活救助、后续生活救助、“三孤”人员救助安置[②]等政策，并规定后续救助政策到期后，对于生活困难需救助的灾区群众，分别纳入城乡低保、农村五保供养和冬春灾民临时生活困难救助制度，保障其基本生活。《汶川地震灾后恢复重建条例》将上述做法以条例的形式明确下来，并在后续灾害救助中得到延续和适用。实践中，除了发生巨灾之外，在其他重、特大灾害救助中，过渡性安置的对象主要是“因灾房屋倒塌或严重损坏无房可

① 《〈自然灾害救助条例〉答问释疑》，2010年9月6日。

② “三孤”人员救助安置的实质是在基本灾害救助服务中优待“三孤”人员。

住、无生活来源、无自救能力”的受灾人员，政府在应急救助阶段结束后，在确保安全的前提下，采取就地安置与异地安置、政府安置与自行安置相结合的方式，结合当地实际情况给予过渡性救助，以保障其基本生活。

汶川地震后，为妥善解决灾区困难群众的基本生活保障问题，国务院决定对川、陕、陇、渝、滇五省市灾区困难群众实施临时生活救助。临时生活救助包括补助金和救济粮，救助对象为因灾无房可住、无生产资料和无收入来源的困难群众，补助标准为每人每天 10 元补助金和 1 斤成品粮，补助期限为 3 个月。因灾造成的“三孤”人员补助标准为每人每月 600 元，受灾的原“三孤”人员补足到每人每月 600 元，期限为 3 个月。2010 年玉树地震后，实行的临时生活救助政策与此相同，青海省根据当地特殊情况，适当提高“三孤”人员补助标准，并充分考虑灾区实际，在筹集调运应急生活物资时，提供符合当地藏族群众生活习惯的生活必需品。

由于汶川地震造成灾区群众损失程度深，生活困难大，恢复重建时间长，国务院决定在 3 个月临时生活救助政策到期后，对重灾区川、陇、陕三省困难群众继续给予后续生活救助。①救助对象主要包括：“三孤”人员；生活困难的遇难（含失踪）者、重伤残者家庭人员；异地安置人员；因灾住房倒塌或严重损坏且生活困难的受灾群众。②救助时间为 9～11 月，共计 3 个月。③后续生活救助为现金补助，不再发放口粮，每人每月平均 200 元，并要求根据灾区救助对象生活困难情况，实施分类救助，适当提高“三孤”和生活困难的遇难（含失踪）者、重伤残者家庭人员的补助标准。④后续救助政策到期后，对于生活困难仍需救助的灾区群众，分不同情况纳入城乡低保、农村五保供养和冬春灾民临时生活困难救助制度，保障基本生活。

四川省对因灾困难群众实施后续生活救助的具体救助标准：①因灾造成的“三孤”人员每人每月补助 400 元，受灾的原“三孤”人员每人每月补足到 400 元；②生活困难的遇难（含失踪）及重伤残者家庭人员每人每月补助 300 元；③异地安置的受灾人员（含集中安置人员、符合条件的寄宿制学生）和因灾住房倒塌或严重损坏且生活困难的受灾群众每人每月补助 200 元。所需资金，中央财政予以补助，由省财政厅根据省民政厅提供的基础数据一次性安排给各地，包干使用。甘肃省对受灾人口的后续生活救助标准为前两类人员每人每月 300 元，第三类人员每人每月 200 元。玉树地震后，也实行 3 个月的后续生活救助，标准仍为每人每天发放 10 元补助金和 1 斤成品粮。

（5）因灾遇难人员抚慰金。按照有关规定，死亡补助金标准一般由地方政府根据当地经济、社会发展状况规定，报省级人民政府备案即可。各地方政府针对因灾造成伤亡人员的救助和抚恤，通常采取一次性抚恤救助的办法。汶川地震后，四川省《关于支持汶川地震灾后恢复重建就业和社会保险政策实施意见》规定："参加了城镇企业职工基本养老保险的职工和个体参保人员，因灾非因工死亡的，在企业职工基本养老保险基金中，以 2007 年全省在岗职工月平均工资为基数，一次性计发 4 个月的丧葬补助费；以死亡时本人指数化月平均工资为基数，计发 8 个月的一次性抚恤金。"按照这项政策，城镇参保人员因灾死亡的，其受益人可以领取 2 万 ~3 万元的一次性死亡救助金。理县人民政府按照每位遇难人员 5000 元的标准发放伤亡抚恤金。受汶川地震影响的舟曲，地方政府对因地震死亡的人员一次性给予抚恤金 5000 元。2009 年，民政部增设因灾遇难人员抚慰金项目。玉树地震之后，中央财政对因灾遇难人员家庭，按每位遇难者 5000 元的标准发放抚慰金，并规定青海省政府可根据当地特殊情况，适当提高补助标准。青海省实际执行的标准是在中央补助基础之上增加 3000 元。[①] 2012 年 7 月，民政部规定，凡是因自然灾害造成死亡的人员，不论是农村居民，还是企业人员，都要按照不低于中央的抚慰金标准，及时向因灾遇难人员家属发放抚慰金。2013 年甘肃省岷县、漳县 6.6 级地震遇难人员的抚慰金标准为每位 10000 元，对地震灾害遇难人员的配偶、子女、父母或兄弟、姐妹等直系亲属发放。

（6）受灾人员心理救援。灾后 1 ~3 个月是受灾群众心理波动较大的时期，在近几年的灾害救援中，心理救援越来越受到重视。2012 年 6 月 25 日，国家减灾委发布《关于加强自然灾害社会心理援助工作的指导意见》，要求按照"政府主导、部门协作、专业支撑、社会参与"的原则，将社会心理援助作为自然灾害救援和灾后重建工作的一部分，同时部署、同时组织、同时开

① 高恩新：《自然灾害救助制度框架与实践——以震后救助为例》，《中国应急管理》2011 年第 11 期。

展、同时推进，最大限度地减轻自然灾害对灾区群众和救援人员造成的心理伤害，帮助灾区群众树立重建家园的信心，尽快恢复生产生活秩序。

社会力量也在逐步介入灾害救助服务，比如社会公众为灾区捐献款物；志愿者无偿提供劳动、技术和服务，在受灾群众救助、灾区卫生防疫、伤员救治、灾民心理抚慰等方面发挥作用，以及在非灾区开展募捐、运送物资、无偿献血等；社会组织积极开展灾害救助工作，以公益组织和民间救援队为主体，前者注重灾后物资援助与灾后服务，后者注重生命财产的紧急搜救。2012 年以来，民间救灾作为一个公益行业逐步显现，成为大小灾害中积极参与的一支常规力量，并呈现出下列特点：更多关注中小型灾害的救援，在灾害救援中联合行动成为惯例，重视突发性灾害而忽视缓发性灾害，民间联合救灾网络开始活跃等。民间力量参与提供灾害救助服务仍然存在一些制约，比如民间救灾力量与政府缺乏对接机制，民间力量能够动员的社会救灾资源仍然有限，民间救灾的专业化水平仍有待提高等。①

二　中国灾害救助服务的转型与困境

（一）中国灾害救助服务的历史性转型

21 世纪以来，全社会对于灾害应急管理的要求不断升级，成功应对“非典”事件、冰雪灾害天气、汶川特大地震、玉树地震和舟曲泥石流等重大灾害，更进一步有力地推动了灾害应急管理体系的转型，中国自然灾害应急管理体制发生了根本性的调整，主要体现为：救灾理念从抗灾救灾为主转向减灾防灾为主，救灾目标从减少经济损失转向以人为本，救灾责任从中央政府包揽一切转向中央和地方分级负责、分级管理，救助主体从单一向社会化方向转变，救灾内容从事后救济转向全方位救助，救灾指挥从主要依靠经验转向系统的应急预案与行动，灾害救助的组织过程从封闭转向全方位公开透明，灾害救助的标准从传统的低标准转向保证基本生活并逐步与国际接轨，救灾装备从传统工

① 李健强：《2012 年民间力量参与救灾综述》，《中国减灾》2013 年第 2 期。

作手段到高科技装备的应用，救灾减灾能力不断提高。以下从价值取向与建制理念、时代和国情的适应性、制度的有效性和发展的可持续性四个方面评价灾害救助制度及其转型。①

1. 灾害救助服务的价值取向从抗灾救灾为主转向减灾防灾为主，建制理念从减少经济损失转向以人为本

在新中国成立后相当长的一段时期内，我国救灾理念还限于灾害来临之后的“救”和“抗”，没有真正有计划地做好防灾减灾工作。1989 年中国国际减灾十年委员会成立后，一方面通过一系列工程和非工程性的措施，防止或减少自然灾害的发生；另一方面通过降低自然灾害发生的频率以及及时有效的救灾措施，减轻自然灾害带来的损失，有效地促进中国防灾减灾事业的发展。

长期以来，面对自然灾害更多的是强调尽量减少国家财产的损失，甚至出现牺牲个人生命来保护国家财产的现象。21 世纪以来，随着科学发展观的确立，面对大灾，抢救人民群众的生命成为抗灾救灾的首要任务，以人为本、生命至上、救人优先已经成为抗灾救灾中的共识，“灾区人民生命与生活为第一位”的理念取代了“以国家荣誉为重、以灾区人民为次”的观念。“以人为本”作为灾害救助的首要原则，得到充分的体现。比如，重大灾害发生前需要进行紧急转移，全国平均每年有近千万受灾害威胁的群众得到安全转移和妥善安置，1978～2008 年 30 年间，共转移群众 2 亿人次，转移群众财产数百亿元。② 沿海地区有的为了抗击台风的需要，一个省一次就要转移近百万人甚至过百万人。汶川地震、玉树地震以及舟曲泥石流灾害中，救援人员都不惜一切代价抢救生命。对因灾无家可归，吃、穿、住、医疗有困难的群众，国家都给予及时救济和扶持，每年中央和地方都投放大量资金、物资用于解决灾民吃饭、穿衣、住房、治病等困难。为地震灾害遇难者下半旗致哀和举行全国哀悼，体现对生命的尊重，对灾区人民的生活救助、医疗救援与心理抚慰等，彰显以人为本的理念。“以人为本”的理念还上升到法制的高度，如《汶川地震灾后恢复重建条例》提出：“编制地震灾后恢复重建规划，应当全面贯彻落实

① 郑功成等：《中国社会保障制度变迁与评估》，中国人民大学出版社，2002，第 16 页。

② 民政部救灾司：《减灾救灾 30 年》，《中国减灾》2008 年第 12 期。

科学发展观，坚持以人为本，优先恢复重建受灾群众基本生活和公共服务设施”。《国家综合防灾减灾规划（2011—2015 年）》提出，自然灾害发生 12 小时之内，受灾群众的食物、饮用水、衣物、医疗卫生救援、临时住所等基本生活得到初步救助。

2. 灾害救助服务适应了时代进步和经济社会发展的需要

一是适应市场经济体制不断健全的外部环境，加大灾害保险的经济补偿作用。计划经济时代社队遭灾，造成的集体损失由全体村民分担，而推行家庭联产承包制后，一家一户的损失便只能由自己承担，因此亟须建立新的灾害损失补偿机制。商业保险具有灾害损失补偿机制，国内商业保险重新恢复之后，面对 20 世纪 80 年代的几场大灾，中国人民保险公司根据灾情对被保险人支付赔款，充分发挥了保险补偿灾害损失、稳定经济和人民生活的有效作用，在灾区引起了广泛的反响。从 1987 年起，民政部开始推行救灾保险改革，将保险机制引入到救灾领域，试图在国家救灾投入极端有限的条件下，通过农民参保缴费与地方政府补贴等多渠道，筹集更多的灾害补偿资金，解决灾民的生活困难。①

二是适应社会力量蓬勃发展的时代变迁，加大灾害救助社会动员机制建设，形成全社会积极参与灾害救助的良好氛围。中华民族具有扶贫济困、乐施好善的传统美德，尤其是大灾面前，慈善捐献往往彰显万众一心的民族精神，历史上民间社会、宗教团体在灾害救助中都发挥了很大作用。新中国成立后，受“左”倾思潮的长期影响，慈善被视为封建、虚伪的事物，导致慈善事业一度绝迹。改革开放后，人们逐渐认识到慈善事业对社会发展的客观价值，20 世纪 90 年代以后，慈善事业走向新生。近年来，我国民间财富不断积累，社会组织持续发展，慈善团体大量涌现，志愿活动方兴未艾，社会各界高度关注减灾救灾事业的发展，热情参与减灾救灾工作。尤其是在经历一系列重特大自然灾害后，社会各界参与减灾救灾工作更趋理性，为减灾救灾事业快速发展提供了强大推力。例如，汶川地震共接收境内外各种抗震救灾捐赠款物 767 亿元，被公认创下“中国捐赠史的新纪录”。参与救灾的国内非政府组织多达

① 郑功成：《中国社会保障 30 年》，人民出版社，2008，第 152 页。

300 多家，介入的志愿者更是达到 300 万人。[①] 这些数据凸显了社会组织在灾后重建过程中所发挥的重要作用，事实上其成为政府灾害救助的合作伙伴和重要补充。又如，2012 年北京遭遇特大暴雨袭击之后，民间力量通过网络组织起来，为社会传递正能量，一些商业机构免费为无法回家的人提供膳宿，300 多辆私家车通过网络组织“双闪行动”，前往首都机场接回滞留旅客 500 多人，社会各界捐款超过 6000 万元，[②] 北京地区 74 家慈善公益组织整装待命，在摸清灾区需求后，立即开展有针对性的援助。

三是适应灾害救助国际化趋势，加强灾害救助国际合作。我国在接受国际救助方面，经历了从过分强调自力更生、拒绝国际援助到有条件接受进而主动呼吁国际援助的曲折历程。

3. 通过加强立法，制定、实施防灾减灾规划和灾害救助应急预案，自然灾害救助制度运行的规范性不断提高

一是灾害管理立法进程逐步加快，灾害救助制度运行的规范化程度不断提高。20 世纪 80 年代之后，我国陆续颁布了 30 多部涉及防灾减灾的法律法规，有力地推进了防灾减灾工作的制度化，在一定程度上提升了灾害管理工作的力度。《自然灾害救助条例》则对灾前的预防、准备，灾中的应急救援和过渡性安置以及灾后的恢复与重建等问题，进行了系统、明确的规定，重点规范了政府的救助行为，标志着中国自然灾害救助体系开始步入法制化、规范化的新阶段。

二是制定实施国家防灾减灾规划。为了总结防灾减灾工作的经验和教训，明确防灾减灾工作的指导方针、主要目标、任务和措施，调动一切积极因素，合理配置资源，最大限度减轻灾害损失，我国先后制定了 3 个国家中长期减灾规划，1998 年颁布的《减灾规划（1998—2010 年）》是第一部有关减灾工作的规划，《国家综合减灾“十一五”规划》《国家综合防灾减灾规划（2011—2015 年）》则着眼于加强综合防灾减灾能力建设，提高防范应对自然灾害的能力，保障人民群众生命财产安全，促进经济社会全面协调可持续发展。

---

① 林闽钢等：《灾害救助中的 NGO 参与及其管理——以四川汶川地震和台湾 9・21 大地震为例》，《中国行政管理》2010 年第 3 期。

② 魏铭言、温薷、邢世伟、金彧：《各界向北京雨灾捐款超 6000 万　市领导带头捐款 22 万元》，《新京报》2012 年 7 月 26 日。

三是制定和修订《国家自然灾害救助应急预案》。为建立健全应对突发重大灾害救助体系和运行机制，规范应急救助行为，提高应急救助能力，最大限度减少生命、财产损失，维护社会稳定，国家于2005年制定了《国家自然灾害救助应急预案》，此后，各级政府逐步开展自然灾害救助应急预案编制工作，目前，所有省和地市、99%的县、90%的乡镇（街道）、55%的行政村（社区）制定了相应预案，全国自然灾害救助应急预案体系初步建立，做到救灾人员和物资在灾害发生24小时内基本到位。近年来，我国遭受多起重特大自然灾害，在防灾、抗灾、救灾过程中积累了很多新经验，2011年我国政府修订了《国家自然灾害救助应急预案》，及时总结和吸收了这些新经验。

4. 灾害救助服务的筹资机制贯彻责任分担原则，呈现持续发展之势

灾害救助服务的筹资机制开始贯彻责任分担原则，既体现在从中央政府包揽一切转变为中央和地方分级负责、分级管理方面，也表现为社会捐赠、商业保险在灾害救助中的作用开始显现，拓展了筹集灾害补偿资源的渠道。这里着重阐述中央与地方政府救灾责任的分担。计划经济体制下救灾模式的特征是中央政府包揽一切，无论是大灾、中灾、小灾，还是紧急救助、恢复重建和灾民生活安排，中央政府的资金投入始终占据主导地位，地方政府在救灾方面仅仅负有上报灾情和发放救灾款物等责任，救灾的政策和决策都由中央根据地方政府反映的灾情统一制定。这种模式适应当时的历史条件，但弊端非常明显，中央政府背负了沉重的财政包袱，降低和缩小了灾民的救济标准和范围，也降低了地方政府开展救灾工作的主动性和责任心，形成“等、靠、要”“灾民找政府，下级找上级，全国找中央”等被动局面，中央财政下发的救灾款占全部救灾款的比重达到90%以上。[①] 社会主义市场经济体制下救灾模式的特点是，救灾工作和经费由中央和地方分级负责、分级管理。这种新的灾害管理模式从20世纪80年代开始启动实施，1993年民政部提出了深化救灾工作改革，实行救灾工作分级管理、救灾款分级承担的新思路，1996年民政部制定了深化救灾工作的分级管理改革的目标：争取县以上各级财政都列支救灾款预算，实现

① 多吉才让：《新时期中国社会保障体制改革的理论与实践》，中共中央党校出版社，1995，第222页。

中央与地方救灾款预算同步增长，地方各级财政预算达到中央预算的一半以上；推行行之有效的社会互助机制；建立起科学的自然灾害评估体系，划定自然灾害分级标准，按灾害等级界定各级政府的救灾责任，使救灾分级管理工作规范化、法制化。① 此后，地方各级政府纷纷加快实行分级管理的步伐。截至2001年，全国所有省级和绝大多数地级、县级财政都列支了自然灾害救济事业费，部分乡镇也列支了救灾款，地方各级财政救灾预算列支总数达到了中央救灾款预算的一半以上。② 确立救灾工作分级管理、救灾经费分级负担的救灾模式，有效地改变了以往中央政府包揽一切的局面，强化了地方各级政府在救灾减灾中的责任，也有利于防止夸大或隐匿灾情等不良现象的发生，使救灾工作更趋合理化和科学化。

随着地方政府救灾减灾责任的强化，灾害救助服务的水平逐步提高，灾民得到更多实惠。以倒房恢复重建补助为例，各地通常在中央财政补助的基础上再进行补贴。汶川地震灾后重建中，四川省规定，农房重建与中央财政匹配资金，同样为1万元。在中央与省两级财政补贴外，震区受灾县还获得对口支援省市的每户1万元农房重建补助；此外，中国红十字基金会有条件地向重建农房每户发放1.5万元的资助，这样，农户灾后重建补贴最高可达4.5万元。③ 对舟曲山洪泥石流灾害中房屋损毁需重建的居民，甘肃省在每户国家补助2万元或2.5万元的基础上，用省级接受的捐助资金将每户补助标准提高到10万元，受损房屋维修补助标准提高到农村居民每户补助4000元、城镇居民每户补助6000元，受损房屋需加固的，按每户3万元安排预算，同时政府还提供3年贴息贷款，切实解决群众住房恢复重建资金困难。④ 芦山地震后，四川省对城乡居民维修加固、重建住房予以补助。对住房因灾损坏需要除险加固的城镇居民，依据住房受损程度，划分“轻微”“中等”“严重”三档，分别给予每户1000~3000元、4000~5000元、6000~8000元的补助。对因灾房屋倒塌

① 李本公、姜力：《救灾救济》，中国社会出版社，1996，第65页。

② 《中国自然灾害救助基本情况介绍》，中国网，2003年7月20日。

③ 李鸿谷：《四川精神进行时：中国重建模式与制度变迁》，《农民日报》2009年5月7日。

④ 民政部：《2010年自然灾害应对工作总结评估报告》，http：//www.gov.cn/gzdt/2011-07/21/content_1911176.htm。

和严重毁损无房可住的农户，给予每户2000元的自建过渡房补助，市县政府根据实际情况可再增加每户1000元的补助。农户房屋损坏的，依照破坏程度划分为轻微损坏、中等破坏、严重破坏三个档次，每户维修加固补助标准分别确定为1000～2000元、2000～4000元、4000～5000元。

同时，灾害救助服务呈现不断发展的趋势，主要表现为以下几个方面。

一是灾害救助内容不断延伸、项目不断增加。在相当长的历史时期内，救灾工作主要是进行事后的救济，即通过查灾、核灾之后确定政府的救济数量并进行恢复重建。随着经济社会的发展、科学技术的进步和管理理念的提升，灾害管理也不断发展，从灾后生活救助，发展延伸到灾前预防减灾、灾中应急响应、完成恢复重建，灾害救助已具有全程立体救助的性质。灾害救助项目在原有的居民住房倒塌重建补助和冬春生活困难救助基础上，近年来增加了旱灾救助、中央临时生活救助、后续生活救助和“三孤”人员救助安置、因灾遇难人员抚慰金等补助项目，并积极开展灾后心理援助。

二是灾害救助对象适时拓展。传统的灾害救助对象主要局限于受灾的农村居民，随着时代进步和灾情变化，紧急救助的对象不断扩大。1998年我国部分地区遭受了严重的洪涝灾害，城镇职工和城镇居民受灾问题也很突出，为保障他们的基本生活，根据中央领导的指示精神，民政部发布《关于对受灾城镇职工和城镇居民生活进行救助的通知》，要求受灾职工和城镇居民的生活困难尽可能通过纳入最低生活保障制度来解决，对于江西、湖南、湖北、内蒙古、吉林、黑龙江、安徽七省区，由于受灾严重，因灾造成城镇职工和居民生活困难大、城市居民最低生活保障制度难以妥善解决的，可从民政部门接收的捐款中拿出部分资金用于解决当年受灾城镇职工和居民的生活困难，具体数额由各省区适当掌握。2008年低温雨雪冰冻灾害发生后，民政部门进一步拓展紧急救助职能，在财政部门的支持下，首次将铁路、公路滞留人员和城市被困人员纳入救灾工作范围，累计救助655.5万人。[①] 2012年7月13日，民政部发布的《关于进一步做好当前自然灾害应急救助工作的紧急通知》明确提出，

① 《国务院关于抗击低温雨雪冰冻灾害及灾后重建工作情况的报告》，http：//www.npc.gov.cn，2008－4－24。

对于因灾造成口粮、衣被和日常生活必需用品毁坏、灭失，无法维持正常生活；因灾造成交通中断导致人员被困，无法购买或加工口粮、饮用水、衣被等，造成生活必需用品短缺；因灾造成在收作物严重受损，导致收入锐减，当前生活出现困难的其他须紧急生活救助的人员，也要纳入基本生活救助范围，从而进一步扩大了灾害救助对象的范围。

三是灾害救助标准逐步提高。我国灾害救助标准已从努力“不饿死人、不冻死人”发展到保证灾民有饭吃、有水喝、有衣穿、有住处、有病能医、有学能上等，从传统的低标准转向保证基本生活并与国际接轨。

四是适应社会公众对灾害救助质量期待提升的需要，灾害救助评估工作趋向常规化、规范化。社会公众高度关注灾害救助质量，2013 年四川芦山地震发生后公众对灾后重建建筑质量的质疑就是一个典型例证，当然，事实也同时表明，灾害救助的质量是有保证的。4 月 20 日发生的芦山地震震级为 7.0 级，烈度为 9 度，属于强烈地震，导致灾区房屋损毁严重，累计农村住房倒塌 18.63 万间、严重受损 43 万间，城镇住房倒塌 6700 多间、严重受损 8 万多间。[①] 针对公众和媒体提出的“8 级抗震建筑抵不住 7 级地震”的质疑，四川省住房和城乡建设厅进行了答复。根据该厅组织 400 名专家进行的评估，地震灾区新建公共建筑主体结构基本完好，没有一个全部垮塌下来，汶川地震以后按照抗震设防要求建设的房屋受灾的很少，保住了人民的生命，房屋受损较严重的集中在乡村山区难以达到最新抗震标准的砖房和木质建筑，这些建筑老旧，多属自建房范畴。针对公众对房屋抗震标准存在的误解，专家们进行了解释。地震震级和烈度是两个相关但又不同的概念，震级主要是指地震的能量，烈度主要是指能量给地面及地面上附着的建筑物、构筑物所产生的破坏。房屋抗震强度标准是设防烈度而不是震级，房屋的抗震设防原则是“小震不坏、中震可修、大震不倒”。汶川地震之后，灾区房屋抗震设防标准从 7 度提高到 8 度，所有灾后重建房屋特别是公共建筑，都按照该标准进行设计和施工。经过强烈地震，有些房子裂了，有些房子墙体垮了，都属于正常情况，但没

① 数据来源：国务院新闻办公室 2013 年 4 月 25 日举行的四川芦山 7.0 级强烈地震灾情及抗震救灾情况新闻发布会。

有一座公共建筑主体结构受损、全部坍塌的，这些建筑保住了人民的生命，就达到了设防标准。

同时，我国灾害救助评估工作也趋向常规化、规范化。近年来，我国自然灾害频次不断增加、损失明显增加，社会公众对灾害救助作为公共服务的期待日渐提高，《突发事件应对法》《自然灾害救助条例》《国家自然灾害救助应急预案》等都对自然灾害救助评估做出了规定、提出了系统要求。在此背景下，国家和地方高度重视灾害评估工作，自然灾害救助评估工作逐步开展，灾害救助评估的内容逐步稳定、成熟，指标体系和评估方法不断完善，工作机制和工作规程逐步建立，评估业务系统基本建立，数据库逐步丰富，评估产品体系初步形成，各项评估工作有序开展，初步发挥了为救助工作提供决策依据的支撑作用，同时也暴露出评估工作机制不健全，评估内容、指标尚未形成体系，评估技术还较为薄弱等问题。[①] 为提高自然灾害救助决策的科学性，提升自然灾害救助工作的总体水平，切实保障受灾群众的基本生活，2012 年 8 月 28 日民政部出台《关于加强自然灾害救助评估工作的指导意见》，决定加强自然灾害救助评估制度建设，大力推进自然灾害救助评估工作。

（二）中国灾害救助服务发展面临的困境与分析

我国目前的自然灾害救助服务从提供主体和筹资渠道等角度来看，包括政府财政救助、保险赔偿、社会捐助、自我救助及银行信贷五种方式，但发展极不平衡，过分强调政府特别是中央政府的责任，客观上排斥市场资源，没有有效调动社会资源，因而缺乏可持续性。

一是政府包办救助不可持续。新中国成立以来，自然灾害救助一直主要采取中央财政拨款无偿救济灾民的模式，以中央财政作为经济后盾，每年通过相应的预算科目做出预算，再根据各地灾情大小分配给各受灾地区，无偿救济灾民，对一些重大自然灾害，往往还需要跨年度的救灾预算拨款。然而，灾害在年度间的不平衡发生与政府财政预算要求年度平衡存在难以调和的矛盾。各种

① 袁艺：《〈民政部关于加强自然灾害救助评估工作的指导意见〉系列解读之二》，《中国减灾》2013 年第 2 期。

自然灾害的发生在时间上、空间上是不确定和不平衡的，但政府救助只能通过年度财政预算拨款进行，其救灾预算拨款受政府财力和拨款计划的制约，救灾拨款的有计划性与灾害发生的年度不平衡性显然无法适应，灾害事故的地区发生不平衡又往往与当地政府的财政实力无直接关联，从而在实践中容易出现救灾工作无法满足需要的现象。一些发生重大灾害的年份，国家不得不追加救灾拨款而造成当年或下一年度的国家财政收支无法平衡，也对国民经济建设的正常发展产生了阻滞效应。汶川地震后，中国创造了“一省帮一县”的地方政府对口支援机制，在分税制条件下，随着民主政治的发展，无偿调动一个地方的财政资金支援另一个地区的建设，客观上将不具有可持续性，更不可能常态化。政府救助包揽过多，造成其他灾害救助途径无法发挥应有作用，降低了灾害救助的社会化程度。政府在灾害救助中扮演着“慈父”形象，只强调灾民享受救济的权利，不需要其承担相应义务，导致公众的风险意识日益淡薄，越来越过度地依赖政府救助，成为一种严重的潜在危机。可见，政府的灾害救助责任是持续加重的，如果再加上大灾之后的灾后重建拨款，政府的灾害救助责任更为沉重。

二是商业保险的灾害损失补偿作用有限。从全球来看，商业保险对灾害损失的补偿占到整个灾害损失的35%以上，在发达国家甚至高达80%以上。我国灾害保险完全处于市场化的状态，居民住房、财产等关系到国计民生的对象没有得到自然灾害保险的保障，专门性的灾害保险尚没有开展，保险市场在灾害损失分担中的作用微乎其微。① 2008年冰雪灾害造成直接经济损失1516.5亿元，通过商业保险获得的补偿不到20亿元，仅占损失的1.3%。② 汶川地震造成的损失是8523.09亿元，截至2009年5月10日，保险业已赔付保险金16亿元，预付保险金49.7亿元，合计约支付166亿元。③ 保险赔款仅占地震灾害损失的1.95%。

① 解伟等：《灾害风险科学视角的救灾保险制度探讨》，《北京师范大学学报》（自然科学版）2012年第4期。

② 许飞琼：《中国的灾害损失与保险业的发展》，《江西财经大学学报》2008年第5期。

③ 保监会：《四川汶川特大地震保险理赔工作基本完成》，中央政府门户网站，2009年5月11日。

三是救灾捐赠资金财政化，慈善组织参与灾害救助渠道受限。汶川地震捐赠款物总数达到了767亿元，其流向引起社会公众高度关注，据清华大学邓国胜教授的调研，这些来自公众个人或企业腰包的钱，极可能有80%左右流入了政府的财政专户，变成了政府的“额外税收”，由政府部门统筹用于灾区，形成所谓“救灾捐赠资金财政化”现象，主要体现在：捐赠资金的接受主体局限在各级政府及其所属部门、人民团体和指定的基金会，慈善组织接受的捐赠资金通过直接汇款、拨付灾区政府和项目运作等各种途径进入了政府体系，之后，捐赠资金在使用上主要体现政府的相关意图，服从于政府应急抢险与灾后重建的需要，由财政部门安排的非定向捐赠资金主要用于一般灾区和轻灾区，并存在挪用、违规留存和贪污等问题，信息公开方式陈旧且内容过粗，以行政审计全面替代民间组织的多维审计。政府全面介入捐赠资金的使用和管理，掌握了大量资金的使用权，在一定程度上缓解了灾后重建的压力，但由于政府过度介入，造成负面效应，对社会公众的情感和集体心理造成伤害，慈善公益组织没有得到锻炼进而成长，对于政府而言，则减轻了救灾效果，引发公众对政府的不信任，不利于公民意识和公民社会的培养与成长。①

另外，自我救助是受灾体通过平时储蓄或亲朋好友的援助或借款来达到灾害损失救助的方式，它取决于受灾体的经济承受能力。我国百姓历来就有生产自救的光荣传统，遗憾的是，随着国家经济实力的增强，近十年来，每当灾害尤其是大灾发生后，政府总是承担了绝大部分的救助任务，灾民的自我救助在灾害救助中起到的作用却越来越小。汶川灾后恢复重建的实践表明，我国银行业积极支持抗灾救灾和灾区重建，在灾区“发展性重建”中发挥了意想不到的重大作用，当然，受制于政策性金融发展滞后，银行信贷的救助功能还有待进一步发挥。

四是灾害救助标准偏低，地区、城乡之间存在较大差异。灾后生活救助的最高水平也只是每人每天1斤口粮、10元钱，即使是“三孤”人员每人每月补助标准为600元，在物价不断上涨的情况下，仅仅能够满足受灾人员基本的温饱问题。另外，政府灾害救助采取无偿救助的方式，“灾民”会因身份的不

---

① 冯俏彬：《应急财政：基于自然灾害的资金保障体系研究》，经济科学出版社，2012。

同享受不同的救助保障待遇。（1）发达地区的救助标准往往要高于欠发达地区，且不同地区之间也存在较大差异。（2）城乡存在差异，政府主要负责农村居民的财产灾害损失救助，城镇居民一般不能享受，但在人身损害方面，城镇居民可以享受到比较高的经济补偿，而农村居民很少能够得到补偿，即使享受经济补偿，也容易出现“同命不同价”的现象。（3）存在同一地区因灾害种类不同而出现救助标准不同的现象。如地震灾害救助补偿高于其他灾害救助补偿，救灾补偿标准的不同极易制造新的社会矛盾。

三　国际灾害救助服务的经验和教训

近年来，由于全球气候变化和环境破坏的共同影响，人类面临越来越多的极端天气和自然灾害，灾害风险正以令人警惕的速度增长，造成的人员伤亡和财产损失巨大，威胁着经济社会的可持续发展，并往往形成严重的心理损伤。面对严重的灾情，各国积极应对，不断完善灾害救助服务。

（一）重视自然灾害救助方面的立法和规划

美国自1950年出台《联邦灾害救援法》，开始以立法的形式来抵御自然灾害，拥有了多部有关自然灾害救助管理的法律，既有专项救灾法，也有综合性立法，还不断调整与完善应急管理机制的操作性文件。日本建立了世界上最完善、最细致的灾害应对法律体系，主要由灾害对策基本法、灾害预防和防灾规划、灾害紧急应对、灾后重建和复兴、灾害管理组织五大类共52项法律构成。英国自2004年以来先后出台了《国民紧急状态法》《应急管理准备和响应指南》《应急管理恢复指南》《中央政府对突发事件响应的安排：操作手册》等法规和文件，使中央政府应急管理能力显著提高。

（二）注重发挥市场机制的风险补偿作用

从全球来看，一些灾害频发国根据各自国情建立了不同的灾害保险体系，有效利用市场机制的优势，调动市场资源共同应对灾害风险，保险公司的经济补偿是减轻灾害损失的重要途径。美国《联邦灾害救助法》“鼓励个人、州和其他地方政府通过保险来补充或取代政府的援助，从而增强自身的保护能力”，美国也是世界上设立巨灾保险项目最多的国家，涉及地震、洪水及飓风等自然巨灾，还包括人为灾难，灾害保险在整个灾害救助制度中发挥了巨大作用。美国国家洪水保险计划（NFIP）是世界上非常知名且成功的灾害救助制度。在2005~2010年的洪水损失中，NFIP的总保险补偿为240亿美元，占洪水损失的50%以上。[①] 2010年5月发生的严重风暴造成25亿美元损失，保险赔付17.5亿美元，承担了70%的损失补偿。[②] 美国的保险制度充分发挥了其巨大的社会救助功能作用，为减少灾区财产损失和恢复经济发展起到了重要的作用。根据瑞士再保险《Sigma》公布的统计数据，1995年日本阪神地震人均保险补偿达到250万元；2011年“3·11”大地震直接经济损失为2100亿美元，保险补偿了350多亿美元，占灾害损失的17%。2012年4月上旬的暴风灾害，各家损害保险公司灾害损失补偿将达590亿日元（约合7.35亿美元）。[③] 2010年2月智利地震的保险损失约为80亿美元，9月新西兰地震的保险损失约为44亿美元，2011年2月新西兰克莱斯特彻奇地震的保险损失总额达到60亿~120亿美元。[④] 这意味着，通过保险机制，可以得到相当可观的经济补偿。

（三）积极调动社会力量参与灾害救助

美国认为成功的应急管理需要调动公众、志愿者、非营利性组织等多种力量的积极性。联邦紧急管理局在20世纪90年代向全国发出倡议，推行以社区为基础的全新灾害减缓计划——“影响工程：建设抵御灾害的社区”，要求建立包括各利益相关者在内的伙伴关系，识别并减少风险。美国拥有一支数量庞大的具有较高专业技能的半职业化志愿者队伍和以美国红十字会为代表的民间救援体系，在历次救援灾害过程中发挥了重要的作用。日本有志愿者文化传统

① 郭东东、佘玲：《浅谈美国洪水保险制度》，《中国保险报》2011年5月18日。

② 邓雄鹰：《去年灾害损失超五千亿，巨灾保险缺位大额赔付》，《21世纪经济报道》2011年5月20日。

③ 《日本：暴风灾害保险金支付额预计达590亿日元》，元培产业情报，http://info.yup.cn，2012年6月25日。

④ 杨林：《2010年全球巨灾保险损失超过430亿美元》，《中国保险报》2011年3月31日。

和志愿者登记网络，1995年阪神地震之后，大批志愿者先于政府救援部门到达灾区并迅速展开救助活动，开创了日本志愿者参与的历史新篇章。日本的志愿者组织经验丰富，参与救灾工作有条不紊，在紧急救援和灾后重建方面发挥了很重要的作用，有效地减少了灾害造成的经济损失，并对受害者给予精神上的慰藉。泰国红十字会主要承担医疗和健康关怀、备灾和应急救灾、血液捐献、提高生命质量和社会福利四个方面的职责，直接受皇室领导，声望很高，其资金主要来源于国民捐赠。红十字会全面参与国民救灾过程，灾前从机构、社区层面开展灾害预防工作，灾中提供药品、食物、衣物等救灾物资和运输工具，灾后视资金来源情况参与恢复重建工作。我国台湾地区的志愿者在“9·21”地震后也成为一支重要的社会力量。

（四）重视灾后心理援助

日本救灾的实践和理论研究均表明，重大突发灾难会给现场人员带来巨大的心理创伤，特别是老人和儿童更需要精神上的安慰与关切。为此，日本在遇到灾害时，第一时间与消防人员和新闻记者同时赶到的还有心理咨询人员，政府还派专家定期为幸存者免费进行心理咨询和心理学知识讲座，安排生活援助员和老龄户生活援助员，定期走访老龄人住宅等。如我国台湾“9·21”大地震后，为治疗和缓解灾难给人们带来的心理创伤，台湾的卫生、教育等机构和一些民间组织，开展了各种形式的心灵救助活动。如教育部门实施的“学生辅导心理复建工作计划”、内政部门推行的“失依儿童、少年、老人、身心障碍者及单亲家庭心灵重建计划”、青辅会的“青年志工参与灾后重建心理服务计划”等，出版了大量心理辅导读物，注重不断加强对心理辅导义工和教师的培训，以达到更好的心理安抚效果。

（五）灾害救助服务内容呈现扩张之势

日本是世界上最易遭受自然灾害的地方之一，在长期与自然灾害抗争中，形成了比较完备的灾害预防与救助体系，其救助内容全面而细致周到，具体包括住宅与非住宅贷款，中小企业融资贷款，减轻或免除所得税，住宅解体费用，公用住宅收容避难民众、单亲家庭、病弱者等，政府全额提供灾民住宿及餐饮费用，因灾失业对策，学生学费优待，保险、电力、医疗、邮政、电信存款等方面优待，灾害抚慰金及救助金的发放，红十字协会发灾害救济品，地方政府提供协助灾民职业介绍等。

作为发展中大国的印度，政府在设置灾害救助项目和标准方面也有值得借鉴的特点。一是灾害救助项目多。根据2005～2010年的灾害救助项目与标准，中央政府设立的国家灾害应急基金（NCCF）和各邦政府建立的灾害救济基金（CRF）的内容包括29个大的救助项目，其中还包括新增的山体滑坡、雷暴和雪崩灾害、虫灾以及火灾3个救助项目。二是灾害救助标准细致、可操作性强。每个救助项目尤其是每个救助分项里均对受灾判定条件和灾害补助标准作了详细规定。三是灾害救助标准增长幅度大。与上一个五年期的救灾补助项目和标准相比，在46个现行有定量标准的分项中，绝大多数项目的补助标准均有提升，平均提升幅度高达75%，多个项目的救助标准增长幅度达100%，多数房屋恢复重建补助提升幅度在100%以上，其中完全倒塌砖瓦结构房屋的补助标准提升幅度最高达250%。[①]

（六）巨灾应急救助管理能力仍有待提高

美日两国灾害频繁、经济技术发达、灾害管理水平高超，但面对巨灾，仍存在不少问题，值得警醒。2005年美国卡特里娜飓风造成1200余人死亡，数十万人流离失所，直接经济损失高达上千亿美元，灾区一度秩序崩溃，犯罪横行，尽管美国拥有比较完善的灾害救助法律体系和雄厚的经济基础，但救灾工作仍然暴露了很多问题。一是救援行动不力。各方救援力量在救灾行动中态度消极，政府官员整体行动迟缓，对灾害救援缺乏应有的重视，救灾部队到位不及时，公共秩序在灾后也出现了混乱。二是灾民自救互救能力缺乏。灾民应对灾害的能力远远不够，几乎没有采取自救措施，只是消极等待救援，警察擅离职守，导致灾区陷入无政府状态。三是救灾资金发放效率低下。美国国内公布的两份审计报告显示，由于存在严重的管理混乱，美国政府用于救灾的大笔款项被人以虚假信息骗领，在250万份救助申请中有90万份通过使用虚假身份

---

① 马玉玲：《印度自然灾害救助项目和标准分析》，《中国减灾》2012年第2期。

和个人信息成功骗取救灾款，造成数百万美元的损失，而且灾民对救灾款的使用也存在很大问题，很多灾民将救灾款用于赌博、纹身等花销。2011 年日本“3·11”大地震也暴露了日本政府救灾能力的不足。一是政府对自然灾害连锁风险估计不足。日本政府对核泄漏的危险没有引起足够的重视，没有全力以赴寻求有效的解决办法，最终导致核危机。日本政府忽视“地震调查委员会”提供的大地震大海啸预警，没有及时进行灾害风险排查和预防，而且由于缺少对危机的预判，延迟提出技术援助的请求，错失最佳抢险时机。二是政府在灾害信息特别是核泄漏信息发布方面，存在滞后、含糊、口径不一等问题，延迟了灾民的自救时间，阻碍了救援工作的及时开展，破坏了政府救灾的公信力。①

四 完善中国灾害救助服务的建议

（一）我国灾害救助服务制度建设的目标与原则

我国灾害救助服务制度建设的目标，是依法建立一套由政府主导、责任分担、多层次、可持续的灾害救助服务体系，为受灾者提供相对稳定的安全预期，在确保满足受灾者生活救助需要的同时，促使受灾地区与受灾个体尽快恢复正常的生产生活秩序。

完善灾害救助服务，需要坚持以下具体原则。首先，依法确定政府提供灾害救助服务的范围与水平，确保平等救助。其次，破除政府特别是中央政府包办一切救灾服务的传统观念，建立政府主导，并充分调动市场、社会以及国际资源的新型救灾理念。在现代社会中，“市场失灵”“政府失灵”“志愿失灵”的共存说明，在与自然灾害的斗争中，仅有市场，仅有政府，仅有社会组织都是不够的，一个健全的灾害救援体系必须同时包含政府机制、社会机制、市场机制及家庭或个人的力量，乃至国际合作机制等，形成相互协调的多维运行机

① 张鑫等：《我国自然灾害救助保障能力建设研究》，载民政部国家减灾中心《2012 年防灾减灾政策理论研究课题报告》，2012 年 11 月。

制。① 再次，区分灾民生活救助与受灾体恢复重建，适度救助，避免救助不足以及救助过度。最后，将灾害救助与防灾减灾有机结合，既要在灾害救助中减轻灾害损失后果，也要在防灾减灾中重视灾害救助，培育和提高城乡居民的灾害知识与自救、互救技能。

（二）加强体制机制建设，提高灾害救助服务能力

一是加快自然灾害救助管理法制建设进程，依法救灾。加强减灾法制建设，积极开展减灾立法的研究工作，健全和完善减灾法律法规体系，使减灾工作进一步规范化和制度化，是减灾工作的主要措施和重要行动之一，事实上，尽管中国灾害管理立法进程逐步加快，但灾害救助基本法长期缺位，已有的相关规定分散而且层次低，严重制约了救灾管理工作的效率。从长远来看，我国灾害救助法制建设应该采取专门立法的模式，坚持普遍保障与适度保障相结合、生存权保障与无偿救助相结合、国家和社会共同承担责任以及原则性与灵活性相结合等原则，对现有的灾害救助行政法规、规章等进行整理，制定统一的灾害救助法，现阶段应着力于贯彻落实《自然灾害救助条例》，并适时进行修订和完善，最终制定《自然灾害救助法》。

二是加强自然灾害救助综合协调机制建设，推进救灾减灾协调发展。我国现行灾害救助管理体制的一大弊端是分灾种、分环节由不同部门分而治之，缺乏综合治理和有效协调，众多部门参与灾害救助，造成公共资源使用效率难以提高，还存在相互重叠或者遗漏现象，导致救助不公等问题，各部门各行其是，防灾减灾和灾害救助脱节现象普遍。当前，应强化国家减灾委在综合防灾减灾中的协调角色，可将国家减灾委办公室实体化，赋予独立的职责与相应的权力，增强综合协调能力和水平，提高综合协调效能，形成减灾委各成员单位之间、政府与社会组织之间相互配合、相互支持、相互促进、良性互动的局面。推进地方减灾救灾综合协调机构建设，健全所有省份和计划单列市综合协调机构，加快建设多灾易灾市、县的综合协调机构，切实加强减灾委、民政部门上下级之间的信息沟通和应急协调。从长远来看，可在中央政府设置独立的

① 郑功成：《构建科学、合理的灾害管理及运行机制》，《群言》2008 年第 8 期。

紧急状态管理局，直属总理指挥，赋予其充分权力，全面承担综合防灾减灾指挥、协调等事务。同时，贯彻权力制衡原则、明确划分各级政府减灾职责的做法，实行灾害管理中央与地方分级负责制，由地方政府担当起与其财力相匹配的防灾减灾责任。

三是适应社会力量蓬勃发展和治理理念转变的新形势，促进社会组织参与自然灾害救助。鼓励和吸收社会组织参与灾害救助是行之有效的国际惯例，调动社会力量参与灾害救助，也是民政工作社会化的必然要求，即发动群众去办自己的事情。调动社会力量参与自然灾害救助主要是发挥各类社会组织的积极作用，当前，公益慈善类社会组织面临良好的发展机遇。十二届人大一次会议通过的《国务院机构改革和职能转变方案》提出，要处理好政府与社会的关系，更好地发挥社会力量在管理社会事务中的作用；要求改革社会组织管理制度，加快形成政社分开、权责明确、依法自治的现代社会组织体制；重点培育、优先发展行业协会商会类、科技类、公益慈善类、城乡社区服务类社会组织，成立这些社会组织，直接向民政部门依法申请登记，不再需要业务主管单位审查同意；坚持积极引导发展、严格依法管理的原则，促进社会组织健康有序发展。深化社会组织管理制度改革，提升慈善组织项目管理能力和捐赠资金管理能力。为此，政府要转变观念、调整职能、加快立法，改革管理体制，促进社会组织发展和能力的提高，社会要大力支持和严格监督社会组织，社会组织则需苦练内功，提高自身能力，加强合作。而针对捐赠资金的财政化倾向，可从税收政策方面对慈善给予更大的支持，提高税前捐赠的减免比例，扩大享受减免的范围，简化减免税审批手续，建立完善的赈灾善款收支跟踪及审计管理制度。

四是探索新型灾害保险制度，发挥市场对自然灾害损失的经济补偿功能。《国家综合防灾减灾规划（2011—2015 年）》提出，要建立健全灾害保险制度，充分发挥保险在灾害风险补偿中的作用，拓宽灾害风险转移渠道，完善财税、金融等方面的政策和具体配套措施。近年来，农业保险的发展实践值得借鉴。2007 年我国开始实施中央财政农业保险保费补贴政策，遵循“自主自愿、市场运作、共同负担、稳步推进”的基本原则，调动中央和地方两个积极性，创新政府理财的方式方法，引导和支持农业保险发展。近年来，农业保险保费补贴品种逐步增加，基本覆盖了关系国计民生和粮食安全的大宗农产品，补贴区域不断扩大，补贴比例和保障水平稳步提高。截至2011年末，各级财政累计拨付农业保险保费补贴资金逾460亿元，带动农业保险为5.8亿户次农户提供风险保障1.8万亿元。[①] 为我们建立健全符合国情、体现公共财政理财观的灾害保险提供了有益的借鉴。近年来，随着我国巨灾频发，学术界对巨灾保险开展了深入的研究，基本达成共识，主张建立一个政府与市场合作的巨灾保险模式，优先建立地震保险制度。学者从公共财政的角度出发，主张以省为主，建立集多个灾种于一体的综合性巨灾保险制度，形成中央政府与地方政府、政府与市场基于各自优势合作分工、风险分散、责任共担的机制。总之，要支持保险业做大做强，将保险业的发展纳入国家防灾减灾体系并优先发展，健全保险业的防灾减损功能，建立符合国情的灾害保险制度。

（三）着力从人力、物力和财力三个方面加强灾害救助服务能力建设

首先，要普及防灾减灾与灾害自救、互救知识和技能，培养灾害救助专业人才，建设专业化救灾队伍，加强灾害救助服务的人力资源保障能力。大力实施防灾减灾宣传教育和科普工程，开展各类自然灾害的应急演练，加强各级领导干部防灾减灾教育培训，增强公众防灾减灾意识，提高自救互救技能。建立专业化的灾害救助队伍，发挥红十字会及其志愿队伍的重要支撑作用，培育救灾类社会组织。

其次，按照布局合理、结构优化、储备适度和调度便捷的原则，建设分级管理、反应迅速、功能完备、保障有力、符合国情的救灾物资储备网络。根据灾区分布规律建立不同级别、不同类型的救灾物资储备中心，在具体选址上要方便采用不同运输方式进行调度，同时，储备物资的种类与数量要与市场供应能力、紧急调度难易程度以及灾后救助需求相匹配。采取政府备灾中心与民间或社会备灾中心双轨并行的体制，政府集中建设综合性救灾物资储备基地或中

---

① 财政部金融司：《农业保险惠及广大农户强农惠农再添有力措施》，《中国财政》2012年第6期。

心，支持社会或民间建立专项、小型救灾物资储备中心，采取委托储备等方式，充分发挥红十字会医疗卫生用品储备优势。

最后，稳定政府灾害救助投入，充分利用灾害保险机制，调动社会各方面的积极性。建立灾害紧急救助预算、救灾物资储备预算、公共财产保险费预算、救灾贷款贴息制度等，增强政府灾害救助财力保障。建立巨灾保险与政策性保险，利用保险机制调动市场资源为灾害救助服务。加强社会捐赠款物管理，提高社会救灾资源动员能力。

G.10

部分国家发展社会福利服务的实践经验*

——以瑞典、法国、日本和美国为例

谢　琼**

摘　要：

经过多年的完善与发展，发达国家的社会福利与服务制度形成了各自的特色，其积累的经验和教训值得正处在社会保障制度快速发展时期的中国学习和借鉴。本文选取北欧国家的典型代表——瑞典和芬兰以及西欧的法国、东亚的日本和北美洲的美国，重点介绍各国对老年人、残疾人和儿童等群体的社会福利与服务政策内容及服务递送方式，为中国加快社会福利服务体系建设提供参考。

关键词：

国外　社会福利服务　实践经验

社会福利与服务是社会保障体系的重要组成部分。国外发达国家在推进社会保障制度建设过程中，亦高度重视社会福利与服务体系建设，并形成了各自的特色，积累了丰富的经验和教训。除本文重点聚焦的津贴和服务外，各国社会福利与服务政策中，都有针对老年人、残疾人、儿童和家庭的各种优待政策，如交通优待、税收减免、节假日慰问等，具体优待各国不同，不在本文中一一赘述。

---

* 感谢中国社会科学院欧洲研究所彭姝祎、华北电力大学人文与社会科学学院姚建平提供资料。

** 谢琼，北京师范大学中国社会管理研究院。

一 老年人福利与服务

（一）瑞典和芬兰的老年人福利与服务

瑞典老年人的收入主要源于养老金。瑞典《社会服务法案》规定，被服务的人无论其需求大小，都有权利在家中得到帮助服务，因此在各种由市政府社会福利局为老年人提供的服务项目中最重要的是家庭服务，包括护理、烹饪、洗衣、购物、理发、洗澡、室内清洁、借还图书、陪老人去医院看病等，老年人可以在自己家中享受养老服务。有需要的老人也可以选择住老人公寓或养老院。瑞典各个城市都办有养老院，多为公立养老院，也有部分私营养老院，比例较小。养老院集住宅与疗养功能于一体，大都条件较为完备，可以为老年人安享晚年提供各种周全的服务。在养老院生活的老年人必须对各项服务付费，但费用只是他们实际花费的一半，并可以从其养老金中扣除，其余的要依靠地方政府提供补助。老人公寓一般由政府出资在社区内建造或将一般住宅改建，使之适用于老年人居住，老年公寓由训练有素的“家庭护理员”队伍随时为老人提供帮助。许多城市还设有“老年人活动中心”，既提供一些服务项目，也为老人提供阅读、娱乐与活动场所。此外，瑞典还有在白天向痴呆症患者、残疾人等提供专业治疗、看护，使之与他人友好相处、恢复社会地位的日托型养老服务。在服务提供方面，瑞典的私营部门亦有参与，但对家庭以外的老年人的照顾一直是公共的责任。

与瑞典同处北欧的芬兰，全国 65 岁以上老人在全国人口中的比例已超过 15 岁以下人口的比例，人口老龄化日趋严重。政府非常重视老年福利服务工作，社会事务与健康部将芬兰的国家老龄化政策纳入其发展战略。芬兰政府鼓励老年人积极的为自己的健康负责，并维护他们身体各项机能的功能，提倡老年人安然居住在自己的家庭和熟悉的居住环境中，因此积极建立和改造无障碍、功能齐全和安全的家庭环境与居住环境，支持老年人的独立性。目前芬兰已建成了集养老院、家庭服务网、老人服务娱乐中心和老人公寓于一体的养老福利与服务结构，使所有老人不论贫富都能享受平等的福利待遇及良好的照顾。

首先，社会福利部门通过覆盖全国的家庭服务网为老年人提供住房服务、家庭服务和上门保健服务等，尽可能让老人长期生活在自己家中。志愿者还会通过打电话或上门同老人交谈的形式，消除老人的孤独感，改善老人的心态。接受服务的老人只需根据自己养老金和退休金的收入，缴纳很小比例的服务费，收入越低、需支付的费用越少，其余大部分费用则由市政福利部门承担。目前，芬兰全国 65 岁以上的约 90%、85 岁以上的约 65% 的老人住在自己家中，家庭服务网为老人们在家中安度晚年提供了良好的保障。①

如果家庭护理人员每天上门护理老人超过三次或老人需 24 小时护理，老年人便可选择住进养老院，目前芬兰有 422 家养老院，近 2.4 万名老人生活在养老院中。养老院的护理目标是尽可能提供家庭般无微不至的护理，使老人们心情愉快，健康长寿。护理人员每天帮助体弱年迈的老人穿衣穿鞋、梳头洗脸、用餐吃药、洗澡洗衣，还将卧床不起的老人推到阳台呼吸新鲜空气，欣赏自然风景，夜间为老人翻身、换尿垫，如此照顾一直持续到老人去世。养老院的护理费用比较昂贵，其中的小部分由老年人根据自己的收入支付，绝大部分费用由市政社会福利部门承担。

为帮助老人摆脱孤独和寂寞，社会福利部门还在全国建立了数百个老人服务娱乐中心，丰富老人的晚年生活，使他们保持身心健康。芬兰的老人公寓有两种，一种是由市政当局修建的，向老人出租房屋，并由社会福利部门提供各种补贴。修建老人公寓的资金主要来源于市政住房基金会和银行贷款，也可接收来自社会的捐赠。收入有限的老年人可获得租金补贴，因此，低收入的老人不用担心晚年生活无保障。另一种是私营老年公寓，主要面向收入和积蓄比较丰厚的老年人，老人出资成为公寓住房股份公司的股东，受雇于该公司的“女主人”们向老人们提供各种有偿照料服务。私营老年公寓的出现改善了老人的居住环境，提高了老人的生活质量，受到老年人的广泛欢迎。

---

① 赵长春：《芬兰瑞典和日本三国“养老产业”经验可以师法》，《经济参考报》2011 年 6 月 7 日。

（二）法国的老年人福利与服务

法国的老年津贴主要有老年团结津贴（ASPA）、居家照顾津贴、居家服务津贴、住房补助和个性化的丧失自理能力补助金等几种。最低养老金提供给通过家计调查的65岁及以上的低收入老人，由全国养老保险基金会支付。居家照顾津贴一般提供给由于养老金缴费不足而没有资格享受任何养老金的老年人（65岁以上，特殊情况下60岁），以确保其收入水平相当于老年团结津贴，补助金额和封顶标准与ASPA相同，只补齐低于ASPA的部分。由地方政府管理和提供。居家服务津贴提供给由于健康原因需家政服务的老人，金额不超过家政服务价格的60%。隶属社会救助体系的老年人由市（镇）社会行动中心负责，隶属社会保险体系的由养老保险负责。住房补助主要发放给在机构养老的老年人，补助金额根据老人的收入、养老机构住宿费以及养老院所在地等几项条件确定，由全国各地的家庭补助基金（CAF）负责发放。个性化丧失自理能力补助金（APA）的补助对象为残疾人和60岁以上、丧失日常生活自理能力（有关机构把失能由高到低分为6级，其中1~4级可以申请）的老人，居家和寄住养老机构均可。无收入限制，任何人可申请，补助金额依申请人的收入状况和失能程度而定，部分费用自理，收入越高，自理部分越高；月收入低于规定标准者费用全免。申请者根据自己所属的社会保险系统提出申请：隶属社会救助系统的向省议会、居住地所在市（镇）政府的社会救助中心（CCAS）提出申请；隶属社会保险系统的向社会保险机构或互助会提出申请。机构养老者可用APA支付因丧失自理能力而产生的看护费。在养老机构中，APA占到自理费用的67%。[①]

法国的老年人服务主要包括居家服务、伙食供给和机构养老服务等。其中，居家服务的内容包括打扫卫生、洗衣做饭等的家务服务和代买生活用品等的采购服务，服务对象一般为收入低于一定水平且缺乏一定自理能力的老年人，通常需要医院出具证明。居家服务由老人所在地的市（镇）政府提供，具体服务内容和服务时间由市（镇）议会根据老人的具体情况做出决定，原

① 参见http：//vosdroits. service-public. fr/F245. xhtml。

则上一个月内服务时间不超过30小时，如果几个老人住在一起，则服务时间酌情缩减。伙食供给服务为收入低于一定水平的老年人提供膳食。由市（镇）政府或议会通过招标指定餐厅并制定伙食标准，中选者和市（镇）政府签订合同，市（镇）政府为之划拨经费。所有60岁以上、难以在家得到有效照顾的法国老人，在提出申请并获批的前提下，均可选择机构养老。

法国的养老机构有以下几种：（1）公共或私立的社会养老机构，比如老人之家、养老院等，适合具有一定自理能力的老人。养老院的条件和收费差别很大，有些私营养老院很豪华，但收费昂贵；公立养老院的条件和收费也不尽相同。（2）公立或私立的社会—医疗机构，即医疗化的养老机构（EHPAD），主要接纳丧失自理能力的老人。（3）省一级的长期医疗服务机构，接受对象为健康状况差、需长期住院照顾的老人。（4）接待家庭，这种情况在法国比较罕见。无论哪种养老机构，均需由省议会授权并和省议会以及医疗保险机构签署三方合同或“多年目标与手段合同”，制定费率标准，并根据合同获得资助，国家对私立养老机构在服务标准和质量方面有严格要求。

养老机构的收费分为三部分：第一部分是因丧失自理能力而产生的看护费，根据老人的自理程度分为六等，自理程度越低收费越高，这部分费用由省政府负担，其中1～4级可以享受个性化丧失自理能力津贴（APA，详见下文）。第二部分是个人医疗护理，这部分费用由医疗保险负担。第三部分是日常开销和伙食，这部分比例不高，由老人或其赡养人负担。公立养老机构的预算来自地方财政，不足部分由国家补齐。整体而言，在公立机构和非营利性机构养老的老人，政府承担了90%的养老费；对在营利性机构养老的老人，政府根据评估情况给予相应补贴。

（三）日本的老年人福利与服务

日本的《老人福利法》《老人保健法》和《护理保险法》等法律制度为老年人提供共同保障。政府以老人福利形式提供的养老设施包括老人日间服务中心、老人短期住院设施、养护老人院、特别养护老人院、经济型老人院、老人福利中心及老人护理支援中心等。2000年《护理保险法》出台后，日本老年服务的提供和支付发生了质的转变，选择性、契约型的老年服务提供成为主流。根据《护理保险法》，护理给付可分为居家服务和福利院服务两大类。居家服务包括访问护理、访问入浴护理、访问看护、访问康复训练、住宅疗养管理指导、门诊护理、门诊康复训练、贷给福利用品、短期入住生活护理、短期入住疗养护理、痴呆对应型共同生活护理、入住特定福利院的人的生活护理。福利院服务包括特别护理敬老院（护理老人福利设施）、老人保健设施（护理老人保健设施）和疗养病床（护理疗养型医疗设施）等。对于居家服务和福利院服务，需要护理者可以从中任意选择。不过，考虑到老年人生活上的需要，很多地方政府建立起在两者之间的，小规模、多功能、复合型的设施。

（四）美国的老年人福利与服务

美国没有针对老年人的普遍性津贴/年金，只有针对低收入老年人和残疾人的现金维持项目——补充保障收入（SSI），凡是接受补充保障收入的人都需要进行经济审查，经过审查后确认其家庭经济条件在规定的标准以下才能获得资格。

美国老年人福利服务主要包括家中照顾服务、机构照顾服务、医疗健康服务、教育服务以及就业服务等几个方面。家中照顾计划（IHSS）是美国最重要的家中照顾项目。该计划的经费是由联邦、州和县政府联合负担的，目的是帮助65岁以上的老人、失明或伤残者，以使这些不能照顾自己或料理家务的人也可以继续在家中生活。家中照顾计划的服务内容主要包括四个方面：（1）家务，包括扫地、吸尘、收拾及清洁房子、更换床单等。州政府支付每月不超过六小时的家务费用。（2）与家务有关的服务，包括做饭、洗涤衣物和碗碟、买菜和其他日常用品，也料理一些日常生活必需的杂事。（3）非医务性个人身体照顾，包括喂食、协助病人更换衣服、洗澡、扶助病人走路、照顾使用呼吸用具、服侍大小便等。（4）其他服务。这些服务的目的是帮助需要照顾的人在家中安全、独立地生活，而不必住进疗养院或公共医疗机构。

除了居家养老之外，还有很多美国老年人选择老年公寓、老年护理院和老年社区等机构的养老方式。居住在老年护理院的老年人大多是因为身体或精神原因失去生活自理能力，他们一般需要全天候看护。选择居住在老年公寓的老年人一般具有生活自理能力，但也有部分老年人需要借助辅助工具才能来完成日常活动。公寓一般按照家庭居住格局设计，可以满足老年人的各种需求。公寓除了提供日常饮食起居方面的照料之外，安排老年人活动是重要的服务内容，包括开展适度的体育锻炼、开生日派对、学习制作简单手工艺品、集体购物，以及外请相关人士作讲座等。老年社区是综合性老年养老场所，社区内包括独居、公寓、助理院、护理院等不同的居住方式。老年人可根据自己的身体条件、生活能力、个人意愿选择社区内不同的居住环境。

美国老年人教育主要包括三种方式：第一，老年大学。与普通大学及学院有着密切的联系，除了收取少量的资料成本外，大部分依靠私立和公立大学及个人慈善捐款。第二，专门的老年组织。美国非营利性的社会服务机构专门设立了一些老年组织来开展老年活动和老年教育。例如成立于1975年的“老人游学营”是美国最早、也是全世界最大的一家为55岁以上老年人提供服务的教育旅游机构。第三，信息化的老年教育。旨在通过信息技术为老年人提供教育和学习资料，提升其生活质量，同时促进其多参与社会活动，增加社会信息并弥补因代沟产生的隔阂。

为了鼓励老年人自立，特别是鼓励低收入老年人摆脱福利依赖，美国政府也有针对老年人就业的相关服务。“老年社区服务就业计划”就是针对失业和不充分就业者，且在经济上处于不利境况，收入等于或低于联邦贫困线的55岁以上老年人的职业培训和就业计划，是目前唯一的专门针对老年人培训需要的联邦计划，其目的是通过为低收入的老年求职者提供联邦补贴的非全日制的社区服务就业岗位以及培训机会，扩大其在私营和公共领域找到工作的可能性，以此来帮助老人自强自立，并最终过渡到非政府补贴的岗位中去。

二　残疾人福利与服务

（一）瑞典的残疾人福利与服务[①]

瑞典残疾人除了同其他公民一样可以享受医疗保险、养老保险、失业保

① 谢琼：《国际视角残疾人事业研究》，人民出版社，2013，第115～136页。

险等社会保障以外，还可以获得特别社会补贴，主要有残疾津贴和照料津贴两种。因残疾而需要帮助或额外支出、年满19岁并已停止领取儿童津贴的瑞典残疾人或长期病人可以申请领取残疾补贴。申请时只需要出示医生开具的证明患者在处理日常生活、工作和学习等事务方面有障碍的文件。残疾津贴的数额依据残疾程度所需要的帮助和所花费的额外支出有所不同，一般会是基准额的36%、53%或69%。65岁以后还需要额外帮助和支出的残疾人可继续申请残疾补贴。同时，根据残疾状况和需求的不同，残疾人还可申请全额疾病补偿（适用于30~64岁）或行动补贴（适用于19~29岁）、出行补贴、车辆补贴、房屋改造补贴、学校补贴等。领取残疾津贴的残疾人有义务告知社会保险局自己的生活状况，并提供身体状况和生活环境发生变化时的信息。

长期持续患有残疾并且每周需要他人帮助处理基本日常生活事务（如洗漱、穿衣、吃饭、交流和移动等）在20个小时以上的残疾人可以向瑞典社会保险局申请照料津贴，20个小时以下的则应向市政府当局提出援助申请。申请照料津贴者无最低和最高年龄限制，在65岁以前获得照料津贴的老人可以继续享受津贴，但是，过集体生活和在福利机构接受照料的残疾人不能获得此津贴，除非有需要医院护理、照料孩子或其他的特殊理由。政府发放的照料津贴可完全由津贴获得者根据需要自由支配，可以雇用一个专门的私人护理提供服务，也可以跟相关机构或组织达成照料协议，更可以使用家庭成员作为助手。照料津贴每隔一年会被重新评估一次，当津贴享受者的情况发生重大变化时，有义务提出提前评估的申请。若被照料者没有及时告知重大变化事项，因此而得到的多余津贴将被责令退回。此外，0~19岁的重度残疾人的父母可以获得护理补贴。有残疾儿童的家庭，父母每年有10天的特别假期专门照顾孩子。每个残疾人每年还可选择到一个地方短期居住，费用由政府报销。残疾人在境内旅游，不管是坐飞机，还是坐高速火车，都只需付相当于普通火车二等客票的价钱，超出部分全由政府负担。

瑞典非常注重对残疾人的服务，人性化的居住和生活环境，非机构化护理和替代性居住方式以及良好的社会服务，为残疾人创造了幸福美好的生存环境。瑞典法律规定当地政府应当对居住区进行科学规划，给居民提供良好的环境、服务和交通。保证人人都有住房，都有一个舒适的家。残疾人和老年人也不例外，从而保证残疾人可以在普通的现代化公寓居住，并获得他们需要的个人化支持。为满足严重行动障碍的残疾人需要的特别的居住环境，各省的特别立法允许对房屋进行特别设计，要求残疾人住所的改造针对残疾人的睡眠、休息、个人卫生、烹调、饮食和行动上的特点和需要进行。同时，对于那些愿意在家享受照料的重度残疾人，政府提供私人住房改造补贴，还可以外加个性化护理照料。要求独立居住、照料服务需求不多的残疾人则可以住在自己的公寓里，可以随时呼叫服务人员。需要特别帮助的残疾人可以选择在有政府支持补贴的、配备有公用设施和护工使用的设施的普通居住区集体居住，政府根据住房的具体需要提供个人化或社会化支持，以及24 小时的护工服务。

瑞典政府为残疾人提供了良好的社会服务。瑞典 1982 年生效的《社会服务法》规定了当地政府的责任，强调地方政府必须使身体或智力残疾的个人能根据其需要选择生活方式，并积极参与社区生活，可以旅行和随意行动，随意出入公共场所等。1994 年实施的《特定功能障碍人士援助服务法》（LSS）是有关满足残疾人特殊保障方案最重要的改革措施之一，其重要特点就是赋予残疾人免费获得个别援助的权利，从而扩充了残疾人的权利。此法案规定，当地政府必须给残疾人指定护理人员或给残疾人提供资助，使其可聘用护理人员。它还对残疾人其他方面的权利作了具体的规定，包括专家咨询、陪护居住服务和离家短期居住（以减轻家庭负担），家庭式护理中心或为需要离家生活的残疾儿童和青年提供特殊服务的护理中心，以及为成人提供服务的护理中心，这些服务均免费提供，免费服务数量视残疾程度而定。

此外，1974 年，瑞典议会在决议案中制定了一条原则：残疾人应当同其他人一样参加社会上的所有文化活动。为了让残疾人参加社会上的所有文化活动创造条件，瑞典各地普遍建立了帮助残疾人为宗旨的学习协会，帮助残疾人组织学习小组，一起参观学习，参观文化场所，考察和旅游。政府为此还专门为学习协会组织这样的活动提供拨款支持。

（二）法国的残疾人福利与服务

在法国，卫生与社会行动是省一级地方政府的主要事权领域，占省议会预算开支的60%左右；省议会在社会事务方面负责老年人、残疾人和儿童的保护以及边缘、困难人群的社会救助与融入；在卫生事务方面负责家庭与儿童保护。

法国的残疾人津贴制度包括针对满20岁的成年残疾人津贴（视家庭情况、婚姻状况及收入状况等不同而金额不同），用于人道主义救助、技术扶助、住宅改造和或车辆改造方面的补偿津贴、残疾儿童教育津贴（金额依残疾程度的不同而不同，特殊需要者可再申请额外补助），工伤残疾抚恤金和针对老年人和残疾人的个性化丧失自理能力补助金（APA）。

法国2005年出台了《残疾人机会均等、参与和公民权法》，其明确规定所有公共场所和公共机构都要配备方便残障人士活动的必要设施，如无障碍通道、残疾人卫生间、残疾人停车位等。2011年，法国住房部进一步颁布了公共场所便残设施的具体要求，规定至2015年新建筑和正在改造的旧建筑必须遵守有关规定，否则工程完工后将不能通过验收。对老旧建筑的无障碍设施改造，政府将给予一定经济补贴。同时，法律还规定，通过各种方式向残疾人提供帮助，使他们能够像普通人一样乘坐公共交通和获取信息。法律同时规定在5000人及以上的市（镇）设立市（镇）和跨市（镇）的残疾人无障碍设施委员会，由政府代表、居民代表和残疾人组织代表组成，负责对无障碍设施的建设情况进行评估，提出改进建议并向市（镇）议会汇报。

在教育方面，《残疾人机会均等、参与和公民权法》明确规定残疾儿童有权利就近入读普通学校，和正常儿童一起学习生活，以便日后更好地融入社会，并且鼓励残疾儿童尽量入读普通学校，除非儿童本身条件不允许。对确实需要特殊照顾的儿童，设有以下各种类型的特殊教育机构或服务：（1）在普通班级就读，但在生活上由专门人员陪护。专门人员可由学校提供，也可由特殊教育和居家护理服务机构（SESSAD）提供。（2）为残疾儿童量身打造的个性化的特殊教育，如“就学融合班级”“融合教学机构”（UPI）、日制特别教育学校。残疾儿童教育的特点是：采用个性化的教学方式，帮助残疾儿童设计人生规划与道路，并尽量帮助他们在接下来的教育中能够入读普通学校。（3）建立带有医疗性质的儿童之家：这种提供医疗服务的机构针对的是12岁以下、残疾程度至少80%的重残儿童。（4）高等教育（从本科直到博士阶段）向残疾青年敞开，并尽力提供各类帮助：如针对盲人的盲文教材，方便残疾学生听课的设备器材，等等。

护理和就业服务方面，按照法国有关法律规定，国家为残疾人提供各种护理机构，如接待之家（MAS），特别接待大家庭（FAM）、职业治疗之家、居住之家等。其中MAS接待残疾程度80%以上的重残人士，配备有专业的医疗服务；后三者主要接待普通残疾人，备有日常医疗服务。与此同时，国家还为残疾人提供专门的就业场所，如以劳动促帮助中心（CAT）和残疾人工厂等。

法国用于残疾人福利方面的资金主要来自于财政、社保基金和国家团结自立基金等专项基金。国家财政主要覆盖残疾人专门劳动机构（如残疾人工厂等）、在校陪护残疾儿童员的人员开支等。社保基金主要涉及两部分，一是医疗保险金，这部分主要覆盖工伤致残抚恤、医疗性技术救助、残疾儿童特别服务机构、残疾成年人医疗服务机构及其相关费用等；二是家庭津贴，主要覆盖残疾儿童教育津贴（AEEH）。国家团结自立基金（CNSA）主要覆盖APA项目中的残疾人、成年残疾津贴、省级残疾人之家等。

法国民间活跃着大量残疾人组织，在残疾人政策制定过程中始终发挥着重要作用。2002年1月17日，国家立法创建了全国残疾人协商委员会（CNCPH），主要职责是与主管残疾事务的国家机构定期沟通，协调各残疾组织、相关行政机构、社会保障机构、社会合作伙伴和地方政府的活动，在残疾人政策的制定与实施过程中发挥着重要作用。

（三）日本的残疾人福利与服务

日本将残疾人分为身体残障者、精神残障者和残疾儿童。以身体残障者福利服务为例，依照《身体残障者福利法》，内容主要包括：（1）居家服务。如家庭护理员进行日常生活照顾的“访问护理服务”，日间往返进行技能恢复训练的

“日间服务”，短期入住的“短期服务站”，上门为身体残障者提供和修理假肢、助听器等助用设备等，许多内容与护理保险服务重复，可有护理保险费用支付，也可以由支援费支付。（2）设施服务。包括为身体残障者提供增能训练的设施，如为视觉残障者、听觉残障者提供的生活能力、工作能力训练设施等；提供长期生活居住场所的设施，如身体残障者福利院等；提供盲人图书馆、盲人院等服务使用的设施。（3）行政机构服务。为了方便身体残障者使用增能援护福利服务，各都道府县都设立了“身体残障者增能咨询所”，并配备专职人员，“身体残障者增能咨询所”还接受都道府县知事委托的志愿者——“身体残障者咨询员”，一般由自身有身体残障者承担，从事针对身体残障者的咨询、援助等工作。2003年通过的《残障者自立支援法》将所有的残障者服务分成护理给付、训练给付和地区生活支援事业三种形式，并有居家服务、日间服务和入住服务三个类型。护理给付包括居家护理、重症访问护理、行动援助、重度障碍者综合援助、儿童日间服务、短期入住、疗养护理、生活护理、养护院重度障碍者的夜间护理和养护院服务；训练给付包括自力训练、就业准备援助、持续就业援助等；地区生活支援包括行动援助、区域活动支持中心和福利院等。这些给付项目中，养护院重度障碍者的夜间护理和养护院服务属于入住服务；疗养护理、生活护理、自力训练、就业准备援助、持续就业援助、区域活动支持中心和区域福利院属于日间服务；剩余的其他项目则属于居家服务。

（四）美国的残疾人福利与服务

美国的残疾人福利服务制度经过长期的历史发展已经形成了比较完整的政策体系。残疾人福利服务的供给涵盖残疾人生活的各个方面，主要包括无障碍建设、教育服务、职业康复和就业服务、辅助技术服务等。

美国残疾人无障碍建设是通过各种法律和法规来推动联邦政府机构、州和地方政府、私有企业等相关机构的行为改善，为残疾人创造平等机会。1973年美国成立无障碍委员会，是推动残疾人无障碍立法和实施的重要联邦机构，旨在协调各联邦机构在无障碍建设方面的行动，为残疾人服务。1990年颁布的《美国残疾人法》旨在确保残疾人在公共和商业设施的使用、就业、交通、州与地方政府服务、电信领域与健全人享有平等的机会。

美国非常重视残疾人的教育，从婴儿早期干预一直到高等教育的各个阶段对残疾人都有很多服务项目：第一，婴儿早期干预。第二，学前教育服务。美国国会于1975年通过了《全体残疾儿童教育法》，要求各州为所有3~21岁残疾儿童和青少年提供免费教育和相关服务，并确立了零拒绝、非歧视性评估、适当教育、最少限制环境、适当核查程序和家长参与6条原则。第三，高等教育服务。高校残疾人服务已经渗透到残疾大学生生活、教育、康复和就业等方面，形成了一个十分完善的服务体系。①

美国为残疾人就业提供很多帮助和服务。仅《康复法》规定的就业支持包括三种类型的服务：第一，就业支持服务。第二，过渡性服务。“过渡性服务”是指为残疾学生提供的离开学校后的服务。包括完成中等教育后的教育、职业训练、融入性就业、继续教育和成人教育、成人服务、独立生活或社区参与。第三，康复服务。包括：（1）由专业技术人员对职业康复需求进行评估，开展资格鉴定；（2）咨询和引导，包括帮助残疾人进行职业选择，提供必要的信息和支持性服务；（3）如果当地职业康复部门不能满足残疾人康复服务的需要，提供转介和其他服务以确保残疾人能够获得其他部门的服务；（4）工作相关的服务，包括寻找工作和工作场所服务、工作维持服务，后续服务和跟进服务；（5）职业和其他培训服务，包括提供职业调整服务，提供相关书籍、工具以及其他培训材料等；（6）对身体和精神损失进行诊断和治疗费用进行资金支持；（7）补偿因为就业参加资格鉴定、职业康复评估所支付的额外费用；（8）补偿使用适当的公共交通工具和系统的培训费用；（9）提供在职或其他个性化辅助服务；（10）由合格的翻译人员为符合条件的听障人士提供翻译服务，对盲人提供阅读方面的服务；（11）为盲人提供康复教学和行走定向服务；（12）职业许可证、工具、设备等供给；（13）为符合资格条件的残疾人自谋职业提供市场分析、制订商业计划、提供技术援助和咨询服务等；（14）康复技术，包括电子通信、感应器以及其他技术辅助设备，等等。②

---

① 卢茜、雷江华：《美国高校残疾人服务特点及对我国高校的启示》，《中国特殊教育》2010年第9期。

② U. S. Department of Education，“The Rehabilitation Act”，http：//www2. ed. gov/policy/speced/reg/narrative. html，2013年8月10日.

三　家庭政策

（一）瑞典和芬兰的家庭政策

瑞典政府充分考虑到儿童发展的需要，通过推行父母保险、儿童津贴、家庭津贴、各种家庭福利服务，为所有家庭创造了一个适宜照料儿童的社会环境，为儿童提供无微不至的关怀。瑞典自 1974 年开始实施父母保险制度，即给予父母双方带薪假期以照顾孩子，并且承诺能重回原工作岗位或类似的岗位。

瑞典政府给儿童和家庭提供的津贴制度主要有儿童津贴、儿童抚养金、寡妇补贴以及教育补贴（包括公共托育服务）等。孩子从半岁至 6 岁可以进入不同形式的公共保育服务机构。全日制托儿所收托 1 ~6 岁的儿童，为因工作或学习而无法照看孩子的父母提供托育照顾，全天候开放，提供高素质照顾和教育服务。幼儿园主要托收 4 ~6 岁，主要进行半日制的教育活动。此外，瑞典还设有开放式学前学校，为保姆和育儿的母亲提供育儿咨询等服务。

瑞典政府不主张在儿童福利院集中供养儿童，因此，无论是强制抚养儿童还是孤残遗弃儿童都采取寄养在某个完整家庭的方式，只对服用毒品或违法的问题青少年集中进行帮助和教育。此外，瑞典还设有儿童寄养中心，在短期内难以正常履行抚养义务的父母可以向其提出申请。同时，为保障儿童权益，瑞典还向处在不良家庭的儿童采取强制抚养措施。

在芬兰，社会事务和健康部与其他政府部门合作负责保持和发展家庭政策以及儿童、青年和家庭福利。其儿童福利政策主要包括：（1）育儿假。为了让父母有更多的时间照顾婴儿，芬兰法律规定父母享有带薪产假、陪产假和育儿假，各种假期津贴补助不同。（2）日间护理。芬兰的日间照顾内容包括保健、教育和教学，以支持儿童的均衡成长、发展和学习。日间照顾的形式多样，有全职或兼职的家庭托儿所，也有家庭群组成的日托形式，还有私人提供的日间护理服务和宗教组织提供其他形式的照顾，不同的照顾形式可以得到不同的市政服务资助。（3）儿童辅导和家庭辅导。以社会服务的方式，通过提供儿童辅导和家庭辅导的专家援助，来处理孩子的问题和家庭关系问题，包括：关注孩子的发展、行为或情感生活问题，孩子在日间照料中或在学校或与朋友发生了问题，家长在养育或者解决相互之间纠纷需要帮助时，家庭中发生丧亲之痛或遇到困境的情况，以及父母正在考虑离婚或家庭成员需要在度过离婚的困境时候获得帮助。(4) 为有孩子的家庭提供的健康服务。这些服务均由妇幼卫生诊所、口腔卫生保健服务、学校卫生保健和医疗护理中心或健康中心医院提供。(5) 家庭中心。提供在家庭中心召集区域的家庭服务，如妇幼卫生诊断、早期儿童教育和护理服务以及各种对学校和家庭早期问题的支持服务。由于家庭中心广泛的服务网络，其提供的家庭服务可以识别早期问题，在问题发生的早期阶段施加影响并给予必要帮助。(6) 幼儿教育。芬兰幼童在学龄前教育的一部分，通过玩耍的方式来支持幼儿的学习。同时，幼儿教育为所有学习困难的儿童提供特殊的教学扶助。(7) 收养。除以上政策外，市政社会服务部门以及“Save the Children”组织还提供收养咨询服务及发放跨国收养补贴的服务。

（二）法国的家庭政策

法国的儿童和家庭津贴种类繁多、名目齐全，几乎覆盖了从孩子降生到独立成人前的各个阶段，且多数补贴随着孩子数额的增加而递增。主要内容包括儿童抚养津贴、家庭津贴和其他补贴，其中儿童抚养津贴又包括幼儿津贴（针对从怀孕第五个月起至孩子 3 岁的母亲）、育儿津贴（针对养育 2 个以上孩子且至少工作过两年的父母）、雇用育儿保姆津贴（津贴发放到孩子满 6 岁为止）、儿童居家看护津贴（针对因外出工作而雇人居家照顾孩子的家庭）、父母护理日津贴（提供给有严重病患儿、严重残疾儿或事故后遗症儿童的家庭）、收养儿童津贴和开学津贴（提供给养育 1～18 岁学童且收入低于一定水平的家庭）；家庭津贴提供给所有养育有 2 个以上 20 岁以下子女的家庭，孩子越多补贴越多，同时，对于抚养 3 个 3～21 岁尚未工作的子女、不领取育儿津贴且收入低于一定水平的家庭还提供家庭补贴；单亲家庭和失去双亲的儿童可以获得家庭支持津贴；此外，法国还根据家庭情况不同提供住房津贴、搬家津贴及积极团结收入（由原有的最低社会融入救助、单亲父母津贴和再就业津贴等补助项目整合而来，针对低收入工薪者）。

法国的儿童和家庭服务主要包括托幼服务、医疗服务、社区儿童娱乐设施和校车服务等。托幼服务的主要形式是幼儿园，法国全境大小市（镇）均有政府投资兴建的公立幼儿园，对3岁半到6岁的幼儿免费、全日制开放。个别地方提供24小时看护。法国的儿童和家庭医疗服务内容包括：（1）以确保母婴健康为目的的孕妇围产期保健和新生儿保健，包括围产期检查、新生儿护理、新生儿健康跟踪、上门问诊等服务，由专门的儿科医生负责，在全国各地设有众多诊所；（2）6岁以下残疾儿童的预防和跟踪保健服务；（3）儿童健康保健服务，如定期体检，定期注射疫苗等；（4）提供避孕措施。这些服务均为普享型，由省政府负责，资金来自地方政府。

法国大多数市（镇）的居民区都建有包括滑梯、秋千等娱乐设施在内的娱乐场所，方便辖区内的幼儿娱乐，由地方政府在住宅区内配套建设，同时很多学校都有专门的校车，接送离家较远的学生上下学，校车司机的选拔十分严格，须持有省一级的驾照，校车享有优先路权。

（三）日本的家庭福利制度

日本的家庭福利制度是以儿童为核心，进而包括对养育儿童家庭提供福利措施来全面保障儿童身心健康的各项政策体系，涉及以下三个层次：第一，儿童自身保护政策，包括出生前的母子保健以及出生后至3岁为止的健康检查和对身体或智力有缺陷的儿童的治疗、养育、训练，以及支援儿童健康、自立的各项措施；第二，家庭相关政策，强调家庭是养育儿童、使他们自立的社会性工具；第三，儿童权利保护政策，所有与儿童福利有关的行政、民间的实践活动全部纳入儿童福利制度中，如企业的女性用工政策、政府的雇用和生育保险政策等。

儿童福利服务主要是指针对未满18岁者提供的各项福利措施，其服务对象包括1岁未满的婴儿（乳儿）、1岁至上小学前的幼儿以及小学至18岁高中毕业的少年。另外，胎儿和孕妇也属于其保护对象。具体来说，包括以下三方面的基本内容：（1）针对障碍儿提供的福利服务。不仅包括针对身体障碍和智力障碍儿童提供的医疗、护理、康复等方面的措施，有设施入住的全面服务，也有居家上门服务以及各种咨询服务。在普通学校专设特殊儿童班级，同时也设有特殊教育机构。(2) 针对特定的孕产妇、母子、婴幼儿所提供的服务。包括对因贫困而无法住院生产的孕产妇提供助产设施、对需要支援的母子实施保护措施、在保育所实施婴幼儿保育措施、孕妇和婴幼儿健康检查以及放学后的学童保护。(3) 针对失去保护者或者被认定保护者不适合履行监护责任的儿童提供的福利服务，包括需要保护儿童的发现、安全确认、强制入户调查、行政命令实施临时保护、寄养或收养、宣告丧失亲权等措施。

(四) 美国的家庭政策

美国的儿童服务非常发达，能够为各类儿童提供全面的服务，包括针对普通家庭的心理辅导与训练、父母教养能力训练等，针对困境家庭的居家服务和托儿服务，以及针对严重问题家庭的寄养和领养服务等，其儿童福利服务具有明显的“残补”特征。

为保障儿童（尤其是贫困儿童）的基本营养，美国有三个针对学龄儿童的营养计划，即“全国学校午餐计划”（National School Lunch Program）、“全国学校早餐计划”（National School Breakfast Program）、“暑期食品服务计划”（Summer Food Service Program）。同时，在医疗健康方面有“妇女、婴儿和儿童特别补充食品计划”（Special Supplemental Nutrition Program for Women, Infants and Children，WIC）和“州儿童健康保险计划”（State Children's Health Insurance Program，SCHIP）。其中，“妇女、婴儿和儿童特别补充食品计划”是美国最受欢迎和最成功的预防性健康计划之一，由国会授权每年拨给一定量的资金补贴。在联邦层次，项目由联邦农业部食品与营养服务司具体管理。在州层次，该项目授权大约4.7万个零售商对项目进行管理。同时，通过1万个专科医院，50个州健康部门，34个印第安部落组织、哥伦比亚特区，5个领地（Territory）内的1900个地方机构提供具体服务。“妇女、婴儿和儿童特别补充食品计划”提供三种形式的福利待遇：提供营养食品或在饮食中补充营养元素，进行营养教育和营养咨询，进行卫生保健和其他社会服务。

美国的儿童福利服务分为支持性儿童福利服务和替代性儿童福利服务两部分。支持性儿童服务是为那些生活在原生家庭中的儿童提供的服务，基本理念是帮助有困难的家庭更好的抚育儿童，主要方式包括托幼服务、儿童保护（反虐待）服务、儿童心理卫生服务等。

美国儿童保护服务有完整的法律体系，主要法律制度包括三部：（1）1974 年通过的《儿童虐待预防与处理法》（CAPTA）是美国最重要的民事儿童保护立法。该法要求各州都要建立强制报告制度，规定了虐待与忽视最低的定义，并为收养、资助等提供了指导准则。（2）1980 年颁布实施的《收养资助和儿童福利法》（AACWA）。该法的目的是确保被寄养的孩子享受到稳定的家庭环境，防止孩子被反复转移到不同的家庭，减少寄养家庭中儿童的数量，减少他们在寄养家庭中生活的时间，并鼓励采取收养的方式为儿童寻找长久住所。（3）1997 年的《收养和安全家庭法案》（ASFA）提供了收养激励机制，并对各州可能用来拒绝收养的理由进行了限定，这些措施都有利于帮助儿童发现长久安置的住所。

除了托幼服务和保护服务外，作为支持性儿童福利服务的一个重要方面，美国针对未婚少女妈妈提供相应的福利服务措施：各地建有母亲之家作为未婚怀孕的妈妈临时的救援避难场所，可提供未婚妈妈所需的照顾、教育、卫生知识，以及帮助未婚妈妈进行人格重建；在校内成立性教育和咨询部门；要求 18 岁以下的未婚妈妈与家人同住，对那些不读书、不接受工作训练的未婚妈妈给予经济惩罚，收紧儿童抚养金的领取方法，以遏制青少年不负责任的行为等。

替代性家庭福利服务的对象是那些生活在非原生家庭（如儿童福利机构、收养家庭、寄养家庭等）中的儿童，服务的基本理念是通过为失依儿童寻找其他家庭或机构来实现对儿童的养育，主要包括寄养和收养两种方式。有数据显示近 30 年间进入美国寄养系统的儿童数量在不断增长，收养儿童数量也呈不断上升趋势。

四　福利服务的递送

以上几个国家社会福利服务的递送可以分为行政福利式、契约服务式和服务购买式三种类型。

第一，行政福利式，即政府出资、政府提供服务。以瑞典和芬兰为代表的北欧式民主福利国家提供服务的责任主要由政府承担，包括费用支付、设施建设、服务人员雇用等。以养老服务为例，对家庭以外的老年人照顾一直是公共责任：中央政府提供专项拨款建造老年人服务公寓并雇用公寓家庭服务人员，同时也为市政府和省议会（地区性权力机构）的无缝合作提供补贴以提高老年服务质量。省议会负责瑞典公民（包括老年人在内）的身体与精神疾病方面的照顾问题，依据宪法的规定，省级和市政当局可以从税收中取得独立于中央政府基金的福利资金用于老年人照顾和服务。因此，瑞典地方政府的规模、结构及财政能力彼此间存在较大差别，而中央政府的税收持平体系又使得各地方政府尽量保持基本相同的福利标准。残疾人、老年人、儿童福利服务的供给是市级政府的主要负责。市政府一级下设有许多委员会，例如教育委员会、社会福利委员会等，这些委员会负责落实市政当局做出的决策。瑞典大约10%的老年人服务项目源自私人（主要是营利性的商业公司）赞助，但项目基金总是公共性的，建立在公共购买基础之上，最主要的形式是养老院服务，亦有家庭帮助服务，还有二者混合的形式。在瑞典，完全私人性质的养老院比例较小。

第二，契约服务式。日本的服务递送属于契约服务式。2000年《护理保险法》出台前，日本养老机构还是一种行政福利措施，而《护理保险法》的颁布赋予了日本社会民众享受服务的选择权，服务的供给者与利用者之间以契约的方式合作。这种契约关系的建立打破了政府福利行政垄断体制，给各种民间养老机构的产生带来了契机，之后，日本养老机构的数量、类型以及服务质量等方面有了很大变化。2003年日本实施《残障者自立支援法》，残疾人服务领域也实现了契约式提供，即残障者可以在一定范围内选择服务供给者，政府为其支付全部或一部分费用。

《残障者自立支援法》的基本理念是促进残障者在本地区的自立，并给予各方面的支援，因此，其实施以市町村为主体进行，都道府县等起协调指导作用，由利用者根据自身需求自由申请服务（而不再是以前行政部门根据利用者提交申请资料判断其需求程度高低来决定获得服务的资格和数量），市町村进行审核后，由都道府县知事认定的服务供给者（可以是社会福利法人也可以是符合条件的社会组织）与利用者签订契约，之后，在供给者提供服务的同时利用者支付费用。目前，大部分费用并非直接从利用者手中支付，而是由市町村以代理受领的方式支付给供给者（见图 1）。

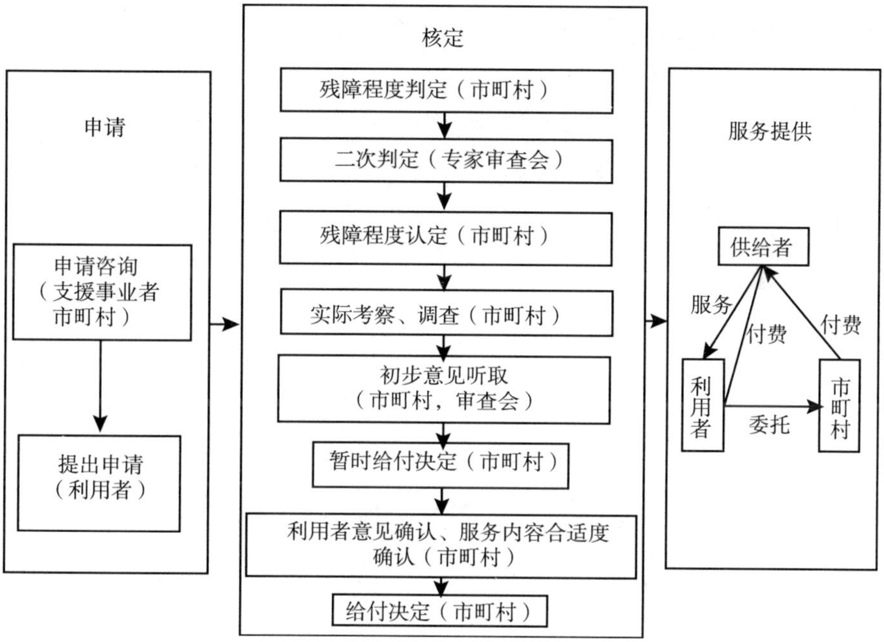

图 1　日本残疾人服务运行程序

第三，服务购买式。在福利服务的供给上，尤其是老年福利服务的供给上，美国政府、市场和非营利性组织分别扮演着不同的角色。政府在老龄服务中通过政策和资金发挥主导地位，调动各种社会和市场资源参与老年服务事业。20 世纪 80 年代以来，美国老年服务已经形成了以社会化居家养老为主、机构养老为辅、专门社会服务组织及其个体共同承担养老服务的模式。美国大约有一半的家庭护理照顾的成本由公共基金支付（主要是医疗救助），约有 82% 的家庭照顾是营利性的。①

① Neil Gilbert, Paul Terrell, "Dimensions of social welfare policy", Boston: Allyn and Bacon, 1998, p. 53.

对于儿童服务来说，除了发挥国家在提供儿童福利服务方面的作用，美国还非常重视家庭、企业和其他非正式组织功能，提倡发挥社会力量提供儿童福利服务。但美国的儿童福利服务具有明显的“残补”特征，托幼服务、儿童保护性服务、针对单亲家庭和少女妈妈的支持性服务都是对家庭功能不足的补充和支持，普通家庭的儿童服务多由市场和社会提供。

G.11
国外长期照顾制度模式的比较及借鉴

丁　怡*

摘　要：

中国的工业化、城市化与社会现代化历程与当今主要发达国家相比既具有显著相似性，又具有诸多的差异之处。而选择不同的福利体制，所体现的制度建设理念更是存在根本的差异。这种理念的差异表现在政府、市场和家庭三种福利提供主体的角色分配的不同，社会团结的主要模式和场所的不同，集中表现在福利体制的关键制度绩效指标——去商品化程度上。本文以长期照顾制度为主要研究对象，引入埃斯平安德森福利体制类型的划分方法，从社会福利理论与社会政策框架视角对各类福利模式代表国家所选择的长期照顾制度模式进行比较，以期描述三种不同长期照顾模式形成的社会环境、制度变迁的过程轨迹、基本特征和方向。探索不同社会福利制度安排、福利政策框架的结构性异同之处、共同规律，深入探讨福利模式和社会福利制度现代化过程中国家功能、角色、地位、作用变化规律，为转变政府职能和社会管理方式，构建和谐社会提供比较政策研究基础。

关键词：

国外　长期照顾制度　比较借鉴

随着我国人口老龄化进程的加快，与之相伴随的疾病模式也出现一定程度

* 丁怡，伦敦政治经济学院。

的转型。在国家人口结构持续老化进程中，越来越多的老年人将逐渐丧失生活自理能力，在“残疾”的状态中度过自己的余生。老化、失能使老年人变成照顾依赖群体，需要他人的协助来安度自己的晚年，以确保生活品质。由于缺乏制度化、普惠性的长期照顾制度安排，专门向失能老人提供照顾服务和生活照料的长期照顾政策却一直缺位，失能老人的长期照顾责任公共化程度较低，我国的家庭实际承担主要的照顾责任。一般而言，家庭照顾者提供主要的生活照料服务，而慢性病相关保健服务则由公共卫生以及社会医疗保险体系承担。

在制度层面上，提供社会养老服务（主要是生活照料服务）由民政部门主导，提供慢性病预防服务由卫生行政部门主导，提供慢性病诊疗服务由社会保险行政部门主导，我国的长期照顾制度实际上是一个碎片化的体系。尽管构建长期照顾体系已经由国家老龄委的推动而进入政策议程，但是由于缺乏共识，以及部门间协调的困难，我国长期照顾制度的发展一直存在不同的取向。

一　三种典型福利体制

在艾斯平－安德森的“福利体制”的分析视角下，福利体制有三种，分别为以英美为代表的自由主义福利体制、以欧陆为代表的保守统合主义福利体制及北欧的社会民主主义福利体制（Esping-Andersen，1990）。在自由主义福利体制国家中，政府扮演的是残补式的角色，因此相当依赖资产调查的目标定位方式；同时，它对社会公民权的保障也尽量限缩，以避免破坏市场的自由运行。而保守统合主义的福利体制则将社会保险的提供与对国家的忠诚以及个人的社会地位的巩固联结起来。因此在这类体制中，社会保险的设立是依职业类别为区隔的，同时为国家服务的军队、公务员和教师等也享有特权般的优惠。因此，在这类国家中，就业与否相当的重要，因为这意味着是否被纳入国家提供的社会保险网络之中。而社会民主主义的福利体制则秉持普惠主义的精神，将全体国民纳入国家的保障计划之中，对公民权的保障也最为周全。当然，艾斯平—安德森认为这三种体制都是相当理想型的，而实际并没有一个国家完全符合哪一典型；但大体上，美国是倾向自由主义福利体制，德国倾向保守统合主义体制，而瑞典则倾向社会民主主义体制。

福利国家的体制将会影响到它的福利提供方式、种类和福利的程度。如果我们将福利的提供来源分为国家、家庭和市场三者，我们将会发现，不同的福利体制将会特别依赖其中某一种所提供的福利。这些历史因素及结构背景，造成了不同体制的发展。而不同体制的设计，又影响了国家的不同因应措施。

正是因为体制的差异，瑞典、德国和美国虽然都是名列前茅的福利国家，但所实施的社会方案却有相当大的差异，对社会形塑的效果也差异颇大。形成这种体制差异的原因，可能是历史性的及结构性的。

二　福利体制类型特征与长期照顾制度关联

1. 三种福利体制的类型特征总结

上述分析可以看出，不同的福利体制，其制度建设的理念存在根本的差异，并且，这种理念的差异渗透到其制度设计和方案优化之中。进而，不同的福利体制在政府、市场和家庭三种福利提供主体的角色分配上，在社会团结的主要模式和场所上，都存在不同的差异，并且，最终体现在福利体制的关键制度绩效指标——去商品化程度上（见表1）。

表1　三种福利体制类型及其关键特征

	自由主义（Liberal）	社会民主主义（Social Democratic）	保守主义（Conservative）
福利角色			
家庭	边缘	边缘	中心
市场	中心	边缘	边缘
国家	边缘	中心	辅助
福利国家			
社会团结的主导模式	个人主义	普遍主义	亲属关系、统合主义 国家社会主义
社会团结的主要场所	市场	国家	家庭
去商品化程度	最低	最高	较高（给家计负担者）
典型国家代表	英国、美国	瑞典	德国、法国

资料来源：G. Esping-Adersen，*Social Foundations of Postindustrial Economics*，Oxford University Press，pp. 73 – 94。

虽然，艾斯平－安德森没有突出体现家庭、性别的分析视角，也没有强调家庭和女性在福利体制划分中的作用。但是，实际上，他通过对女性就业的分析而可以体现出福利体制对女性的社会支持的强弱和差别。艾斯平－安德森在关于福利体制对劳动市场影响的分析中，也提及三种模式的福利国家中的女性就业状况。他指出在社会民主主义模式的瑞典，女性大量在公共部门就业，这是因为国家的福利部门提供女性许多就业机会，而国家提供许多育儿、照顾服务，也让女性得以进入劳动市场。保守统合主义模式的德国因为政府对于家庭照顾的相关福利，主要以现金补助方式提供而非由国家直接提供服务，所以女性就业较少且大都集中在边缘的服务业部门。至于自由主义的美国，女性就业主要由市场决定，结果造成女性在劳动市场两极化分布，有些在高薪资、高技术部门就业，因此有能力购买私人的照顾服务，而有些只能在低薪资的服务业部门就业。

福利体制的划分，尤其是这种分析视角中对家庭和女性地位的关注使我们很容易地演绎出，福利体制对长期照顾制度的影响途径。

2. 福利体制类型与公民老年照顾的价值取向

福利体制的相关制度安排首先形塑了该国公民对养老的价值取向，使得各国公民在老年公民的赡养和照顾责任的认知方面与“福利体制”模式的力量划分存在一定的一致性。

在这方面，Gelissen（2001）的研究提供了有力的证据，其关于公民对老年公民养老经费的责任归属问题的实证研究表明，福利体制类型在某种程度上形塑了该国公民的老年保障和照顾制度的价值取向。

如表2所示，属于社会民主主义福利体制的丹麦、荷兰及瑞典三国都在老年奉养态度上倾向于将主要责任归诸政府。而在保守统合主义福利体制下，相关福利措施多由个人与雇主共同承担，政府所扮演的角色小而被动，这符合组合主义福利体制的特质。当然，虽然隶属于保守统合主义社会福利体制的西德、法国及芬兰三国，老人本身的责任受到重视，但是，与社会民主福利体制国家比较起来，其政府的责任也较低（芬兰除外）。至于代表自由主义福利体制的英国与爱尔兰，特色极不明显。理论上，这两国应该侧重个人的责任，政府的角色被动而微弱，但在这个议题上，英国民众仰赖政府筹措经费，而爱尔兰则将责任归诸社会大众与子女身上。当然，英国侧重政府功能可能与其社会契约论的意识形态有关（Johnson，1995），而爱尔兰强调子女责任可能与其天主教教义及其较紧密的家庭联系有关。

表 2　典型欧盟国家对于养老经费责任归属的看法

国　家	福利体制*	老人的责任	子女的责任	政府的责任	大家的责任
丹　麦	社会民主主义	4. 50	2. 20	87. 71	2. 20
瑞　典	社会民主主义	9. 50	3. 20	72. 10	10. 20
奥地利	社会民主主义	6. 34	41. 10	20. 45	25. 66
比利时	社会民主主义	19. 54	20. 64	32. 30	21. 73
荷　兰	社会民主主义	17. 25	4. 51	64. 80	8. 92
芬　兰	组合主义	15. 43	5. 34	64. 39	10. 98
法　国	组合主义	16. 70	18. 79	37. 77	17. 40
德　国	组合主义	18. 74	15. 75	32. 46	25. 31
爱尔兰	自由主义	5. 18	21. 04	36. 89	28. 41
英伦本岛	自由主义	8. 44	10. 02	59. 37	14. 84

资料来源：Gelissen，J.（2001）Old-age pensions：individual or collective responsibility? an investigation of public opinion across European welfare states，*European Societies*，3（4）：49－523。

三　福利体制、照顾体制视角下的三种长期照顾制度模式

（一）社会民主主义的福利体制与长期照顾制度：以瑞典为例

1. 瑞典长期照顾基本情况

瑞典的长期照顾服务资金主要来源于税收和公共部门。自 1992 年以来，市政当局就集成了初级医疗护理和长期照顾的管理。然而，监管服务的两个立法框架仍然是《社会服务法》（1982 年）和《卫生和医疗服务法》（1983 年）。

（1）长期照顾计划的资格和融资

老年人护理的资金几乎全部来自于税收，而受益人仅需承担适当的费用。该费用中，最大的比重由地方税收承担：2000 年，地方和区域税收收入承担

了该费用的 83.8%。

满足需求评估的所有老人均可获得社会护理服务。然而，在过去 15 年中，家庭护理服务的评估标准已经改变。目前，其目的更多的是为残疾老人提供服务。

（2）长期照顾服务

对老年人而言，市政当局是主要的护理提供者。然而，近年来，随着市政当局为了控制成本鼓励外包老年人护理服务，私营部门或家庭提供的服务比例不断增加。一些城市已经推出了单独的购买人和提供者职能，通常由护理管理人员负责规划和评估个人需要。

（3）机构长期照顾服务

作为 1992 年市政当局服务改革的一部分，以前按政府等级划分的护理机构管理制度被新的制度取代，即为市政当局计划中的老年人和残疾人提供统一住宿，这一制度被称为"特殊需求住房"（SNH）。

SNH 评估由市政当局家庭服务部进行，并受《社会服务法》的管理。筛选护理需求时，护理管理人员会报告申请人的健康状况和住房情况，通常也报告他们的家庭网络情况。SNH 评估时，收入和资产往往不予考虑。

大多数 SNH 设施均由公共机构提供。私人住房可根据合同向市政当局提供服务，但是费用应与公共住房相同。近年来，虽然各区之间有所差异，但 SNH 老年人平均比例已有所下降。

（4）居家长期照顾服务

市政当局可按照老年人、家庭成员或他们的医生的要求对需求进行评估。在许多城市，护理管理人员负责筛选需求，并对帮助的性质和范围进行规划。在这些领域，护理管理人员通常会决定将要提供的帮助金额。

从 20 世纪 80 年代起，评估标准变得愈加严格，而且不到紧迫之时，不会提供帮助。因此，获得家庭护理的老年人比例较之前略有下降。

与获得家庭护理的人数减少这一事实相反，平均每人的服务投入金额比以前大幅增加。现在，家庭护理主要针对那些需要全面护理的人群。大部分家庭护理服务均由市政当局提供。1999 年，仅 7% 的老年人护理服务外包给了私人提供者。

家庭护理的费用主要由市政当局承担。照顾对象仅需按照服务时数和应纳税所得额支付小部分费用。2002 年中，颁布了一项新法律，该法规定了最高收费金额（上限）以及支付住房、服务和护理费用后余下的保证收入金额（下限）。

为了补偿家庭护理并让老年人留在家里，市政当局还提供了全面的服务。在大多数情况下，除家政服务费用外，这些服务还为照顾对象提供费用补贴，而且这些费用的提供无须评估。

（5）对非正式照顾的支持

支持主要有三种类型：暂居救助服务、护理人教育团体支持及护理经济支持。

非正式护理人可通过家庭护理津贴、日托中心老年人暂居护理或老年人公共机构短期居留护理方式获得支持。

非正式护理有许多现金福利，而且市政当局可以直接雇用护理人照顾老年人。该制度主要用于护理人正处于工作年龄时，以及人烟稀少的地区。如果护理身患绝症的亲属或家庭成员，护理人还可享受带薪护理假。

2. 瑞典长期照顾体制特征

总体特征：通过一般税收，由国家提供收入和福利服务保障，它强调普惠性原则，重视社会保障和社会服务的科技性，收入再分配程度比较高，福利水平也比较高。

政策理念：基于社会公民权提供老年照顾服务，而不是基于个人的“贡献”，即穷人和富人平等地享用社会福利服务。为了达到这个效果，政府直接提供长期照顾服务，而可以抑制市场机制的成长，私人和非营利性机构只是扮演次要角色。

资金筹集：瑞典长期照顾服务之提供系以公共部门为最主要提供者，提供项目包括居家照顾、机构式照顾与现金给付。其中，机构照护之使用者必须付费，数额约其个人所得之 75%，而居家照护多属免费提供，或仅收取极少费用。但自 20 世纪 70 年代末期，在长期照顾财政压力不断增大的背景下，政府为了把有限的资源用在最需要的人口上，因此，提高了少量服务者的收费标准，以阻碍轻度老年失能者的服务使用，使得接受居家照护的人数反而减少，但整体而言，瑞典机构式照顾服务之使用率并非特别高，而居家照护服务之使用率则相当高（OECD，1996）。

表 3　瑞典长期照顾的资金来源结构

单位：%

来　源	占比	来　源	占比
地方税收	60	全民健康保险	8
中央政府	15	病人负担	4
财政教育、研究及精神病学支出	12		

资料来源：OECD，*Caring For Frail Elderly People*：*Policies in Evolution*，Paris：OECD，1996。

瑞典长期照顾服务及现金给付的财源主要来自一般税收，由于相较许多OECD国家，瑞典地方政府有较高之自主权且能自行征税，因此，在长期照顾财源的结构中（见表3），可以看到地方税收的比重较中央为高的现象，而中央政府之财务责任主要仅在提供补助。此外，健康保险与个人也都负担部分的财源，但比重并不高（OECD，1996）。

在不同层级的政府财政责任分担方面，20世纪70年代，社会照顾的提供主要由县政府（country governments）以及基层地方自治区（municipalities）提供，前者负责健康与医疗照顾，后者则提供住宅与社会服务。然而，由于服务提供分为两种体系，故而容易出现行政体系间协调困难、服务持续性的中断，更有甚者因超长住院情况盛行而照顾经费的持续上扬。基于此，瑞典于1992年展开改革，改革重点即将照顾责任完全下放至基层地方自治区，如此以来，地方政府便有较高的自主性以满足老人的照顾需求。

服务提供：在照顾服务模式方面，20世纪60年代初期机构式照顾仍普遍被认为是最能满足老人照顾需求的服务模式。然而，伴随机构式照顾之高成本以及去人性化的问题，就地老化（aging in place）的政策目标随之浮现，因此，居家式照顾开始逐渐扩张。瑞典居家照顾服务发展至今，有以下几个趋势。

机构式服务与庇护住宅服务：医院附设大型护理之家重要性逐渐衰退，取而代之的是地方小型护理之家；另外，庇护住宅与集体住宅服务亦持续增加。

居家社区式照顾服务：主要由地方自治区提供服务，且90%的老人居住于社区一般住宅里。

（二）保守主义的福利体制与长期照顾制度：以德国为例

1. 德国长期照顾制度安排

德国的社会保险制度包括老年和伤残抚恤金（除其他需要外）、急症护理和长期照顾（自1995年以来）。社会医疗和长期照顾保险覆盖大约90%的人口。主要购买私人保险（主要是高收入者和公务员）的人们必须购买同等的私人长期照顾保险。对于小部分既未购买社会医疗保险也未购买私人医疗保险的人群来说，自2001年以来，他们有权参与长期照顾保险，既可选择社会保险，也可选择私人保险。社会保险条款由联邦政府规定。国家（兰德）社会救助为需求超过社会保险福利或者由于某种原因未购买保险的人们提供了一种通过经济调查手段实现的安全保障系统。

（1）长期照顾保险

社会长期照顾保险是社会保险的单一“支柱”，其资金由医疗保险独立提供，并由医疗保险独立监管，但却由现有的疾病基金管理。社会和私人长期照顾保险均由类似的政府监管机构管理。私人家庭需要支付公共机构护理的住宿费用，而社会保险则为收入不足以支付与长期照顾相关的自费医疗费用的人们提供长期照顾资金（包括家庭和公共机构护理）。

经过医疗评估后，申请人就可获得长期照顾保险福利。受益人根据其护理需要被划分为三个等级，而且有权获得各护理等级最高限额的现金福利和/或实物福利。受益人可自由选择现金和实物福利，或者两者相结合。在每个等级中，实物福利的总金额明显高于相应的现金福利（或实物和现金福利的组合）。

社会长期照顾保险资金来源于保险，是医疗保险费的首要收取款项。与其他社会保险分支相反，目前法律规定缴费率为总收入的1.7%，从而为整体可用资金设定了一个上限，但是该缴费率取决于商业周期和相对于经济的收入基数增长情况。自1998年以来，固定缴费率下的年度收入增长只有一年大幅低于支出增长速度，这主要是由于公共机构的支出压力造成的。2002年和2003年，长期照顾保险的赤字分别为2%和4%。社会援助的资金则来源于一般税收。

新的长期照顾系统似乎已提高了家庭对中老年依赖性风险的意识，目前自愿购买私人互补性长期照顾保险的人群（占人口的1%）不断增长，以降低私人家庭承担的成本，例如养老院的住宿费用。

（2）机构长期照顾服务

养老院（以及类似公共机构）的数量自 1995 年以来已大幅增加。2002 年，约 635000 名受抚养人从社会长期照顾保险（约 600000 人）或私人长期照顾保险（约 35000 人）中获得了公共机构护理保障。

（3）居家长期照顾服务

自 1995 年以来，家庭护理提供者的数量已从约 4000 家增至 10600 家，管理机构认为目前的基础设施在量方面是充足的。2002 年，共有 137 万人从社会长期照顾保险（约 129 万人）或私人长期照顾保险（约 79000 人）中获得了家庭护理保障。

非正式护理继续在德国发挥其传统的强有力作用，这一点在福利制度中体现了出来，该制度允许受助者申请现金津贴，该津贴可用于奖励非正式护理人员。

非营利性组织是家庭长期照顾服务的主要提供者。长期照顾保险的引入促使家庭护理服务提供者大量增加，而从法律上讲，这些提供者主要是私人提供者（无论是以营利为目的，还是不以营利为目的）。人们认为，私人提供者有利于营造一种竞争环境，与公立提供者占主导地位的系统相比，更有利于降低护理成本、提高护理质量。

2. 德国长期照顾体制的特征

总体特征：保守主义一个重要的政策特征，即依据职业分立的社会保险制度，德国虽然是统合主义国家的典型代表，但就长期照顾政策而言也并非一开始即为循社会保险模式。

当然，在 20 世纪 90 年代之前，长期照顾服务主要是由社会救助提供，然而，随着老年照顾需求的增长，这种长期照顾财政方案造成地方及国家庞大的财务压力，因此，70 年代中期德国社会开始思考另一种出路的可能。经过约 20 年的讨论，德国于 1994 年通过《照顾需求风险社会保障法》，基于保守主义的政策范式，长期照顾保险成为医疗、工伤、养老、失业之外社会保险的第五大支柱，号称“第五种社会保险”。

自《照顾需求风险社会保障法》通过之日起，社会长期照顾保险分三个不同的阶段生效：第一阶段为 1995 年 1 月 1 日起开始强制被保险人缴交保费；

第二阶段为1995年4月开始给付，但给付范围仅包括居家照顾；第三阶段起自1996年4月1日，给付范围扩及机构式照顾。

财务体制：德国社会长期照顾保险基金与既有的医疗社会保险基金独立运行，但是，在管理和运行机制上，仍然通过现有的医疗社会保险基金管理运行机构执行。

资金筹集：德国长期照顾保险方案财务则是由劳资双方各负担50%，国家仅扮演补充及规范者的角色，因而强调的是企业与个人责任，并非国家责任。1995年至1996年6月30日，保险费率为1%，劳资双方各负担0.5%；1996年7月起，保险费率调高为1.7%，劳资双方各负担0.85%。

财务机制：德国的长期照顾保险采用“现收现付制”，采用代际转移支付的方式来在不同代际之间分担长期照顾的风险。

参保对象：被保人则以全体国民为对象，其中法定疾病保险的保险对象皆必须参加公共长期照顾保险，其余则以参加民间长期照顾保险为主。具体而言，所有法定医疗社会保险的被保险人均需要强制加入社会长期照顾保险，因此，凡薪资未超过特定上限的劳动者，其本人与其家属均加入长期照顾保险。此外，领退休金者、学生、服役军人、失业者、领社会津贴者亦为被保险对象。而个人所得超过特定上限的劳动者，如自雇者以及相当比例的公务人员群体，可以选择不加入社会长期照顾保险，但是必须购买私人长期照顾保险。

福利给付：德国长期照顾保险给付依据照护需要程度之高低区分为三种等级——依赖者、重度依赖者、完全依赖者。

服务提供方式：德国长期照顾保险的给付范围分为居家照顾与机构照顾两种形式，并且可再区分为实物与现金给付两种形式。

（1）实物给付：被保险人使用居家照顾，再由保险人支付照顾提供者费用。实物给付折合现金可分为三级，依次分别为每月750马克、1800马克、2800马克，至于特殊个案之给付最高每月可达3750马克。

（2）现金给付：给付对象为住家内的照顾服务提供者，此照护者不局限于被照顾者的近亲，其中现金给付可区分为三级，由低到高分别为每月400马克、800马克、1300马克。

除了职业分立的社会保险制度外，德国尚有一个重要的政策特质，即强调妇女的传统角色与家庭功能，而这是立基于男性养家模式的就业形态之上。长期照顾保险的实施现况亦符合了这项特质，虽然长期照顾保险赋予被保人自由选择照顾形式的权利，但是，家人照顾依然是优先选择的形式。

（三）自由主义的福利体制与长期照顾制度：以美国为例

1. 美国长期照顾制度安排

老年人急性医疗保健在整个“医疗照顾”计划中都有提供。“医疗照顾”计划由联邦政府从社会保险缴款中拨款。但是，除了为那些患急性病的人提供护理外，“医疗照顾”计划不包括机构长期照顾或家庭护理服务。负担得起的老年人预计会支付急症护理之外的机构长期照顾和家庭护理的费用。老年人负担不起的，估测需求的费用通过“医疗补助”计划支付。“医疗补助”计划是一个经济情况调查型社会救助计划，由联邦政府和州政府共同从普通税收拨款。

那些希望对不属于“医疗照顾”计划保险范围的需要护理的风险进行投保而又负担得起的人可以投保私人长期照顾保险。2001 年，有 330 万人购买了此类保险，这个数字还在不断增长。现在有 15% 年收入在 2 万美元以上的 65 岁以上老年人都投保了私人长期照顾险。在这个收入水平，如果老年人在私立养老院的时候把储蓄花掉，就能获得享受经济情况调查型“医疗补助”计划的资格。

从 2002 年秋起，根据“联邦长期照顾险计划”，包括武装部队在内的联邦政府公职人员或者与这些公职人员有关系的人，总数大约是 2000 万人，已经可以按照折扣团购价从政府选择和批准的保险公司那里购买长期照顾险。越来越多的企业也提供长期照顾险，作为私人健康保险的补充选项——目前大约有 3500 家企业这样做。但是，虽然保险覆盖面在扩大，目前私人长期照顾险只承保了不到 10% 的长期照顾支出。

（1）机构长期照顾服务

除非或直到他们的收入达到了有资格得到“医疗救助”计划付款的水平，需要机构护理的老年人预计才会支付护理费用。养老院救济金由联邦法律强制执行，针对所有“医疗救助”计划的受益人，他们被证明需要养老院水平的护理。94% 的养老院都在私人部门，其中有 2/3 是营利性私有机构。1999 年，

4.3%的65岁以上老年人在养老院接受护理，比1985年减少了1.1%。

近几年，替代形式的家居式护理出现了增长，尽管与养老院相比还只有少量的地方。辅助生活型住房是一种居住安排，那些还能依靠自己住在住宅设施里的人在这里可以根据需要获得饮食、家政、日常活动协助等个人护理服务。在大部分情况下，居住者支付基本的月租金，要获得服务还需要支付额外费用。大多数辅助生活设施不得不送走那些有了更严重需要的居住者。

持续护理老人社区依照居住者不同时期的需要提供水平不等的护理。随着需要的增加，居住者可以从一个环境搬到另一个环境，不管搬到哪里，都是在社区内部生活。这是一种比较昂贵的护理环境，除了每月费用之外，居住者还需要在搬进来之前就支付大笔的费用。

（2）居家长期照顾服务

政策倾向于帮助人们尽可能待在家里，1999年，高等法院的一个判决更加强化了这一政策倾向，该判决支持个人尽可能在社区中而不是在机构里获得护理的权利。

由于“医疗补助”计划是在必要时涵盖养老院费用的公共计划，已经有了一项特殊的政策，重点是制定方法利用“医疗补助”计划阻止老年人入住养老院。从1981年开始，“医疗补助”计划已经可以被获得必要的联邦批准的州用来支持一系列不同服务。利用“医疗补助”计划支持一系列家庭护理服务的范围在这20年中已经扩大了数倍。

然而，和其他经合组织国家一样，来自家庭和其他渠道的非正式护理严重超出了正式护理服务的范围。

2. 美国长期照顾体制特征

总体特征，美国长期照顾政策以残补性制度安排的方式来提供给缺乏家庭支持及低收入者相关的照护服务。目前，美国并没有单独设立的完整之长期照顾制度，相关的长期照顾服务多是依附在医疗保障体系中，其中，以1965年美国实施的老人医疗保险（Medicare）与穷人医疗救助（Medicaid）为最重要。

20世纪30年代以前的美国强调的是机构收容的济贫方式，但之后逐渐强调老人能留住自己家中与社区的重要性，或者有能力付费住进私人营利老人院，因此传统收容贫病老人的救济院逐渐没落，取而代之的是私人营利性质的老人院。

制度内容，1965 年美国通过的医疗保险（Medicare）与医疗救助（Medicaid）是现阶段美国长期照顾政策的两个重要的组成部分。

医疗保险（Medicare）为美国联邦政府主管的社会保险计划，但大部分都是由私营保险公司帮助经营，对象包含绝大多数 65 岁以上之老人，资金主要来自社会保障缴费。具体而言，其内容包含两大部分：一部分即住院保险（Hospital Insurance，Part A），其资金来自社会保险缴费，受雇者与雇主各负担一半；另一部分为补充性医疗保险（Supplementary Medical Insurance，Part B），资金来自自愿性投保的保费，但保费中有政府税收的补贴。几乎美国 65 岁以上人口均纳入 Medicare 之保险。

其中，医疗保险（Medicare）中有关长期照顾的给付项目仅限于居家医疗照护（Home Health Agency Services，HHA）以及出院后短期护理照护（Skilled Nursing Facility，SNF），其中居家医疗照护的申请者必须有居家专业护理之需求，申请人不需付自付额或共同负担费用。而出院后短期护理照护的申请人必须先前曾住院 3 天以上。不论居家医疗照护或短期护理照护，其主要功能均在加速病人出院，促进出院后之康复与复健照护，因此均属“短期”性质之照护提供，但是，自 20 世纪 80 年后由于立法相关规定改变，医疗保险之居家医疗服务逐渐走向“长期”照护之性质，并且不再强调传统的专业护理照护（OECD，1996）。

医疗救助（Medicaid）主要目的为保障低收入或无力负担医疗或者长期照顾费用者，其申请须经资产调查，主要财源来自联邦与州政府的一般税收。联邦政府的税收补助率在 50% ~84%，一般而言，凡州内每人平均所得越低者，联邦政府之补助率则越高。联邦法案规定各州之医疗救助方案必须提供某些基本服务项目包括护理之家以及居家医疗服务，至于其他服务项目各州得自行决定是否提供，因此各州医疗救助所提供之长期照顾在内容上有相当大差异。医疗救助早期所提供之长期照顾服务大致仅限于居家医疗照护（HHA）与短期护理照护（SNF），与医疗保险的给付项目十分相近。自 20 世纪 60 年代晚期医疗救助提供的服务项目包括居家个人协助服务（personal assistance services in the home），至 90 年代居家个人协助服务成为居家照护服务中成长最速之项目（OECD，1996）。

（四）福利体制与三种长期照顾制度模式主要特征比较

综上，我们可以发现，福利体制类型与一国的长期照顾制度存在很强的关联性。福利体制类型在福利提供主体的角色分配上存在偏好，进而在资金筹集、目标瞄准，服务提供等长期照顾制度设计上存在明显的差异。

表 4 总结了三种福利体制的长期照顾制度的关键特征，我们可以发现，总体而言，长期照顾制度的模式选择与福利体制特征具有一致性。

表 4　长期照顾政策的主要特征比较

国别	福利体制类型	长期照顾方案选择	资金筹集	给付类型	照顾类型	目标对象瞄准	公/私支出占GDP之比例(%)
瑞典	社会民主主义	公共长期照顾	税收	服务	居家照顾 机构照顾	普及式	2.74/0.14
德国	保守统合主义	社会长期照顾保险	保费	服务 现金	居家照顾 机构照顾	普及式	0.95/0.40
美国	自由主义	医疗社会保险	保费	服务	居家照顾 机构照顾	65 岁以上老人与残疾人	0.74/0.54
		医疗社会救助	税收	服务	居家照顾 机构照顾	资产调查但无年龄限制	

资料来源：OECD，*Long-term Care for Older People*，OECD publishing，2005。

四　中国福利制度结构下长期照顾制度发展的方向

总体而言，由于传统福利模式的消退，目前，我国残疾人在新时期缺乏参与分享国家发展成果的有效途径（郑功成，2008）。但是，尽管我国目前还没有建立专门的失能老人长期照顾制度，事实上不少制度安排实际发挥着失能老人长期照顾制度的作用。具体而言，它包括以下部分。

1. 基本社会医疗保险制度

由于没有建立专门的长期照顾保险制度，我国不少地方的医疗保险的支付范围包括一部分长期照顾制度的内容。这是因为，长期照顾兼及医疗照顾和生活照顾两部分，这样，社会医疗保险就可以承担其中的医疗照顾的部分内容。如表5所示，在人口老龄化程度较高的上海，各种医疗保险（城镇居民医疗保险、职工基本医疗保险和农村合作医疗）均在支付一部分机构护理费用。

并且，我国的医疗社会保险制度的一些制度设计或者制度改革都在积极应对人口老龄化到来的挑战，而其中的一个重要方面，就是应对人口老龄化导致的老年人医疗照顾需要增长的压力。这主要体现在以下两个方面。

表5　被调查老年护理医院2004～2006年出院病人享受医疗保险类型情况

单位：人，元

年份	总出院人数	医保	劳保	自费	合作医疗	其他
2004	33449	15033	440	13803	3323	850
2005	39491	16944	353	13000	7636	1558
2006	28645	16622	301	5273	5386	1063

说明：数据来自2007年4月上海市政协教科文卫体委员会组织开展的“上海市老年护理医院服务现状与政策研究”的抽样调查。

数据来源：《上海市老年护理医院服务现状与政策研究》，复旦大学出版社，第37页。

（1）医疗保险个人账户制度

我国医疗保险采用了统账结合的财务制度。这一制度设计的取向是，通过统账结合的医疗保险制度设计来实现劳动保险向社会保险制度的转换，并积极应对未来人口老龄化对医疗保险基金可持续性的挑战。这种建制取向可以从主管城镇职工基本医疗保险的劳动保障部门的政策解释看出。医疗保险个人账户的功能主要有两个：一是制约、激励功能，既增加个人自我约束意识，节约医疗费用，也增加个人对单位按时足额缴费的监督；二是积累功能，为人口老龄化带来的疾病医疗费用的压力预筹资金。

积累功能被明确定位为应对未来人口老龄化的压力。但是从医疗保险的实际运行来看，个人账户的实际积累额也不足以应对老年疾病风险。城镇职工基本医疗保险制度自1993年以来，基金收入和支出，均增长迅速。2007年，基金收入2257.2亿元，支出1561.8亿元，累计结余2476.9亿元。从累计结余的分布来看，我们可以发现，四成沉淀在个人账户之中，而六成在统筹基金账户之中（见表6）。个人账户的实际积累额偏低，无法有效地应对人口老龄化背景下医疗费用支出增长的挑战。

表 6　城镇职工基本医疗保险基金结余的分布（2003～2005 年）

年份	统筹基金结余（亿元）	个人账户结余（亿元）	人均统筹基金结余（元）	人均个人账户结余（元）
2003	379	291	347.65	266.93
2004	553	405	445.83	326.52
2005	750	528	544.15	383.08

资料来源：中华人民共和国统计局编《中国统计年鉴 2006》，中国统计出版社，2007。转引自中国社会科学院医改课题组《推进和健全全民医疗保险是本轮医改的突破口》，中国医改评论网，2008 年 11 月 17 日。

（2）大额补充医疗互助保险

大额医疗补充互助保险的定位比较清晰：大额医疗费用，并且是基本医疗保险的补充。由于没有强制推行，不少地方自主建立了其大额医疗互助保险，比如，针对基本医疗保险保障的有限性，为了提高职工和退休人员的医疗保障水平，减轻个人的负担，北京市在建立基本医疗保险制度的同时，还建立了大额医疗费用互助保险。《北京市基本医疗保险规定》里明确提出建立大额医疗费用互助制度，并将其作为基本医疗保险的补充形式，而其实施方式却采取了一定程度的强制，要求参加基本医疗保险的用人单位及其职工和退休人员应当参加大额医疗费用互助。

大额医疗互助保险制度实际上是有利于失能老年人分散其老年期间的医疗照顾费用风险的。但是，目前开设这个补充险种的仅仅限于发达地区的省市，普及程度并不高。

2. 五保供养制度和城乡医疗救助制度

（1）五保供养制度

新中国成立 60 多年来，我国农村五保供养制度大致历经了三次模式的更替，1956～1978 年主要依靠集体公益金运行，是由生产队或生产大队组织实施的集体供养模式；1979～2001 年是以村提留和乡统筹为其经费和实物来源的集体供养模式；2002 年以来以国家财政供养为主，集体保障、土地保障和社会帮扶为辅的现代社会保障模式。这三次模式的转变，是五保供养从村民互助自养式的供养模式转变为由政府公共财政负担的财政供养模式的过程（宋士云，2007）。并且，这个过程中，五保供养制度所经历的从“国家化的社区救助”到“国家化的公共救助”的变迁，体现了“政社合一”“政社不分”到“内卷化分离”的国家与社区关系走向。而“公共救助的社区化”将是未来以公共选择为基础的社会救助模式之一（高鉴国、黄智雄，2007）。当然，新五保条例颁布以来，由于缺乏严格的细则规定，也出现了五保认定难以操作化，供养标准参差不齐，总体标准偏低，集中供养率偏低与敬老院资源闲置并存，敬老院管理不善等问题（李瑞德，2007）。

（2）城乡医疗救助制度

我国的医疗救助制度是分城市和农村分别推进的。目前，城市医疗救助制度和农村医疗救助制度多发展迅速，对弱势群体的医疗保障发挥了积极的作用。

2002 年 10 月 29 日发布的《中共中央、国务院关于进一步加强农村卫生工作的决定》对农村地区首次提出，国家将对农村贫困家庭实行医疗救助，医疗救助的对象主要是农村五保户和贫困农民家庭。2003 年 11 月，为贯彻落实《中共中央、国务院关于进一步加强农村卫生工作的决定》的精神，民政部、卫生部和财政部联合发布了《关于实施农村医疗救助的意见》，进一步落实了这一政策。全国各地陆续开展农村医疗救助制度试点工作。

在城市地区，通过发展城市医疗救助制度来解决城镇困难群体的医疗问题，一直是社会保障制度改革的一个重要方面。2000 年 12 月，国务院颁布了《关于完善城镇社会保障体系的试点方案》，明确规定要积极探索建立社会医疗救助制度，帮助贫困人群解决医疗问题。2003 年初，国务院转发的国家经贸委等部门《关于解决国有困难企业关闭破产企业职工基本生活若干意见的通知》中也明确了各地要尽快通过建立社会医疗救助制度，对暂时无力缴费、没有参加医疗保险的困难企业职工，提供必要的医疗救助。2003 年，十六届三中全会中也要求进一步建立健全社会医疗救助制度和多层次的医疗保障体系。但是，这些相关法规和政策文件中关于发展医疗救助制度的建议仅仅限于方向性的规定，而并没有出台实质性的政策。

3. 适时推进失能老年人长期照顾制度的社会化建设

我国目前的失能老年人长期照顾制度是零散的、模糊的。几大制度，除了五保供养制度明确将是失能老人作为其照顾的对象外，其他的几个制度都是间接发挥着解决老年群体医疗负担的作用。

正如第二部分分析表明，由于这些制度都是依附型的，制度运行的效果并不明显。

展望未来，我国失能老人长期照顾制度可以分两步逐步推进。

第一步，巩固、充实，并继续发挥相关制度的“附加照顾”功能。比如，完善五保供养制度、城乡医疗救助制度等，提供“照顾需要”的最低保障网。

但是，这种“附加照顾”要从一种客观结果变成“目的性的行动”。即积极地、有目的地完善现有的两大类别的制度，使其承担起相应的失能老人的长期照顾责任。总体而言，这种“目的性的行动”包括以下几个方面。

（1）完善五保供养制度，将五保供养制度发展成为长期照顾的社会制度，并逐步在城市推广。由于五保供养制度的主要保障对象就是失能老人，其传统的“五保”内容实际上也多可以相应地归类到“生活照顾”和“医疗照顾”两大类别之中，并且，新五保条例颁布之后，五保制度也由一种集体福利演变成“国家福利”，财政承担其融资责任。所以，目前的五保制度基本上具有长期照顾社会救助的雏形。未来的制度完善，可以按照长期照顾救助制度的标准来规范服务内容的体系，完善其救助对象的标准等方面。

同时，在五保供养制度向长期照顾社会救助制度演变的同时，还应该积极将其覆盖面推向城市。

（2）完善城乡医疗救助制度，针对性地提供某些老人医疗服务项目的救助内容。如对某些病种的慢性病医疗费用提供救助，以使其更多地惠及老年人。

（3）取消医疗保险个人账户制度，放弃通过医保个人账户来应对人口老龄化对医疗保险挑战的政策思维。应对人口老龄化与疾病模式转化造成的医疗费用上涨和给付风险的最优制度安排是将长期照顾制度作为一个单独的制度进行安排，储蓄和积累功能不应再作为医疗保险个人账户制度优化的约束。因此，医疗保险个人账户制度的改革和优化方向应该是，通过进一步完善统账结合的医疗保险财务模式，来对医疗服务使用者进行行之有效的约束，并对医疗服务提供者提供合理的激励措施。

（4）有计划地通过当前的三大医疗保险制度来提供部分失能老人的医疗服务。当然，这个前提是能够很好地控制医患双方的道德风险，以及探索出科学的服务递送方式，如提供部分家庭病床的保障服务等。

第二步，在完善基本医疗保险制度的基础上，适时发展长期照顾保险制度。

我国的长期照顾保险制度可以在基本医疗保险制度完善的基础上，通过试点逐渐从“依附型”走向“独立型”。这主要包括以下内容。

（1）目前城乡三大医疗保险体系在制度体系和管理运行机制上将逐步建立一个管理规范、体系合理、运行高效的基本医疗保险制度体系，这为长期照顾保险制度提供了重要的制度基础。

（2）可以通过当前的基本医疗保险体系“承保”部分长期照顾服务内容中的“医疗服务”的形式，来探索长期照顾制度的管理和运行经验。这种“依附型”的试点思路将为长期照顾保险提供管理和运行方面的经验。

（3）当国家财力充足时，适时地、单独地建立长期照顾保险制度。这是长期照顾保险制度的制度基础，管理和运行经验已经基本具备，政府决策的关键是如何筹资充足的财源，以保证制度的可持续发展。

当然，长期照顾照顾保险规划须充分考虑与现行医疗体系、社会福利措施等相关制度之配合与衔接，亦须妥善规划财务机制，以使未来长期照顾保险能顺利推动，满足高龄化社会之照顾需求。

如图 1 所示，未来的老年人公共服务体系将是一个分工明确、服务全面、衔接顺畅的制度体系。各种制度安排各负其责，有效运行，以有效地保障老年人的晚年生活质量。

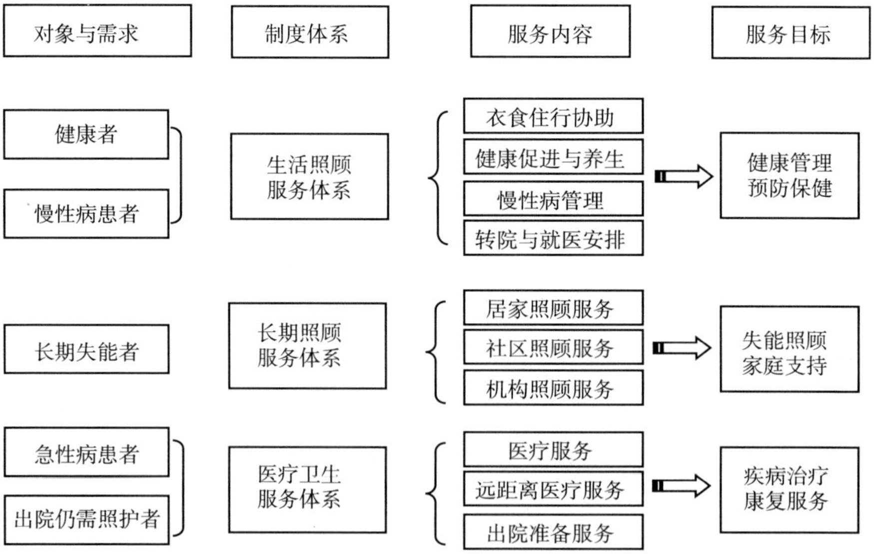

图 1　老人公共服务体系的结构

G.12 参考文献

Esping-Andersen G. , Duncan Gallie, Anton Hemerijck and John Myles, *Why We Need a New Welfare State.* Oxford University Press, 2003.

Esping-Andersen, G. , *Social Foundations of Postindustrial Economies*, Oxford University, 1999.

Esping-Andersen, G. , *The Three Worlds of Welfare Capitalism.* Cambridge: Polity Press & Princeton: Princeton University Press, 1990.

Gao, Q. , & M. Evans, I. Garfinkel, "Social Benefits and Income Inequality in Post-Socialist China and Vietnam", *Chinese Social Policy in Transition*, 2012.

Harding, Lorraine Fox, *State and Social Policy*, Basingstoke: Macmillan, 1996.

Hunter, Albert, 1975, "The Loss of Community: An Empirical Test through Replication", *American Sociological Review*: 40.

Jacques Bichot, Les politiques sociales en France au XXe siècle, Armand Colin, 2008.

Jean-Claude Barbier Bruno Théret, Le système français de protection sociale, la Découverte, 2009.

Johnson, N. , *Mixed Economies of Welfare: A Comparative Perspective*, London: Prentice Hall, 1999: 5.

Lafortune, G. et al. (2007), "Trends in Severe Disability among Elderly People: Assessing the Evidence in 12 OECD Countries and the Future Implications", OECD Health Working Paper, No. 26, OECD Publishing, Paris.

Langanm, *Welfare: Needs, Rights and Risks*, London: Routledge, 1998: 4.

Le, Bihan, B. and C. Martin (2010), "Reforming Long-term Care Policy in

France: Private-Public Complementaries", Social Policy and Administration, Vol. 44, No. 4, pp. 392 -410, August.

Lei, Jie & A. Walker "The Big Society in China: A Failed Experiment", *Social Policy and Society*, 2013, 1 (1): 1 -14.

Lynd, Robert and Helen Lynd, *Middletown in Transition: A Study in Cultural Conflict*, New York: Harcourt Brace Jovanovich, 1065: 4.

Moffit, Robert & Waiter Nicholson: "The Effect of Unemployment Insurance on Unemployment: The Case of Federal Supplemental Benefits", *The Review of Economics and Statistics*, 1982.

National Seniors Australia (2010), "The Future of Aged Care in Australia", A public policy discussion paper prepared by Access Economics, National Seniors Australia, September.

Neil, Gilbert and Paul Terrell, Dimensions of Social Welfare Policy, 5th edition, Boston: Allyn and Bacon, 2003, pp. 89 -90.

OECD (2005), Long-term Care for Older People, OECD Publishing, Paris.

OECD (2008), Growing Unequal? Income Distribution and Poverty in OECD Countries, OECD Publishing, Paris.

OECD (2009), "The Benefits of Long-term Fiscal Projections", Policy Brief, OECD Publishing, Paris, October.

OECD, *Caring for frail elderly people: Policies in evolution.* Paris: OECD, 1996.

OECD, *Long-term Care for Older People.* Paris: OECD, 2005.

Olin S S, Kutash K, Pollock M, et al. "Developing Quality Indicators for Family Support Services in Community Team-based Mental Health Care", *Administration and Policy in Mental Health and Mental Health Services Research*, 2013: 1 -14.

Park, Robert E. & Ernest W., Burgess, *Introduction to the Science of Sociology*, Chicago: University of Chicago Press, 1921: 161.

Park, Robot, 1936, *Human Ecology*, American Journal of Sociology, 17: 3.

Redfield, Robert, 1947, "The Folk Society", *American Journal of Sociology*, 52: 293.

Samuelson, P, A, "The Pure of Public Expenditure", *Review of Economic and Statistics*, 1954 (11): 36.

Tonnies, Ferdinand, 1887 [1963], *Community and Society*, Edited by Charles P., Loomis, New York: Harper & Row: 248.

US Government Accountability Office (2009), "The Nation's Long-term Fiscal Outlook. March 2009 Update", Government Accountability Office.

Valérie Lochen, Comprendre les politiques d'action sociale, Dunod, 2010.

Wolfenden, J., *The Future of Voluntary Organizations*, London: Croom Helm, 1978: 9 -14.

Worsky, Amy & Wojnaroski, M. *An evaluation of the Illinois Department of Children and Family Services New Birth Assessment.* Chicago: Chapin Hall at the University of Chicago, 2012.

Yermo, J. (2008), "Governance and Investment of Public Pension Reserve Funds in Selected OECD Countries", OECD Working Papers on Insurance and Private Pensions, No. 15, OECD Publishing, Paris.

Zhou, Jinghao. "Keys to Women's Liberation in Communist China: A Historical Overview", *Journal of International Women's Studies*, 2013, 5 (1): 67 - 77.

《"支持建立80个示范性家政服务站"——市政府实事项目情况介绍》。

《〈自然灾害救助条例〉答问释疑》,《中国社会报》2010年9月6日。

《2012年度人力资源和社会保障事业发展统计公报》,人力资源和社会保障部网站。

《2012年社会服务发展统计公报》,中国政府网,http://www.gov.cn/gzdt/2013-06/19/content_2428923.htm。

《2012年我国卫生和计划生育事业发展统计公报》,卫生和计划生育委员会网站。

《2012年中国社会工作年度报告》(2012年度),《中国公益时报》2013

年 1 月 30 日。

《第二期中国妇女社会地位抽样调查主要数据报告》，全国妇女联合会网站。

《第三期中国妇女社会地位调查主要数据报告》，全国妇女联合会网站。

《国务院关于抗击低温雨雪冰冻灾害及灾后重建工作情况的报告》，http：//www. npc. gov. cn，2008 －04 －24。

《积极促进高等教育入学机会公平　逐步提高重点高校招收农村学生比例——教育部有关负责人就贯彻落实5 月 15 日国务院常务会议精神答记者问》，http：//www. moe. gov. cn/publicfiles/business/htmlfiles/moe/s271/201305/152675. html。

《人口与发展国际文献汇编》，中国人口出版社，1995，第 312 页。

《日本：暴风灾害保险金支付额预计达 590 亿日元》，元培产业情报，http：//info. yup. cn，2012 －06 －25。

《中国大百科全书·社会学卷》，中国大百科全书出版社，1991，第 356 页。

《中国大学冲刺世界一流　13 校 91 个学科跻身世界百强》，《人民日报》（海外版）2013 年 8 月 13 日。

《中国收养制度》，http：//www. worlduc. com/blog2012. aspx？ bid = 17458458。

《中国自然灾害救助基本情况介绍》，中国网 2003 年 7 月 20 日。

《中华人民共和国审计署审计结果公告（2012 年第 34 号）》。

Len Gray：《澳大利亚的老年服务》，《全科医生》1999 年第 2 期。

保监会：《四川汶川特大地震保险理赔工作基本完成》，中央政府门户网站 2009 年 5 月 11 日。

北京师范大学壹基金公益研究会、联合国儿童基金会：《中国儿童福利政策报告》，http：//www. docin. com/p －595911553. html。

柴瑞章：《以儿童为本创建儿童福利院的组织文化》，《社会福利》2003 年第 6 期。

陈成文、孙秀兰：《社区老年服务：英、美、日三国的实践模式及其启示》，《社会主义研究》2010 年第 1 期。

陈金芳、刘巧利、杨一鸣：《解读“办让人民满意的教育”的基本内涵》，《当代教育科学》2006 年第 3 期。

陈力：《美国公共就业服务鸟瞰》，《中国人才》2008 年第 3 期。

陈晓安：《公私合作构建我国的长期照顾保险制度：国外的借鉴》，《保险研究》2010 年第 11 期。

陈雅丽：《城市社区服务供给体系及问题解析——以福利多元主义理论为视角》，《理论导刊》2010 年第 2 期。

陈寅章：《北欧福利国家》，复旦大学出版社，2010。

陈英姿、满海霞：《中国养老公共服务供给研究》，《人口学刊》2013 年第 1 期。

陈云：《在强化政府责任重推进制度定型——访社会保障专家、中国人民大学教授郑功成》，《中国社会保障》2006 年第 2 期。

陈竹君、张莉清：《抗战期间国民政府社会部的儿童福利工作述论》，《乐山师范学院学报》2007 年第 9 期。

程凯：《我国农村残疾人社会保障的现状与对策》，《行政管理改革》2010 年第 7 期。

仇雨临：《中国儿童福利的现状分析与对策思考》，《中国青年研究》2009 年第 2 期。

单大圣：《中国入世以来教育事业的发展》，《世界教育信息》2013 年第 8 期。

邓雄鹰：《去年灾害损失超五千亿，巨灾保险缺位大额赔付》，《21 世纪经济报道》2011 年 5 月 20 日。

第六战略专题调研组：《继续教育发展战略研究》，《教育研究》2010 年第 7 期。

丁华：《香港的养老服务体系》，《社会福利》2004 年第 11 期。

丁建定、杨凤娟：《英国社会保障制度的发展》，中国劳动社会保障出版社，2004。

丁建定：《德国就业保障与就业促进政策》，《中国社会保障》2003 年第 5

期。

丁建定：《两次世界大战之间英国的失业保障制度》，《南都学坛》2004年第1期。

丁小浩、余秋梅、于洪霞：《教育收益率及其变化研究》，《教育发展研究》2012年第11期。

丁煜：《我国失业保险制度的演变、评估与发展建议》，《中国软科学》2005年第9期。

丁元竹：《社区的基本理论与方法》，北京师范大学出版社，2009。

董红亚：《实施与完善家庭服务政策》，《浙江社会科学》2011年第5期。

董红亚：《中国社会养老服务体系建设研究》，中国社会科学出版社，2011。

杜鹏：《从“六普”数据看中国人口老龄化新形式》，《人口研究》2011年第4期。

多吉才让：《新时期中国社会保障体制改革的理论与实践》，中共中央党校出版社，1995。

范文曜、王烽：《体制机制创新推进教育跨越发——改革开放30年的教育体制改革》，《复旦教育论坛》2008年第6期。

费孝通：《乡土中国：生育制度》，北京大学出版社，1998。

冯俏彬：《应急财政：基于自然灾害的资金保障体系研究》，经济科学出版社，2012。

高恩新：《自然灾害救助制度框架与实践——以震后救助为例》，《中国应急管理》2011年第11期。

高江虹、杨亦宁：《香港养老：民间机构承担九成服务》，《21世纪经济报道》2011年9月20日。

高书国：《中等收入阶段教育供求关系变化及其特点分析》，《国家教育行政学院学报》2010年第4期。

耿银平：《“不适应”给教育改革添动力》，《光明日报》2013年4月10日。

顾泳：《科学“护老”应对“老龄化”》，2009年10月9日《老年日报》。

关信平:《公共性、福利性服务与我国城市社区建设》,《东南学术》2002年第6期。

桂世勋:《上海城市社区老年照料问题研究》,《社会转型与社区发展——社区建设研讨会论文集》,社区建设研讨会,2001年11月,第347页。

郭东东、佘玲:《浅谈美国洪水保险制度》,2011年5月18日《中国保险报》。

郭风英:《社区居家养老服务供给机制研究——以宁波市江东区社区服务为例》,《新疆社科论坛》2011年第1期。

郭伟:《学龄前残疾儿童义务康复立法刍议》,《中国残疾人》2009年第4期。

国家统计局:《2010年度中国老龄事业发展统计公报》,http://www.china50plus.com/news/html/91/n-23791.html。

韩央迪:《英美社区服务的发展模式及对我国的启示》,《理论与改革》2010年第3期。

胡鞍钢、刘生龙、马振国:《人口老龄化、人口增长与经济增长——来自中国省际面板数据的实证证据》,《人口研究》2012年第3期。

胡宏伟、栾文敬、杨睿、祝明银:《挤入还是挤出:社会保障对子女经济供养老人的影响——关于医疗保障与家庭经济供养行为》,《人口研究》2012年第2期。

黄桂霞、徐遥君:《改革开放以来中国共产党的妇女福利思想与实践》,《中华女子学院学报》2012年第5期。

黄俊辉、李放:《农村养老保障政策的绩效考察——基于27个省域的宏观数据》,《人口学刊》2013年第1期。

黄匡时、陆杰华、科克·斯考特:《中国高龄老人的老化率及其影响因素研究》,《人口研究》2012年第4期。

黄晓勇主编《中国民间组织报告(2010—2011)》,社会科学文献出版社,2011。

江超庸:《香港社区服务的特点与启示》,《探求》2002年第6期。

解伟等:《灾害风险科学视角的救灾保险制度探讨》,《北京师范大学学报

(自然科学版)》2012 年第 4 期。

金石:《日本社区的老年服务》,《社区》2010 年第 18 期。

科斯:《经济学中的灯塔》,载《论生产的制度结构》,盛洪译,陈郁校,三联书店上海分店,1994。

赖德胜、李长安:《转变经济发展方式:教育改革发展新课题》,2010 年 7 月 6 日《中国教育报》。

黎帼华:《美国福利》,中国科技大学出版社,2002。

李本公、姜力:《救灾救济》,中国社会出版社,1996。

李冰:《外国社会服务发展历程及其启示》,《中国民政》2011 年第 3 期。

李兵水、肖伊雪、姜晨卉:《我国居家养老服务保障供求关系研究》,《广西经济管理干部学院学报》2011 年第 2 期。

李鸿谷:《四川精神进行时:中国重建模式与制度变迁》,《农民日报》2009 年 5 月 7 日。

李健强:《2012 年民间力量参与救灾综述》,《中国减灾》2013 年第 2 期(上)。

李娟娟:《西方儿童观的发展:童年的观念存在及其历史性》,《光明日报》2011 年 7 月 12 日。

李晓松、杜健:《澳大利亚社区老年保健服务模式对我国的启示》,《中国护理管理》2011 年第 11 期。

李雪萍:《城市社区公共产品供给研究》,中国社会科学出版社,2008。

李元春:《国外失业保险的历史与改革路径:政治经济学视角》,中国财政经济出版社,2011。

梁新颖:《家庭养老社会化问题探路》,《社会科学辑刊》2000 年第 4 期。

林闽钢等:《灾害救助中的 NGO 参与及其管理——以四川汶川地震和台湾 9·21 大地震为例》,《中国行政管理》2010 年第 3 期。

刘柏惠、俞卫、寇恩惠:《老年人社会照料和医疗服务使用的不均等性分析》,《中国人口科学》2012 年第 3 期。

刘继同:《当代中国的儿童福利政策框架与儿童福利服务体系》(下篇),《青少年犯罪问题》2008 年 6 期。

刘利民：《城镇化背景下的农村义务教育》，《求是》2012 年第 23 期。

刘世锦、张军扩、侯永志、卓贤：《如何正确认识在中国发展中国家身份上的争议》，《中国发展观察》2011 年第 1 期。

刘爽、卫银霞、任慧：《从一次人口转变到二次人口转变——现代人口转变及其启示》，《人口研究》2012 年第 1 期。

刘颂：《积极老龄化框架下老年社会参与的难点及对策》，《南京人口管理干部学院学报》2006 年第 10 期。

刘薇：《美国的全方位养老服务项目介绍》，《护理研究》2009 年第 35 期。

刘晓静：《社区全科医生：必要性与培养机制研究》，《中国医疗保险》2012 年第 8 期。

刘晓梅：《我国社会养老服务面临的形势及路径选择》，《人口研究》2012 年第 5 期。

刘祖云、田北海：《老年社会福利的香港模式解析》，《社会》2008 年第 1 期。

陆士桢：《中国儿童社会福利研究》，《社会保障研究》2006 年第 2 期。

吕学静：《各国失业保险与再就业》，经济管理出版社，2000。

吕学静：《我国失业保险制度功能的改革与优化》，《中国社会保障》2010 年第 9 期。

马凤芝：《社会转型与妇女福利服务发展》，《中华女子学院学报》1996 年第 1 期。

马玉玲：《印度自然灾害救助项目和标准分析》，《中国减灾》2012 年第 2 期。

民政部：《2010 年自然灾害应对工作总结评估报告》，http：//www. gov. cn/gzdt/2011 －07/21/content_ 1911176. htm。

民政部：《民政部 2012 年度本级福利彩票公益金使用情况公告》，2013 年 4 月 17 日，http：//www. mca. gov. cn/article/zwgk/tzl/201304/20130400445377. shtml。

民政部救灾司：《减灾救灾 30 年》，《中国减灾》2008 年第 12 期。

民政部政策研究中心课题组：《关于社会服务发展演进与概念定义的探析》，《中国民政》2011 年第 6 期。

闵维方：《教育在转变经济增长方式中的作用》，《北京大学教育评论》2013 年第 2 期。

尼尔·吉尔伯特等编《激活失业者——工作导向型政策跨国比较研究》，王金龙译，中国劳动社会保障出版社，2004。

祁峰：《英国的社区照顾及启示》，《西北人口》2006 年第 31 期。

綦江县法院行政庭任德琼：《浅析养老保险行政诉讼案件的司法审查》，载重庆市第一中级法院网站，网址为 http：//www. cqyzfy. gov. cn/view. php? id = 1029250520104425052010422505201054250520，最近访问于 2011. 12. 21。

秦艳艳、邬沧萍：《我国城市社区居家养老服务体系中政府职能分析》，《兰州学刊》2012 年第 1 期。

曲江川：《老年社会学》，科学出版社，2007。

全国社会工作者职业水平考试教材编写组：《社会工作实务初级》，中国社会出版社，2012。

全球儿童安全组织：《中国儿童道路交通伤害报告》，2004，http：//www. safekidschina. org/research. html? cid = 299&classid = 2&subclassid = 7。

任炽越：《澳大利亚居家养老服务一瞥》，《社会福利》2010 年第 1 期。

任伟：《澳大利亚的社区老年服务》，《中国社会保障》2002 年第 4 期。

日本厚生劳动省官方网站，http：//www. mhlw. go. jp。

日本内阁府官方网站，http：//www. esri. cao. go. jp。

日本总务省统计局官方网站，http：//www. stat. go. jp。

石国亮、张超、徐子梁：《国外公共服务理论与实践》，中国言实出版社，2011。

数据来源：国务院新闻办公室 2013 年 4 月 25 日举行的四川芦山 7.0 级强烈地震灾情及抗震救灾情况新闻发布会。

苏姗·贝克尔著《德国的社会保险与司法的作用》，郭小沙译，《社会保障研究》2007 年第 1 期。

苏树厚、段玉恩、张福明：《新中国劳动制度发展与创新研究》，山东人民出版社，2006。

唐钧、王婴：《中国老年福利服务改革调查与思考》，《中国人口科学》

1999 年第 3 期。

唐钧：《当代中国城市的人口与社区》，《中国人口科学》2004 年第 5 期。

唐忠新：《社区服务思路与方法》，机械工业出版社，2003。

唐忠新：《社区照顾：英国养老主要方式》，《社区》2004 年第 14 期。

滕海英等：《老龄化趋势下中国城镇老年医疗保障的模式》，《中国老年学杂志》，2013 年第 3 期。

田北海：《香港与武汉：老年福利服务模式比较》，《学习与实践》2007 年第 12 期。

田逸娇：《英美日三国社区养老服务的经验及启示》，《劳动保障世界（理论版）》2013 年第 1 期。

童小军：《美国社会工作者的主要从业领域》，《中国社会报》2007 年 4 月。

童星、陈新颜：《社区服务　现代社会的“安全阀”——经济全球化背景下提升社区服务功能》，《南京社会科学》2001 年第 9 期。

汪连新：《谈家庭保障的制度变迁、必要性与改革策略》，《商业时代》2012 年第 5 期。

汪明：《义务教育均衡发展与若干保障机制——部分地区的政策及实践分析》，《教育发展研究》2005 年第 10 期。

王定华：《关于我国义务教育均衡发展之审视》，《中国教育学刊》2010 年第 4 期。

王烽：《高校招生“综合评价”的价值导向和制度建构》，《北京大学教育评论》2013 年第 1 期。

王国枫：《我国社区服务的科学定位》，《黑龙江社会科学》2004 年第 5 期。

王海江、宋先林、占丰斌：《推进家庭服务业可持续发展——以江西为例》，《中国就业》2012 年第 7 期。

王剑、陈蓝蓝：《不断发展与完善的我国劳动力市场中介组织——历史回顾与未来展望》，《兰州学刊》2009 年第 2 期。

王锦成：《居家养老：中国城镇老人的必然选择》，《人口学刊》2000 年第 4 期。

王宁：《城市社区养老需求与社区养老服务体系建设》，《重庆科技学院学报》（社会科学版）2011 年第 11 期。

王善迈：《教育服务不应产业化》，《求是》2000 年第 1 期。

王延中：《中国社会福利制度的发展及其对城市化的影响》，《中国社会科学院研究生院学报》2010 年第 2 期、第 3 期。

王永奎：《政策制度均等化——劳动保障公共服务均等化的基础》，2010 年 8 月 20 日《中国劳动保障报》。

魏铭言、温薷、邢世伟、金彧：《各界向北京雨灾捐款超 6000 万　市领导带头捐款 22 万元》，《新京报》2012 年 7 月 26 日。

乌尔里希·贝克、何博闻译《风险社会》，译林出版社，2004。

邬沧萍：《老年社会学》，中国人民大学出版社，1999。

谢琼：《福利制度与人权实现》，人民出版社，2013。

谢琼：《国际视角下的残疾人事业》，人民出版社，2013。

谢琼：《论福利制度对人权实现的促进》，中国人民大学博士论文，2010。

熊跃根：《需要、互惠和责任分担：中国城市老人照顾的政策与实践》，格致出版社、上海人民出版社，2008。

熊跃根：《中国的社会转型与妇女福利的发展：本土经验及其反思》，《学海》2012 年第 5 期。

徐广宇：《试论 WTO 背景下的国家教育主权问题》，《教育研究》2002 年第 8 期。

徐丽萍、王小林、尚晓援、郭平：《中国老年人失能相对成本估计》，《中国人口科学》2011 年第 2 期。

徐勤、汤哲：《我国长期照顾的现状与趋势》，《人口与经济》2007 年第 2 期。

徐永祥：《社区发展论》，华东理工大学出版社，2000。

许飞琼：《中国的灾害损失与保险业的发展》，《江西财经大学学报》2008 年第 5 期。

许琳等：《关于农村残疾人的社会保障与社会支持现状研究》，《社会学研究》2006 年第 5 期。

许琳等：《基本公共服务均等化视角下的我国农村残疾人社会保障制度建设研究》，《西北大学学报》（哲学社会科学版）2011年第11期。

许义平、何晓玲：《现代社区制度实证研究》，中国社会科学出版社，2008。

阎东彬：《日本社区老年服务制度对我国的借鉴》，《改革与开放》2008年第8期。

杨蓓蕾：《英国的社区照顾：一种新型的养老模式》，《探索与争鸣》2000年第12期。

杨俊：《社会保险经济学》，复旦大学出版社，2012。

杨林：《2010年全球巨灾保险损失超过430亿美元》，2011年3月31日《中国保险报》。

杨瑞：《养老服务定位与供给研究——以2009朝阳区老年需求调查为例》，首都经济贸易大学硕士学位论文，2011。

于德志：《医改专题研究》，人民卫生出版社，2013。

于树一：《引入人群维度的社会福利体系构建——借鉴俄罗斯及拉美三国的经验》，《财贸经济》2013年第2期。

于显洋：《社区概论》，中国人民大学出版社，2006。

俞卫、刘柏惠：《我国老年照料服务体系构建及需求量预测——以上海为例》，《人口学刊》2012年第4期。

袁贵仁主编《百年大计　教育为本——党的十六大以来教育事业改革发展回顾》，人民出版社，2012。

袁艺：《〈民政部关于加强自然灾害救助评估工作的指导意见〉系列解读之二》，《中国减灾》2013年第2期（上）。

曾毅等：《老年人口家庭、健康与照料需求成本研究》，科学出版社，2010。

詹洪春、刘志学：《2012年全国卫生工作会议在京召开　陈竺：三年医改取得重大进展》，《中国医药报道》2012年1月，第9卷第3期。

张峰：《公平正义视域下的基本公共服务均等化》，《中共山西省委党校学报》2013年第1期。

张海鹰、唐钧：《社会保障辞典》，经济管理出版社，1993。

张洪林：《论妇联维护妇女权益社会职能的历史变迁与现实理路》，《求索》2012 年第 1 期。

张莉清、潘锁生：《日本的社区老年服务》，《当代世界》2007 年第 10 期。

张力：《论不同服务分类框架下的教育定位及政策走向》，《中国教育学刊》2011 年第 1 期。

张丽雅、於钇权：《美英两国社区养老服务及启示》，《社会福利》2010 年第 10 期。

张茅：《深化医药卫生体制改革　促进卫生事业科学发展》，《求是》2012 年第 15 期。

张默主编《社区老年服务工作》，中国社会出版社，2011。

张迺英、杜静：《失业保险制度应强化就业促进功能》，《齐齐哈尔大学学报》（哲学社会科学版）2006 年第 7 期。

张仙桥、李德滨：《中国老年社会学》，社会科学文献出版社，2011。

张鑫等：《我国自然灾害救助保障能力建设研究》，民政部国家减灾中心《2012 年防灾减灾政策理论研究课题报告》，2012 年 11 月。

赵宁：《美国公共就业网络服务体系初探》，《电子政务》2010 年第 5 期。

郑春荣：《英国社会保障制度》，上海人民出版社，2012。

郑功成：《残疾人社会保障：现状及发展思路》，《中国人民大学学报》2008 年第 1 期。

郑功成：《从福利教育走向混合型的多元教育体系——中国的教育福利与人力资本投资》，《清华大学教育研究》2004 年第 5 期。

郑功成：《构建科学、合理的灾害管理及运行机制》，《群言》2008 年第 8 期。

财政部金融司：《农业保险惠及广大农户　强农惠农再添有力措施》，《中国财政》2012 年第 6 期。

郑功成：《社会保障学——理念、制度、实践与思辨》，商务印书馆，2000。

郑功成：《中国社会保障 30 年》，人民出版社，2008。

郑功成：《中国社会保障改革与发展战略》（总论卷），人民出版社，

2011。

郑功成：《中国社会福利的现状与发展取向》，《中国人民大学学报》2013年第2期。

郑功成等：《中国社会保障制度变迁与评估》，中国人民大学出版社，2002。

郑尚元：《劳动争议处理程序法的现代化》，中国方正出版社，2004。

郑素华：《现代儿童观的建构轨迹：20世纪以来国际公约的视野》，《青年探索》2011年第6期。

中国（海南）改革发展研究院课题组：《“十二五”教育公共服务体系建设：突出矛盾与主要任务》，《中国教育学刊》2011年第1期。

中国教育科学研究院：《全国教育满意度调查报告》，http://www.nies.net.cn/zy/wjdc/201201/t20120110_37090.html，2012年1月10日。

中华人民共和国国家卫生与计划生育委员会：《2012年中国卫生统计提要》。

中华人民共和国民政部：《中国民政统计年鉴2010》，中国统计出版社，2010。

中华人民共和国卫生部：《2011年全国卫生财务统计年报资料》。

中华少年儿童慈善基金会官网，http://www.ccafc.org.cn/。

钟春洋：《社区文化养老的发展路径探析》，《四川行政学院学报》2012年第1期。

朱冬梅：《改革开放以来中国妇女社会福利发展及问题》，《中华女子学院山东分院学报》2009年第4期。

朱红权、王凤丽：《英美国家及中国香港地区成功社区服务经验启示》，《经济研究导刊》2011年第27期。

权威报告　热点资讯　海量资源

当代中国与世界发展的高端智库平台

皮书数据库　www.pishu.com.cn

皮书数据库是专业的人文社会科学综合学术资源总库，以大型连续性图书——皮书系列为基础，整合国内外相关资讯构建而成。该数据库包含七大子库，涵盖两百多个主题，囊括了近十几年间中国与世界经济社会发展报告，覆盖经济、社会、政治、文化、教育、国际问题等多个领域。

皮书数据库以篇章为基本单位，方便用户对皮书内容的阅读需求。用户可进行全文检索，也可对文献题目、内容提要、作者名称、作者单位、关键字等基本信息进行检索，还可对检索到的篇章再作二次筛选，进行在线阅读或下载阅读。智能多维度导航，可使用户根据自己熟知的分类标准进行分类导航筛选，使查找和检索更高效、便捷。

权威的研究报告、独特的调研数据、前沿的热点资讯，皮书数据库已发展成为国内最具影响力的关于中国与世界现实问题研究的成果库和资讯库。

皮书俱乐部会员服务指南

1. 谁能成为皮书俱乐部成员？

- 皮书作者自动成为俱乐部会员
- 购买了皮书产品（纸质皮书、电子书）的个人用户

2. 会员可以享受的增值服务

- 加入皮书俱乐部，免费获赠该纸质图书的电子书
- 免费获赠皮书数据库100元充值卡
- 免费定期获赠皮书电子期刊
- 优先参与各类皮书学术活动
- 优先享受皮书产品的最新优惠

3. 如何享受增值服务？

（1）加入皮书俱乐部，获赠该书的电子书

第1步 登录我社官网（www.ssap.com.cn），注册账号；

第2步 登录并进入“会员中心”—“皮书俱乐部”，提交加入皮书俱乐部申请；

第3步 审核通过后，自动进入俱乐部服务环节，填写相关购书信息即可自动兑换相应电子书。

（2）免费获赠皮书数据库100元充值卡

100元充值卡只能在皮书数据库中充值和使用

第1步 刮开附赠充值的涂层（左下）；

第2步 登录皮书数据库网站（www.pishu.com.cn），注册账号；

第3步 登录并进入“会员中心”—“在线充值”—“充值卡充值”，充值成功后即可使用。

4. 声明

解释权归社会科学文献出版社所有

皮书俱乐部会员可享受社会科学文献出版社其他相关免费增值服务，有任何疑问，均可与我们联系

联系电话：010-59367227　企业QQ：800045692　邮箱：pishuclub@ssap.cn

欢迎登录社会科学文献出版社官网（www.ssap.com.cn）和中国皮书网（www.pishu.cn）了解更多信息

社会科学文献出版社

皮书系列

“皮书”起源于十七、十八世纪的英国，主要指官方或社会组织正式发表的重要文件或报告，多以“白皮书”命名。在中国，“皮书”这一概念被社会广泛接受，并被成功运作、发展成为一种全新的出版形态，则源于中国社会科学院社会科学文献出版社。

皮书是对中国与世界发展状况和热点问题进行年度监测，以专业的角度、专家的视野和实证研究方法，针对某一领域或区域现状与发展态势展开分析和预测，具备权威性、前沿性、原创性、实证性、时效性等特点的连续性公开出版物，由一系列权威研究报告组成。皮书系列是社会科学文献出版社编辑出版的蓝皮书、绿皮书、黄皮书等的统称。

皮书系列的作者以中国社会科学院、著名高校、地方社会科学院的研究人员为主，多为国内一流研究机构的权威专家学者，他们的看法和观点代表了学界对中国与世界的现实和未来最高水平的解读与分析。

自 20 世纪 90 年代末推出以《经济蓝皮书》为开端的皮书系列以来，社会科学文献出版社至今已累计出版皮书千余部，内容涵盖经济、社会、政法、文化传媒、行业、地方发展、国际形势等领域。皮书系列已成为社会科学文献出版社的著名图书品牌和中国社会科学院的知名学术品牌。

皮书系列在数字出版和国际出版方面成就斐然。皮书数据库被评为“2008~2009 年度数字出版知名品牌”;《经济蓝皮书》《社会蓝皮书》等十几种皮书每年还由国外知名学术出版机构出版英文版、俄文版、韩文版和日文版，面向全球发行。

2011 年，皮书系列正式列入“十二五”国家重点出版规划项目；2012 年，部分重点皮书列入中国社会科学院承担的国家哲学社会科学创新工程项目；2014 年，35 种院外皮书使用“中国社会科学院创新工程学术出版项目”标识。

法律声明